JN199269

台湾儒学

起源、発展とその変転

陳昭瑛 著
松原舞 訳

風響社

本書の出版にあたっては、国立台湾大学人文社会高等研究院「東アジアの儒学」研究計画の助成を受けました。記して感謝申し上げます。
本書承蒙中華民國國立台灣大學人文社會高等研究院「東亞儒學」研究計畫贊助出版，特此致謝。
原著：『台湾儒学：起源、発展与転化』（増訂再版）
（台大出版中心、2008年）

新版序文

本書は二〇〇〇年三月に正中書局より初版を出版し、第二版まで版を重ねている。今回正中書局より版権が帰って来たので一部訂正を加え、台湾大学出版センターより出版し、『東亜文明研究叢書』に加えた。ここ数年台湾研究は減速しつつあるが、台湾儒学が切り開いたグローバルかつローカル、また根源的な課題はやはり深く追究する価値のあるものである。例えば儒学と反帝国・反植民主義の同盟は決して学術的な想像などではなく、日本統治時代に本当に起こった台湾の歴史的事実である。この他に、四百年に渡る儒学と台湾原住民文化の対話は、儒学と非漢文化、境界文化の関係を考えるにあたって新鮮かつ具体的な思想資料を提供している。しかし、現在の儒学研究では、依然として伝統的な儒学における「大叙事（grand narratives）」、「大理論（grand theories）」に研究の焦点を合わせている。それに応じて伝統的な儒学の「大家（major writers）」は変わらず主役として扱われ、「小家（minor writers）」は発掘される日を待っている。台湾儒学における人物や議題は、儒学という大きな伝統の中では小さな伝統に過ぎないかもしれない。これらの人物や議題の発掘は権威ある人物や核心的な命題に取って代わることは不可能である。しかし、すでにある要点を組み直し、また新たに生み出すことができるかもしれない。
本書は先輩方に多くの激励を頂いた。また上海の羅義俊氏には本書の書評を書いていただき、私はその感謝の気持ちを胸に刻んでいる。若い学者たちが本書をきっかけに台湾儒学の新たな課題を探求してくれることを望んでいる。私の興味の対象は多岐にわたるため、台湾研究で一生を終えるつもりはない。これから行おうと考えている研究は、台湾儒学に直接的な功績を残す可能性は低いが、台湾儒学を研究した経験は私個人の儒学研究に大いに役立っている。今回の再版に際し、台湾研究に身を投じた時の心境と現在の台湾の状況を思うと、やはり哀しさが込み上げてくる。外的環境がどうであろうと、今、台湾で儒学を研究する研究者は自信を持って欲しい。儒学は台湾において決して過客などではなく、カノンとなる存在であるということを。

二〇〇七年十月十二日、台北の風簷書斎にて

初版序文――斯人千古不磨心（かの人千古不磨の心）

一九九三年秋から私は台湾大学中国語学科で教鞭を取り、一年生向けに国文分野で「台湾文学」を開講し三クラス計一二〇名程の学生を受け持った。この一年間、教師学生ともに熱心に授業に取り組み、談笑や激論を交わす中でともに成長した。この時のことは今思い返しても胸が熱くなる。

一九九四年夏、私は「論台湾的本土化運動――一個文化史的考察」（『台湾文学与土化運動』正中書局、一九九八年に収録）と題した長い文章を書きあげた。これは開講一年目の「台湾文学」クラスの教学成果の一部をまとめたものだと言ってよい。この論文は同年八月に行われた第三回「高雄文化発展史」研究討論会で発表したが、その場では大きな反響を呼ぶことはなかった。一九九五年二月に縮約版を呉全成氏編の『中外文学』に発表すると、本土化に関する論戦を引き起こした。台湾独立派の学者らから集中砲火を浴びる状況の中で、王暁波氏、廖咸浩氏、陳映真氏、林書揚氏から声援を頂いた。ここで私は初めて「論戦」という特殊な状態及び論戦中に陥る特殊な心情というものを体験した。中国思想史は先秦から民国ないし一九六〇年代、七〇年代台湾までが対象であり、「論戦」はまるで鍛冶で金属を打つ時のように、独創的な思想の火花をかきたてる金床であり、また伝統思想が再び動き出すための鞭撻でもあった。私がこの論戦中に得た最も大きな収穫は「台湾儒学」を発見したことである。

一九九五年四月二十三日、私は中央研究院の「当代儒学」計画の第三回研究討論会で「当代儒学与台湾本土化運動」(『台湾文学与本土化運動』に収録)という論文を発表し、大きな論争を巻き起こした。この論文を執筆した心理的背景には四月の論戦中に陥った心境が関係しており、その考えの筋道も「論台湾的本土化運動」の延長線上から出たものだった。この論文で「台湾儒学」という語を使用し、また文末に「台湾儒学の文化のルーツを捜すと、恐らく我々は中国儒学全体の『後山』に導かれるが、この後山はもしかしたらまた別の何かの『前哨』なのかもしれない」と書いた。台湾儒学を新たな論域として出したのは、むろん儒学研究の新しい局面を開く意図もあったのだが、私が個人的に心の奥底で感じていた台湾への思いと中国への思いをいかに整えるかという問題を解決するためでもあった。論戦から台湾儒学の研究への転換は、まるで鍛冶屋から製粉業に鞍替えするようなもので、雨垂れ石を穿つというような工夫が火花が炸裂する灼熱の情熱に取って代わったようなものであり、私は心の底から喜びを感じている。このようなことから、私は論戦中に論敵となった師友や陳芳明氏には特に感謝している。一九九七年九月には中央研究院にて偶然陳氏とお会いし、その時心の中で「相逢一笑泯恩仇(逢って笑いかければ、深い恨みも消え去るだろう)」という清々しい思いが湧き上がったのを覚えている。

台湾儒学の問題提起が体現するものは、根源意識と本土意識であり、そしてそれが証明したものは儒学の普遍性である。根源性がなければ普遍性を証明することはできない。この関係性は儒学の中での「経」と「権」の関係と同質であり、また「経典」と「経典詮釈」の関係と似たようなものでもある。

「詮釈」（即ち一種の「権」である。臨機応変のこと）は当然「経典」に依存している。なぜなら、それ自体が解釈者の時空の背景に基づいて「経典」に行った反応や解釈であり、ひいては修正や再構築でもあるからである。しかしまた一方では「経典」も「詮釈」に依存している。なぜなら、ある時代のある地域で反響を得ず、また詮釈を得ることもない著作は絶対に「経典」ではないからである。「経典」の特性は、異なる時空の魂に共鳴を起こす精神エネルギーを持ち、また幾度も詮釈や改造されても原始生命を失わないオリジナリティのある思想を持っている。儒学の台湾版、あるいは台湾の儒学経験が体現するのは、まさに台湾のローカリティと儒学の普遍性の結合である。台湾儒学は、台湾というこの小さな島が東アジアの重大な精神文明——儒学伝統——の中で欠かすことの出来ない存在だということを証明した。さらに儒学の普遍倫理は、政権の棄地や文化の及ばない土地に住まう人民に教化作用を発揮したことも証明した。台湾と儒学は相乗効果を得ることのできる関係である。過去においてはそうであったのだから、これからの未来もきっと、互いの精神文化のためにさらに一歩発展できる契機を作り出すだろう。

中国儒学史の研究から見ると、儒学の各流派、つまり、孔子没後の儒学が八つに分かれようと、宋儒の周敦頤、程顥・程頤、張載、朱熹の流れであろうと、地域特性の視点から研究されることは非常に少なかった。地域特性から出発すれば、斉魯文化、楚文化、江浙文化、閩粤文化、台湾文化のどれもが儒学を発展させる新起点となることができる。台湾儒学はこのようなコンテクストの中に位置づけることができるのだ。また一方で、台湾儒学史自体から見れば、台湾儒学は「起源」、「発展」そして「転化」という三つの大きな段階を経てきた。台湾儒学の起源は鄭氏政権時代に一つ目の廟学が立てられたことに遡り、その思想は南明儒学の経学と経世致用の学の伝統を継承している。

清代は台湾儒学の発展期であり、二百年余りに渡る開拓を経て儒学は台湾の土壌に根付いていた。この時期の思想の主流は福建朱子学であり、程明道は弟子である楊亀山が閩に帰ることを「道南の伝」と見ており、それゆえ朱子学が台湾に入ってくることを「道東の伝」と呼ぶこともできるだろう。思想のオリジナリティから言えば、台湾朱子学は福建朱子学の影響下から抜け出すことは難しかった。しかし思想の歴史性、社会性、文化性から言えば、台湾朱子学が浮かび上がらせた問題、例えば異文化（原住民文化）との邂逅、民間信仰（文昌帝君の信仰など）との交流、移民社会との相互交流などは台湾朱子学に不思議な色とりどりの色彩を与えた。日本統治時代の台湾儒学の中心課題は「現代化」であった。五十年間の植民地経験及び二〇年代の新文化運動の挑戦は儒学の体質や気質に非常に大きな変化を与えた。異民族に統治されるという悲惨な歴史によって儒学は朱子の理学から経世的性格を持つ史学と詩学へと転向し、思想全体には南明儒学の回帰が鮮明に現れた。

一方で抗日運動に伴い旧来の華夷対抗から新しい反植民地闘争へと形を変えたことで、儒学もまた換骨奪胎を迫られた。この時期、台湾が向き合った「現代」とは、いかに帝国主義に反抗し、いかに西洋思想を取り込み、またいかに台湾を現代社会へ改造するかというものである。このような仕事に従事していた知識人の多くは旧学出身者であり、文化上の新旧融合は彼らが文化を考える際の重要なポイントとなった。その中で彰化出身の王敏川は、儒学に現代化が必要か否かは儒学の現代社会での生死存亡に関わる重大な選択だと考えた。彼の努力は、台湾人が儒学の現代化のために果たした初めての貢献として代表的である（王敏川の思想については、陳昭瑛「啓蒙、解放与伝統――論二〇年代台湾知識分子的文化省思」『台湾与伝統文化』〈増訂再版〉〈台北、台湾大学出版センター、二〇〇五年〉を参照）。

「斯人千古不磨心」は陸象山が鵝湖に赴く前夜に詠んだ詩句である。「心」の解釈は、「心学」の定義に縛られる必要はない。「心」には大小があり、小は例えば一人一人の精神、大は例えば文化伝統の精神のことをいう。「其人雖已没、千載有余情（その人はすでに亡くなってはいるが、千年経った今もその情念は残っている）」（陶淵明「詠荊軻」）は、魂は消えないという信仰を詠んでおり、「文果載心、余心有寄（もし文章が思いをのせることができるものであるなら、私の心もここに溢れているだろう）」（劉勰『文心雕龍』「序志」）は後世の友人に対する期待である。この世界では、千年を経ても消えない心があるから、千年を経ていても古の人の心を知ることができるのだ。このような時空を超越する「会得」は人類の精神活動の中で最も美しく神秘的な瞬間である。歴史意識と歴史感情が強い民族であればあるほど、この「会得」に対する未練を断ち切ることができないのである。文化の継続はこの「会得」に依存しており、儒学の伝承もまたこの「会得」に依存している。台湾儒学こそが台湾人の心と歴代儒者の心の出会いであり、中国儒学史という人々の心が出会う大会場の中の一つの小さな会場なのである。

本書はここ数年間に行った台湾儒学研究の第一段階の成果であり、より細かく深い検討はこれから努力して取り組む予定である。本書の出版にあたって、朱浩毅君と楊適菁君の二名のアシスタント、そして正中書局の編集者の皆様に感謝を申し上げたい。二十三年間儒学を学んできた人生を振り返って、徐復観先生の温かいご指導と、黄俊傑先生のご鞭撻そしてお導きに特に感謝している。また張永儁先生のご指導、楊儒賓氏、李明輝氏の激励、そして劉述先氏の応援にも感謝している。儒家詩学に関しては、廖蔚卿先生のご指導が私の研究の源であった。連横研究に関しては、林文月先生の啓発によって思考を広げることができた。また、中央研究院中国文哲所「当代儒学」計画と、台湾大学「中国文化経典的詮釈伝統之研究」計画、そして二回開催された「台湾儒学」国際会議（一九九七年、一九九九年。成功大学中文系主催）に参加された先生方に感謝したい。最後に、杜維明氏及び「哈仏儒学研討会（ハーバード儒学研究討論会）」に参加した友人にも感謝する。一九九八年から一九九九年に行われた「康橋之会（ケンブリッジの会）」では、酒を飲みながら情熱的な討論に浸り、激論を交わした。参加者はみな心の思いを隠さずに伝え、真心をもって交流した。私の儒学研究人生で最も素晴らしいひと時であった。

陳昭瑛、台北の風簷書斎の陽だまりで想う

二〇〇〇年二月二十六日

●目次

装丁：オーバードライブ＝伏見瑠美菜

●台湾儒学——起源、発展とその変転

第一章　台湾における儒学の移植と発展
——鄭氏政権時代から日本統治時代にかけて

はじめに

鄭氏政権時代に儒学は台湾に輸入された。鄭氏政権の歴史は即ち南明史の一部であり、鄭氏政権の歴史の主導者である鄭成功も、南明の儒学と非常に深い繋がりを持っている。それゆえ、鄭氏政権時代の台湾儒学は萌芽期にありながらも、南明諸儒の伝統を引き継ぎ、それを基礎として清代台湾の儒学を作り出したのである。台湾儒学のもう一つのルーツは福建の朱子学にある。広義で言うところの「閩学」である。閩と台湾は一衣帯水の土地であったから、オランダ統治時代に台湾へ移民した漢人の大多数は閩人であり、鄭氏政権時代でも鄭成功を始めその部下のほとんどが閩人であった。清代台湾は、光緒十一年（一八八五）に省が設置されるより遥か以前から、福建省の管轄区であったため、閩学が台湾に伝播したのは当然の結果であったと言えるだろう。

漢民族の視点から言えば、清代は台湾社会を漢民族主導及び漢民族文化を主流文化として作り変えた段階であり、台南地区一帯を中心に、儒学は漢文化とともに南、北、そして最後に東に向かって広がっていった。文化のレベルから言えば、鄭成功の来台以前、庶民レベルの漢文化はすでに漢民族移民とともに台湾へ入ってきており、その中には儒学に関係するが、人倫日用で表現される思想が多くあった。しかし、士大夫レベルでの漢文化となると、例えば儒学と科挙功名の概念や、精緻な文学と書画創作などは、どれも明代鄭氏政権以降になって初めて台湾に伝播した。鄭氏政権が台湾を統治したのは、僅か二十二年間（一六六二—一六八三）だったが、清朝は二百十二年間（一六八三—一八九五）もの間統治した。この二百年あまりの間に、漢民族の増加に伴い官民の熱心な提唱や科挙功名の魅力が儒学教育を着実に普及させた。このようなことから、下関条約によって台湾が日本に割譲された時（一八九五）、すでに台湾の至る所に儒学校があったため、農民を率いて日本軍の上陸に反抗した者の大多数が各地の儒学者だったのも当然である。またこの状況は南明抗清の時に儒者が命を惜しまず犠牲となったことと非常に似ている。日本統治時代の儒学は、南明の儒学と同じように民族抗争の色彩を多分に含んでいるが、両者の相違は、日本統治時代の台湾ではアジアとともに現代化のスタートに直面する一方で、知識人階層の間で新旧文化論争の対立が発生したことにある。だが、もしかしたら植民地という土地柄、台湾漢人は日本の同化政策の圧力の下、かえって独自の文化の存亡に対して比較的強い危機感を持っていたのかもしれない。それゆえ、完全西洋化を目指す理論は決して出現しなかったのであろう。結果として、二十世紀前葉において台湾は中国で最も現代化を遂げた地区でありながらも、最もよく旧文化を保全した地区でもあるという、非常に興味深い現象を作りだした。(1) このような基本的傾向は、間もなく二十世紀の終焉を迎える今日まで絶えることなく続いているようである。

明、清の両代から見て、台湾儒学は発展期間が浅いために、いまだに閩学の支配から抜け出せず、さらにはまだオリジナリティのある学派になっていない。そのため、所謂「台湾儒学」とは台湾における閩学の一支流、もしくは台湾における儒学や発展を指すとしか言うことができない。このような状況にはあるものの、台湾儒学には、やはり大陸とは異なる要素があり、より深く観察する価値のある問題である。閩及び台湾の淵源から見れば、多くの台湾の官学や書院で教鞭を執った教師、ひいては学識の高い政府高官までもが皆、福建省出身であったから、閩学は自然と台湾へ伝来することとなった。中でも陳璸と藍鼎元は注目すべき人物であり、藍氏は高令印・陳其芳共著の『福建朱子学』の中で特別に紹介されている。[2]他にも、訪台はしていないが台湾諸羅県廟学の碑記執筆の招請を受け、台湾の地方志にも多くの論文を収めている閩学の人物、蔡世遠も注目すべき人物である。蔡氏は福建朱子学の要衝である鼇峰書院で書院長を務めたことがあり、また理学に関する著書を数多く出版している。高令印と陳其芳共著の『福建朱子学』の中でも、藍鼎元と同ように清初期の朱子学を復興した代表的人物とされている。[3]このように、研究素材から言えば、藍鼎元と蔡世遠の著書は、閩及び台湾儒学の淵源となる重要な資料であると見て差し支えない。

清代初頭に精力的に台湾府学を建設し、儒学教育の提唱に全力を尽くした陳璸は、一家言を持った儒者にはなれなかった。しかし、彼が残した数篇の教育碑文に表われる儒学思想は非常に奥深く、研究の価値があるものである。陳璸の他に、台湾各地の教育碑文の作者の中には、碩学鴻儒と称された者はいなかったが、碑文自体はその時代その土地での儒学教育の現象と、ある限られた階層での儒学思想をよく反映している。碑文以外では、学校の校則も当時の儒学思想を考察するための資料となる。その他、台湾各地の歴代地方志の中にも、儒学師生の書いた理学論文が少数、そして相当数の理学詩が収められており、これもまた思想史の資料であるため、見逃してはならない。地方志の作者が思想家であったなら、教育制度や現状を記載する中で自論を展開することが多く、地方志を書く場を借りて、自らの儒学思想を披歴している。これらの伝注に類似した見解もまた重要である。

儒学は台湾で大きく分けて二つの特異な経験をした。まず一つ目は、台湾は本来台湾原住民の住まう土地であり、漢民族にとって普遍的な教育である儒学教育が、非漢民族である原住民にとっては漢化教育に過ぎなかったということである。儒学と異文化の出会いは台湾儒学にとって非常に特異な経験であると言えるだろう。二つ目は、明代・清代では、儒学は優勢文化として原住民社会の中に浸透していたが、日本統治時代には劣勢文化とされ、一方では大和民族の優勢文化に抑圧され、また一方では大陸の旧学がそうであったように、新文化の激しい衝撃に曝された。民族抑圧の下にあった儒学は、新学と調和したこと以外に、鄭氏政権の経世学風に戻る傾向があった。櫟社の詩人や王松、洪棄生、連雅堂などの詩学は、儒学社会の写実的詩論を継承することを目的としていた。連雅堂の史学は、植民地台湾で書かれたために、儒家の春秋学を極限まで発揮することができたのである。

一　鄭氏政権時代の台湾と儒学

鄭氏政権と儒学の関係は、様々な角度から観察することができる。順に挙げると、一つ目は鄭成功と儒学の関係、二つ目は南明諸儒学と台湾の関係、三つ目は鄭氏政権の台湾における文教政策、というように三つの角度から説明が可能である。

一つ目から詳しく見てみよう。鄭成功（一六二四―一六六二）は七歳の時、父親により日本から中国に連れ戻された後、儒学教育を受ける。史書には、「春秋を好み、また孫呉を愛す。六芸の他に武芸に励み、時間のある時には文章を書く[4]」と、彼について記述しており、十一歳の時には「灑掃応対」を題に、「湯と武の起こした戦争は、力づくで不要なものを掃き出す掃除と同じである。堯と舜の譲位は、平和的に不要な物を入れ替えることである」というような独創的な一句を述べ、教師を驚かせた[5]。ここから、鄭成功は儒学の中で経世派に属することが見てとれる。鄭成功が非常に好み、骨の髄まで染み入った「春秋」の思想は、後に彼の思想の基礎になったと見て間違いない。

鄭成功は十五歳の時（崇禎十一年、一六三八）、「進南安学弟子員[6]」と記録されているように、南安学に進学し諸生となった。そして崇禎十五年（一六四二）十九歳の時、福建省に赴き郷試に臨む[7]。鄭成功は儒者身分であったために、崇禎十三年（一六四四）の入関戦争（正称、甲申政変）後、当時の儒者のほとんどがそうしたように、孔子廟で泣き、儒服を燃やすという、一種儀式化した行動を取った[8]。鄭亦鄒の『鄭成功伝』はこの件を初めて記録している。鄭成功は父親が清朝に降伏したことに関して「私の懸命な説得にも耳を貸さず父は降伏し、さらに母も非業の死を遂げ、私の心は引き裂かれるようである。そうして憤り嘆いて哀調を帯びた歌を歌い、挙兵して清朝に抗戦することを考え、持っている全ての儒服を孔子廟で燃やした。孔子像に四度拝し、天を仰いで『かつては儒学を学ぶ学生であったが、今は亡国の孤臣である。降服も抗戦も、全ての者に平等に選択する権利がある。私は儒服を返上し儒者の道を諦めることにした。孔子にのみ私の思いをお伝えする』と言った。そして敬意を込めて一礼し、立ち去った。その後、同胞を集めて兵を挙げ、悲しみのあまり激しく泣いた[9]」と述べている。甲申政変は儒者階層にとって一種の試練であり、また一種の錘錬でもあった。孔子廟は儒者集団あるいは個々別々の抗争活動の拠点となり、孔子は儒者が本心を打ち明ける、もしくは「捲堂文」（授業ボイコット宣言のようなもの）を読み上げる対象となった。これは、孔子廟が教学や祭祀以外の機能も果たしていたことを示している。

鄭氏政権と南明諸儒の関係は、台湾延平郡王祠の従祀名簿の中に見ることができる。従祀者の中には、曽桜、徐孚遠、王忠孝、沈光文、辜朝薦、沈佺期、陳永華らがいた[10]。曽桜は、東林党の人物である[11]。徐孚遠は字を闇公といい、浙江・華亭の出身で、崇禎初年に、同郷の陳子龍とともに幾社を創設した。幾社は「神のみが知る明儒学再興の僅かな兆し[12]」を旨としており、全盛期には会員は百名を超えていた[13]。徐孚遠と陳二子は合同で『皇明経世文編』全五百八巻を著し、また徐光啓が著した『農政全書』全六十巻を改編の後、出版している[14]。幾社は文学を志とした者達によって発足されたが、その思想は経世的色彩が非常に強い。徐孚遠と鄭成功の関係性に関して、全祖望は『徐都御史伝』の中で、徐孚遠が魯王に従って閩に入ったことに言及して、「当時島にいる諸軍は悉く鄭成功の隷属下にあったが、中には単なる避難者も多かった。鄭成功は若い時、勉学を続けるために学校に入学し、徐孚遠に詩を学ぼうと試みた。闇公が閩に到着した時、彼は自ら迎えに出た。忠義の心を日々研磨するという闇公の考えを鄭成功は熱心に聞き、夜通し会話が途切れることはなかった。これ以降、何か政治上の大きな決断があった時には、まず闇公に意見を仰ぎ、それから行動に移した[15]」と書いている。この内容から、鄭成功は徐孚遠に師事したことが見てとれる。徐孚遠はその後、鄭成功に従って台湾に渡った。

幾社はその後別の団体と合併し、復社を結成した[16]。復社のリーダーである張溥は、経学を特に重んじ、「経書の道は損なわれ、廉恥の道も閉ざされた」と当世を批判し、また「忘れ去られた儒学経典にもう一度注目し、当代の俗学を排除しなくてはならない。文章の品質を夏商周の三代と同等まで高めるよう努力する。復社こそがこの大事を成し遂げるのである[17]」と述べている。復社結成時に張溥は規則を定めて、「社会的雰囲気と教育状況が悪化してから後、識者は経書学を理解しなくなった。試験では、華麗ではあるが内容は希薄な文章が書かれても、弾かれることなく幸運にもすり抜けて合格し、官位に就くことができる。……中央政府でも役に立たず、地方に下って地方官として民衆を救うこともない。各地の真の識者とともに、忘れられた儒学を復興し、後世に有用な結果を残したい。そのために我々は復社と名づけた[18]」と言った。この内容から、復社が経書を崇めつつも、同時に経世を重要視していたことがわかる。復社の会員は最も多い時で一二五五名に達し[19]、山西、河南、陝西、四川、広東、貴州など、会員は全国に及んでいる[20]。

先にも挙げた延平郡王祠に従祀した沈光文は、鄭成功よりも九年早い永暦六年（一六五二）に台湾に入っている。沈光文は台湾文学の開祖であり[21]、明末の儒家である黄道週門下の出身である。黄道週は「東林党人榜」にも名が連ねており、復社の重要な人物でもある。沈光文は台湾で原住民に漢文を教える傍ら、医者として生計を立てていた[22]。復社と幾社はともに実学精神に富んでいた関係で、沈光文が台湾で医者を生業にしただけではなく、前述した従祀の中で「海外幾社六人[23]」に数えられる沈佺期も、台湾で「医薬で人を救う」ことにつとめた[24]。

従祀者の中で最も南明実学精神を実践し、台湾各方面に貢献した人物は陳永華以外に存在しないだろう。陳永華の父である陳鼎は、同安県で教鞭を執っていた。初め同安県は零落していたが、後に鄭成功が復興を成し遂げている。当時陳鼎は「学生らよ、革命を起し尊王を実行せよ」[25]と伝えた。その後、清朝軍は再度攻撃を仕掛け、陳鼎と県長である葉翼雲は同安県を死守しようと徹底抗戦したが、結局同安県は陥落し、二人は捕らえられ、屈しなかったために殺された[26]。陳永華はアモイの儲賢館で学び、曽桜と徐孚遠の指導を受けた[27]。後に、兵部侍郎である王忠孝（従祀にも名を連ねている）の推薦で鄭成功に接見して、「一日中時事問題について語り合っても語り飽きない。鄭成功は大いに喜んで『復甫（陳永華の字）は現在における在野の傑物である』と言った」[28]。鄭成功亡き後、陳永華は鄭経を助けて台湾を治めた。陳永華は台湾の二方面を治めたと言ってよい。一つは民生、そしてもう一つは文教である。民生の面では、彼は「自ら南北台湾の各地域に赴いて、人民に開墾することを勧める。五穀を栽培し、食糧を蓄える。サトウキビから砂糖を煮出し、広く販売する。……また、柵を設置し、賭博を厳しく禁じた。職人に土を焼いて瓦を作ることを教え、山に登って木や竹を伐採し、それをもって家を建てともに休んだ。煎った塩は渋くて耐えがたく、瀬口に塩田を造って海水を撒きニガリにし、さらに天日で乾燥させ塩を作った」[29]。先学の盛成は上述した陳永華の記録を見て、「恐らく『農政全書』と『天工開物』及び『皇明経世文編』を熟読したようだ」[30]と非常に鋭い指摘をしている。陳永華は父親である陳鼎と、先輩である徐孚遠らを通じて、自然と晩明の実学思想を学び取ったのであろう。

文教の面では、陳永華は初め鄭経に「建設開発はすでに軌道に乗り、軍人が開墾すれば少なくとも実りを得ることができる。速やかに孔子廟や学校を建設するべきである」と進言したが、初め鄭経は「開拓直後」、「人口些少」を口実に却下した[31]。しかし陳永華は再度鄭経にその重要性を説いた。

昔、成湯は百里の狭い土地を領地としていたが王になり、文王は僅か七十里から国を興したが、王道と土地の広さは関係があるのだろうか。真実は、君主に徳があり、有能な臣下を見つけ、その助言に耳を傾けたからである。現在台湾は沃野数千里、海外にも領地を持ち、また人民の性質は純粋である。もし国王が賢人を見つけ出せば、政治の補佐をさせる。十年かけて成長し、十年かけて教育し、十年かけて一つの力と成り、三十年後には清朝と同等になるだろう。なぜ台湾には民が少ない、土地が小さいと嘆くのか。今、人民の腹は満たされた。もし日々何の不自由もなく暮らしながら、教育の重要性を知らないなら、獣と何が違うのか。土地を選び聖廟や学校を建て、人材を育てなくてはならない。我が国に賢人がいれば、国家の根本は強固であるから、国運はさらに上がるだろう。[32]

鄭経はこの話を聞いて大いに喜び、陳永華の請願を認めた。第二年（一六六六）孔子廟が落成し、試験制度が立てられる。[33]また、「各社は学校を設け教師を招き、子弟に学習させる」[34]という記録から、原住民の漢化教育の始祖は陳永華であることが読み取れる。[35]当時、廟学の国子監助教は葉亨が担当していた。[36]葉亨もアモイ儲賢館の生員であり、徐孚遠の教えを受けている。彼の著書には『五経講義』があり、廟学の学生らは葉亨の指導の下で多くの知識を得た。[37]清朝が台湾を統治した後、学生らは続々と科挙試験に合格し、また同時に経学にも精通した。例を挙げれば、陳永華の子、陳夢球は康熙三十三年（一六九四）に進士に合格し、『易経』を習った。また王忠孝の甥、王璋は康熙三十二年（一六九三）に郷試に合格し、同じく『易経』を習った。[38]その他にも郷試に合格した学生のうち、蘇峨、王錫祺、許宗岱、楊阿捷などは『易経』を習い、王茂立と陳聖彪は『詩経』を、邑星燦は『春秋』を習った。[39]葉亨が台湾における最初の廟学で教鞭を執った際、『易経』の伝授に最も成功したが、惜しいことに学生達の『易経』に関する文章が後世に伝わっているのを、いまだ見たことがない。

孔子廟の建立から鄭氏の降伏まで、僅か十七年（一六六六―一六八三）と短い期間であるにもかかわらず、非常に優れた教化成果を挙げている。康熙年間、高拱乾と周元文の共著『台湾府志』に収録された「進士年表」、「挙人年表」、「貢生年表」の膨大な名簿だけでなく、その他資料での記載がそれを証明している。康熙二十五年（一六八六）に着任した初代台湾アモイ道官である周昌の〈詳請開科考試文〉の中に書かれた「本道着任後、鄭氏政権時代に進学した学生が夜中も勉学に励む一方、後輩の若い学生が楽しげに学習している様子を覗き見た[40]」という一文から、鄭氏政権時代の教化の功績が非常に明らかである。周昌は多数の受験可能な儒生を養成していたからこそ、着任するとすぐに科挙試験を行うことを請求したのである。康熙三十九年（一七〇〇）に訪台した郁永河は、『裨海紀遊』の中で友人である顧君の言葉を「新港、嘉溜湾、欧王、麻豆は、鄭氏政権時代の四大社である。この四大社では、就学年齢に達した子供たちを学校に行かせることができるなら徭役を免除するという方法を用いて、徐々に台湾に教育を進めた[41]」と記録しているが、この一文の中でも鄭氏政権時代の原住民教育の成果を表している。

二　清初朱子学の復興と台湾儒学教育の編制

康熙皇帝は朱熹の崇拝者である。彼は八歳から朱注の『大学』、『中庸』を精読したと述べ、『朱子全書』序の中では「五十年かけて非常に多くの本を読んだが、やはり朱子が一生で行ったことのみが重要であった」と言っており、また「朱子注釈は道理を詳しく論じ、一字一句も不明瞭なところはなく、大中至まさに帰する。……大家らが残した集大成であり、幾千年も続く不絶の学問である。一般民衆を朱子の学問によって教育し、一万年続く目標とする」と非常に高い評価を与えただけではなく、朱子を孔門十哲の同列へと昇級させた。康熙が朱子を「最も崇め尊ぶ存在として、儒学者は皆信奉しなくてはならない」[42]としたことから、一時朱子学は大興し全国で朱子学が学ばれた[43]。

福建は閩学の要衝として堅固な基盤を持っており、このたびの復興運動中では当然欠かせない存在であった。清代の台湾教育は朱子を特に重要視していた。台湾教育を知るには、まず台湾における朱子学の発展趨勢を理解しなくてはならない。乾隆初年に劉良璧が発行した『重修台湾府志』とその他の台湾地方志は、その形式において少々差異が認められる。すなわち、「巻首：聖謨」の設置である。この中には、康熙五十一年（一七一二）〈諭表章朱子〉が収められており、「宋の朱子のみが経書と歴史書の注釈をなし、書物に書かれる理を詳しく説明している。選択された全ての文字には、明確な典拠があり、公正で偽りがない。五百余年の時が過ぎた現在まで、一文字も改める者はいない。ここから、孔子、孟子の後、朱子が儒学に貢献したと言うことができ、その功績は非常に大きい」[44]という記載もある。その後、康熙は「御製周易折中序」、「御製春秋伝説彙纂序」、「御製詩経伝説彙纂序」[45]などの中でも、朱熹を高く評価している。

上に挙げたものの他にも、全国（台湾を含める）に影響を与えた文書がある。順治九年（一六五二）に各省、府、州、県の儒学校に頒布した臥碑文である。康熙二十二年（一六八三）清朝に統治されてから以降の台湾では、各地の儒学校が全国統一されたこの校訓を差し立てた。この校訓には「以政治干預学術」（政治をもって学術に干渉する）という非常に強い意味が含まれており、文中では、

生員は志を立て、忠臣や清廉な官吏になるために学び、書史に載る全ての忠義と清廉の事績を、必ず他の文献と比較して真実かどうか見極めなくてはならない。……兵士と民衆の良悪の全てを皇帝に上奏してはならない。もし皇帝に献言すれば裁かれ、免職や処罰を受ける。生員は多数の者と集会を開いたり、結社を組むこと、また官庁を支配し、権勢をかさに着て地方を牛耳ってはならない。作成した文章は、みだりに刊行や碑文に刻んではならない。違反した者は、裁いて処罰する。(46)

というように規定している。

この臥碑文の内容から、清朝廷は入関戦争の後、儒生階級の非常に激しい反抗に遭ったという苦い経験を、教訓として心に刻み込んでいたことがわかる。明代末、南明の反清運動は、知識人の結社を拠点としていた。それゆえ、清朝廷は知識人らに「立盟結社」（結社を組む）ことを禁止したのである。それのみならず、言論が世間に与える影響力を憂慮して、生員が兵士や民衆の良悪に関する上奏や、文章を刊行刻印することを許さなかった。清朝廷が教育という方法を使って、植民地人民を政府に逆らうことのない従順な人民に育てようと画策したことが非常に明らかである。連雅堂は『台湾通史』「教育志」の中で、この問題に関して、「国が人材を育成することは、活力を蓄えることと同義である。東漢時代、

太学の学生は三万人いた。彼らの作る文章は政府を深く分析しており、どのような高官に対しても物怖じすることはなかった。高官は彼らの指摘を恐れて行いを正した。このため、彼らの文章は天下の重要な掟と見做された。また、宋の知識人は平伏して李綱の再登用を願った。夏商周の三代続く王朝の気風に似ている。しかし現在、国家の大事に直面しているにもかかわらず進言は許されない。ならば知識人は、一体何のために学ぶのだろうか」というように、痛烈な批評を繰り広げている。清朝廷は教育事業の振興を激励してはいるものの、「文章の言葉の端を取って糾弾し、逃がさずに捕らえて処刑する。焚書坑儒よりも遥かに恐ろしい」と連雅堂は言っているが、これは真実である。しかし彼が『台湾通史』を著した時は、すでに民国であったから、少しも憚ることなく清朝廷を批判できたのである。

だが、清初頭の一部の知識人は、国は亡べども天下は滅びないという一縷の希望を抱き、四苦八苦して、異族統治の下でも儒学を続けることを試みた。その熱心な文化教育の普及運動は、単純に清朝廷に同調したものとして見てはならないだろう。清朝廷の文化教育政策の背後にある動機を深く知るだけではなく、文化教育政策を推し進めた知識人の苦心も慮らなければならない。

清朝廷が初め台湾を統治した際、一府三県を設けた。すなわち、台湾府、その下に管轄される台湾県、鳳山県、諸羅県である。府には府儒学校を設け、県には県儒学校を設けた。それゆえ、康熙年間に台湾は全部で四校の儒学校を有した。清朝廷が台湾を分割すると、台湾は合わせて十三校の儒学校を設置することとなった。詳細は以下の通りである。

この中で七校が道光二十年（一八四〇）のアヘン戦争後に設立されている。これは一方では清朝廷が台湾での権力拡張を推進したことを表し、また一方では列強国による台湾獲得の希望により、清朝廷が

清代台湾儒学一覧表

儒学校名称	創立年	注記
安平県儒学	康熙二十三年（1684）	元台湾県儒学
鳳山県儒学	康熙二十三年（1684）	
台南府儒学	康熙二十四年（1685）	元台湾府儒学
嘉義県儒学	康熙二十六年（1687）	元諸羅県儒学
彰化県儒学	雍正四年（1726）	
新竹県儒学	嘉慶二十二年（1815）	元淡水庁儒学
宜蘭県儒学	光緒二年（1876）	
恒春県儒学	光緒三年（1877）	
淡水県儒学	光緒五年（1879）	
台北県儒学	光緒六年（1880）	
台湾府儒学	光緒十五年（1889）	
苗栗県儒学	光緒十五年（1889）	
雲林県儒学	光緒十六年（1890）	

『台湾省通誌』巻五『教育志、制度沿革篇』、台湾省文献会、1970 年、13 頁

より強く台湾を重視するようになったことを示している。府学あるいは県学は、地方の最高学府である。校内には、孔子廟大成殿や明倫堂、池などの施設が設けられ、また諸儒と文昌帝君を祭っており、この体制は中国大陸に一切従っているものである。

府県儒学校以外では、国営もしくは私営の書院がある。これらは規模が小さく柔軟性に富んでいるため、大いに広まり二百年の間に少なくとも四十五校設立している[47]。書院は等級が分かれており、その等級によっては孔子を祭ってはならず、宋儒と文昌を祭った。しかし、この教学と祭祀の双方に重きを置くことは儒学校とほとんど違わない。書院の下には、各村落と原住民部落の小型学校が存在した。これらは社学や義学、あるいは義塾と呼ばれた（書院が国営でない場合、義学とも呼ばれた）。鳳山県を例にとると、光緒二十年（一八九四）に至ると、各地の社学（番社学と民社学も含む）は二百校を優に超えた（本書第四章を参考）。台湾割譲の直前、漢文と儒学初級経典を教える小規模の学校はすでに台湾全土に普及していたことが見て取れる。

教育制度から言えば、いくつかの点が注目に値する。一つは、儒学校と書院のほとんどは台湾西部に集中しており、東部は僅か宜蘭にのみ儒学校と仰山書院があった。台湾南端の恒春県では光緒初年に儒学校を設立したが、廟の外観は粗末なこと甚だしく、また数か所、社学はあるが書院はなく、教学成果も終始明らかでない。上述した儒学校分布の状況は、台湾では、中国大陸側の台湾西部を玄関口とし、また中原を核心の地理的方向性としたことを明示している。次に、清代台湾官吏の文化教育重視は絶対に陳永華に劣らない。多くの官吏が文化教育を最大の治績とし、軍事を管轄する台湾制圧軍将でさえも、初任の楊文魁、次任の殷化行までもが教化を主要功績とした。[48]その他にも、台湾詩史に名を残した武将、阮蔡文は教化の賛助に心血を注いだ。[49]彼は康熙五十四年（一七一五）に台湾北路露営副将軍に任命されている。諸羅県の儒学校は康熙五十四年から五十五年の間、大々的に補修が行われた。阮蔡文は百両を寄付し、修復は成功裏に終わった。[50]彼が北部防衛の任に就いていた時、副将軍はかねてより自ら巡察することは非常に少なかった。しかし彼は自ら行動を起こし巡察に赴いたので、「山谷諸番……牛羊酒食繹絡於道」（谷間の少数民族は……牛羊酒食料の途絶えることのない道）という盛況をもたらしたが、愛民の心から食料を全て返却したという。

さらに、「社学の原住民の子供達を集めて教育し、『四書』を暗唱できる者には賞金として金銭や布地を与えた。この君臣父子の大義を解説するためならば、何度繰り返そうとも疲れることはない[51]」というような阮蔡文の例は特例ではない。彼のような官吏は清代台湾では数えきれないほど多くいた。たとえ台湾南端にある「勢力の及ばない僻地は、野蛮人や犯罪者の巣窟と化しているため、何もできず何も望めない[52]」と言われているような恒春県でも、知県から塾講師まで教育に対して変わらず憂懼し一切手を抜かなかった。この熱心で真剣な態度には奇妙な感覚を受けさえする。

恒春は元来鳳山県に属する土地であったが、同治十三年（一八七四）に発生した牡丹事件により[53]、戦争の備えと事後処理のために台湾に来た沈葆楨が県の設置を上奏した。これにより、光諸元年（一八七五）に県が設置されるに至ったのである。県が設置されてすぐに、知県である周有基は、義塾を七箇所作る命を下し、自ら七条の学則を制定した。この学則は微に入り細を穿ったもので、その規定の細かさは「月末、塾教師は全学生の名前の下に、どの本を読んだか、何章、何節、何句まで進んだかを注記せよ」という要求にまで及んでいる。さらには、これらの資料を「ファイルを県に報告し保存すること」という規則もある。これのみならず、「学生は毎日登校すること。塾教師は小名簿を作成し、早朝・午前・午後と分け名前を記すこと。月末に統計をとり、登校日数最多上位三名には二百文の賞金を与え、登校日数下位三名には軽罰を与えること。しかし、事情のある者は免除する」という規定もあり、教学の際には、「教師は、今日学生に教えた内容を、後日再度話す際には、まず学生に覚えているか確認すること。続けて二度答えられなかった者には軽罰を与えること」という規定も作られた。このように周到に規定した後、周有基は、「義塾を開塾してから三年以降に、県城に大学を一校作るのが適当である。各塾の聡明かつ勤勉な子弟を、この大学に入学させる。また品行・学問ともに優れている教師を選び、彼らを特別に教育すると、十年後には学風が盛んになり、悪習を変えることができる[54]」ということを自信を持って計画した。

恒春県の教育はこのように非常に良いスタートをきったが、成果は終始明らかでなく、歴任の知県を困らせた。歴任の知県である羅建祥、胡培滋、武頌揚、程邦基らの現存する報告書[55]から、知県の恒春教育に対して非常に心を砕いたことが窺える。光諸十八年（一八九二）に知県に就任した陳文緯は自ら塾則を定めている。その規則の細かいこと、周有基の学則を遥かに凌いでいる。一日のうち、早朝・昼・夕方・夜にするべきことを定めただけではなく、例えば四書五経を教える科目ではこのように、文字を学ぶ科目ではこのように、詩文の科目ではこのように、礼義の科目ではこのようにと、各科目の勉強法も決められた。これらを詳しく列記した後、陳文緯は「以上の各条は、私も煩雑だと非常に思う。人々が嫌がるのは間違いない。しかし、地方都市が後世の人々、及び文教の振興を導くためには、こうせざるを得ないのである」と述べお茶を濁さざるをえなかった。それゆえ陳文緯は、自分にも厳しかった。なぜなら、彼が自ら学生の詩文を試験したからである。「勤・惰・優・劣に分け、賞罰を明記する。さらに名前を順に記して塾に送り、学生らの自信あるいは反省を促すために、毎月それを貼り付けて公表した」(56)。

恒春県の教育事情から、原住民社会において漢化教育が如何に困難かを知ることができる。また一方で、これら儒学影響を深く受けた官吏にとって、教化は一つの神聖な使命であったということが感じられる。

三　清代台湾教育碑文中の儒学思想

清代台湾のほとんど全ての儒学校や書院に、その繁栄を忘れ去らないための石碑が設置されていた(57)。これらの碑文は各地の地方志、取材冊子にも多く収められた。碑文とは実用的な文章類ではあるが、地方の大事を石に刻むのであるから、碑文の作者が憂懼しないはずはなく、皆謹んで碑文作成に従事した。

それゆえ、碑文の多くには個々の思想が豊富に表現されており、深く検討する価値がある。最も早い、また最も重要な教育碑文の作者は、当然、陳璸以外にはいない。陳璸は字を文煥、号を眉川といい、広東は海康の生まれで、諡号は清端である。『陳清端公年譜』によると、陳璸は幼少から《「四書」》、《「五教」》を読み、長じて『太極図説』、『西銘』、『朱子小学』などの書物を熟読した。彼は「寄子書」の中で自ら「書物を持って人里離れた土地へ行き、俗世を離れる。……日夜書物を吟味して永遠に手元に置いておく。知識を得たと自信を持って言うことができる(58)」と書いており、これらの書が、嘗て彼の新職着任の際に荷物の中に納められともに海を渡って台湾に来たことが想像できる。陳璸は康熙四十一年(一七〇二)台湾知県に就任した。彼は『条陳台湾県事宜』の中で台湾を治めるための十二の重要任務を語っている。初めの四条は、「根源を重んじるために、孔子廟を改築するべきである」、「教化を広めるために、各地域における社学の制度を盛んにするべきである」、「実学の激励のために、定期試験の規定を定めるべきである」、「風俗を豊かにするために、郷飲酒礼を始めるべきである(59)」という、教化に関係するものである。

こうして陳璸が孔子廟の再建を手がけ、康熙四十二年(一七〇三)年に竣工した時に「台邑明倫堂碑記」を記し、明倫堂建設の理由を語っている。

> 人間があるから、人の心がある。人の心があれば、人の理がある。人の理があれば、自ずと明倫堂がある。もしこの堂が建たないのなら、学徒が儒教教義を解説する場がない。必ず人倫は不明になる。人の理がなくなれば、人の心は愚かになり、人間ではなくなる。……私の言う五経と五倫は、

表裏の関係である。倫とは何か。家臣は、直言し、諷諫し、進言し、君主の誤りを正すべきだが、自らを辱めるべきではない。子は、親を養い、楽しませ、それとなく諫めるべきだが、親に正しい行いを勧めるべきではない。兄弟は、愉快に、礼儀正しくあるべきだが、全てに同調すべきではない。夫婦は、仲良く、恭しくなければならないが、互いに恨み言を言ってはならない。朋友は、親しく、励まし合う関係でなければならないが、友人の数によって疎遠になってはならない。これを理解しようとすれば、必ず経学に通ずる。絜静精微なるは『易』の教えなり。疎通知遠なるは『書』の教えなり。温柔敦厚なるは『詩』の教えなり。恭倹荘敬なるは『礼』の教えなり。属辞比事なるは『春秋』の教えなり。聖人の経と賢人の伝を後世の教訓とする。これら全ては性霊を啓発して本性を現すためのものであり、剛紀人倫の道具である。それゆえ我々は経書の本意を学ぶのである(60)。

この話は、人間、人の心、人の理の発生過程から論を始め、五倫と五経の呼応関係に帰結している。ここから、陳璸が理学と経学の双方を重視し、また学思と実践的態度を重視したことがわかる。陳璸は、身をもって体験し努力して実行する儒者である。「彼の志操は高潔で絶俗しており、仁愛で人民を利する。時間があれば学生を率いて審査を行い、人品を備え、人倫に励むことを優先させる。夜に自ら見まわっては民衆の苦しみを尋ねる。誰かが勉学に励んでいる、あるいは仕事に励んでいると聞けば、すぐに褒美を与え、人々が集まり飲み騒いでいれば、その場で厳しく咎める」。ここから、康熙四十九年(一七一〇)陳璸が台湾アモイ道員に帰任した際、「民衆は彼が来たことを知ると、老人や子供も連れだって迎えに出向いた。満路の歓呼の声をあげる様子は、あたかも豊作を望んでいるようである」。今回台湾に戻ったのも、俸給をなげうって廟学を建てることを第一の任務とし、「創設に関する全てのことを自ら管理するので、終日飽きることがない」と述べている。後に湖広沅江地区官吏に昇進した。「一人の老人が荷物を持って、一人で任に就く」という記述から、彼はただ一人で赴き、「全ての上奏する文書、檄移文は、全て自らやり遂げた」というように、彼が自ら物事を行っていたということが書かれている。また、「母屋のみで生活し、夜が明けるとすぐに政務をとり、夜半になって仕事を終える。質素な食事で、毎日生姜を少しばかり食べる」という記述からは、極端に簡素な生活をしていたことがわかる。康熙五十六年（一七一七）、海上巡視の命を奉じ、自分で食料を用意して、人民からの差し入れを断った。陳璸の死後の様子に関する記載も残っている。「苦労して働いて、殉職した。臨終の時は、服を一着身にまとっており、遺体は布団で覆うのみであった。部下はその姿を見て、感涙しない者はいなかった。人々の中には、向かい合って泣く者もいた」という。陳璸は死後、布団しか体を覆うものがないほどに清廉であったことが伝えられている。皇帝は陳璸の埋葬に関して「特別に金銭を与え、遺体を故郷に送り埋葬する」よう命令を下し、さらに「清端」と諡を与えた。陳璸が台湾にいた前後八年の間、台湾の人々は彼を思い、「去思碑」を作った。彼の生誕日には、孔子廟の中の名官吏を祀る祠で「灯りを飾りつけ、楽器を演奏して祝う」ことが行われ、塑像が文昌帝君の楼閣の中に収められた(61)。

陳璸の生涯を知ってから、以下の文章を読むと、この内容が偽りでなく、一儒者の真心から発するものであることを、より深く感じ取ることができる。陳璸は二度目に来台し、府儒学校の再建をした折、四篇の碑文を残している。「新建朱文公祠碑記」の中で彼は「海外で朱子を祀る」ことの道理を述べている。文公のいる閩と台湾は一衣帯水の地縁関係にあることを指した他に、彼は人生徳行の全てを包括する朱子学の普遍的価値を論じた。

孔子、孟子の後、なおさら正道の学説は失われたが、斯道はわずかに命脈を保っている。経、史、その他非常に多くの書の中で朱子が分析説明されてから、真昼のように豁然とした。およそ学者は、口で朗誦すること、心で思考することを日夜止めることがなく、先人を必ず敬慕する者である。なぜ、現世と天上の隔たりという拘泥があるのか。私は幼いころから朱子の書を朗読し勉強している。……朱子曰く、「おおかた、我らが金銭欲と色欲の二大関門を通り抜けられないことは、言を俟たないことである」。また曰く、「『義利』の二文字を分けることは、すなわち儒者の初めの義である」。また曰く、「敬以直内、義以方外（敬も以て内を直し、義を以て外を整える）」。この八文字は一生に何度も使う」。金銭を好まなければ、人品を育むことができ、女色に耽けなければ、天命に身を任せることができる。義と利の境は僅かである。およそ何かのためでもなく行うものは、すべて義であり、およそ何かのために行うものは、すべて利である。確固たる義は利でないことがなく、正しい利に偽りの義を許すことはない。敬意は心にあり、ひたむきに内を正しくし、義は事にあり、状況にあわせて外を整える。人品に少しも不正がないことを直といい、互いに妥協がないことを方という。人生の徳業とは、このいくつかの言葉である。僅かではあるが、取り落としがない。[62]

この中で、朱子が経史を重要視していたことを強調し、また「義利の分別」に対して「義は嘗て利ではなく、利は義に寛容ではない」という柔軟な解釈を出した。陳璸は「新建文昌閣碑記」の中で、民間で文昌が迷信的な色彩を持って崇拝されていることに寛容な態度を見せ、また理性的思考と道徳の実践によってこの神秘性を解いている。さらに「放心」の学に励んで、迷信の中に存在した科挙功名の概念を正しい方へ導いた（詳しくは本書第三章を参照のこと）。文昌信仰と、儒学伝道系統の意識の間に存在する緊張関係は、久しく続いているものである。元代に文昌帝君が正式に科挙を司る神とされてから、正統の儒者は、儒者階級で行われている文昌信仰を目の当たりにしなければならなかった。明初頭の曹端（一三七六―一四三四）は「梓潼神が文人を司るなら、孔子は何を司るのだろうか[63]」と述べ、陳璸のように厳しく非難はせず、寛容な態度をとり正しい方へと導いたのである。もう一人、鄧伝安は文昌信仰に対して同様の態度を取った人物である。鄧氏は江西の浮梁県出身である。道光元年（一八二一）、台湾北路平埔族官庁兼鹿港海域防衛の任に任ぜられ、道光四年（一八二四）に再び台湾府府知事兼教育長官へと返り咲いた。二度の就任で、彼は二編の重要な碑文を残している。「修建螺青書院碑記」で、鄧氏は陳璸と同ように道徳の実践でもって文昌信仰の功利的色彩を転換させた。彼は以下のように述べている。

　科挙に及第することを正しい道として勉学に励んだから、現在、朝廷に出仕することができるのだ。郷試では糊名の方法をもって不正を防ぎ、公正を期するために試験官は受験者の名前がわからない状態で文章を品評した。たとえ文章から道を理解できたとしても、受験者の心得る道と芸を試験するだけであり、彼らの徳行を知ることはできない。これにより名実は相応せず、不確かなものを強く頼りにするのである。もし天界にいる神を拝んだとしても、徳を根拠にして信じれば成果は現れる。年末に模範生として推薦されたいならば、早朝から夜中まで自らを奮い立たせなければならず、また学業を修めるには家で勉強しなくてはならない。上は実を求め、下は実に応える。人々が敬服する人物は、神の御加護があるのであり、士は古より怠らずに勉学している[64]。

北斗の螺青書院は、鄧氏の手によって建てられたのではなく、嘉慶八年（一八〇三）に建てられた。嘉慶六年（一八〇一）に仁宗皇帝が礼部に勅令を発して、文昌帝君を祭祀に編入したことで、文昌崇拝の流行を作り出した。螺青書院が主に文昌を祀っていたことは、この事件と関係がある。鄧氏は文章の冒頭で、この碑記を書いた理由を、建てた者が「このことを記すために文章を書いて頂けるよう乞いに来た[65]」と記述している。こうして、鄧氏はこの機会を利用して、功名に励む学生らを戒めた。彼が二度目に訪台した時、鹿港に新しい書院を建てようと呼びかけた。五百金を寄付して、自ら書院を「文開」と名づけ、また自ら「文開書院従祀議」、祭文、碑記を書いた。鄧伝安は建設の全工程に参加したと言っていいだろう。鄧伝安の主導のもと、文開書院では文昌を祀らず、朱子を祀り、また南明時代に台湾にいた七賢人、及び「文章が太僕に肩を並べるほど上手く、さらに台湾で功績をあげている[66]」福建朱子学学者である藍鼎元も祀った。

鄧伝安は朱子を祀ることを当然のことだと考えていたようである。「閩において朱子こそが大儒者の頂点であるから、書院で祀らないことはない。海外においてもまた同様である[67]」という記載からも、その思想を垣間見ることができる。彼はこの書院に、「文開」と名づけている。その名づけには、「海外の文教は、浙江省鄞県出身の隠者である沈斯庵太僕、名を光文、字を文開という者を始まりとする。この字を借りて書院の名とし、有開必先を志す[68]」という由来がある。従祀者として、沈光文が当然の如くまず初めに数えられ、次に、徐孚遠、盧若騰、王忠孝、沈佺期、辜朝薦、郭貞一など、南明の遺老らが祀られた。彼ら遺老が崇拝された理由として、彼らが台湾文明開化の功績を持っていたことの他に、その忠義の精神が挙げられる。鄧伝安は、「文開書院従祀議」の中で、「幾人かの者は、魯王の忠臣であっただけではなく、鄭を諫めることのできる良き友であった[69]」。鄧伝安はこの中で「偽鄭」と呼んでおり、政治的配慮が見られる。しかし、「文開書院釈奠祭先賢文」の中で、「鄭氏は東に渡り、斎士は田に従う[70]」として、鄭成功と秦の田横を比べ、諸老と斎士を比べているところから、鄭氏政権に対して肯定的姿勢を持っていたことがわかる。また「新建鹿港文開書院記」の中には、鄧伝安が諸老を従祀した目的が書かれている。「この方々は師表たる人物であって、経書を教える教師ではない。生員は学業を研鑽し、先哲を敬慕して、その道徳を立てることを考え、功名だけを見て人と接することはない[71]」。この記述から、朱子を主祀にするにせよ諸老を従祀にするにせよ、第一の目的は、文昌信仰の中の科挙功名の観念を矯正することにあったことが見て取れる。

しかし鄭氏政権の遺老を崇拝することは、台湾が創始であると言って差し支えなく、この後、半世紀を経てやっと延平郡王祠が建てられた。この鄧伝安の功績は、思想史的意義を多分に含んでいる。台湾の立場から言えば、朱子、宋儒、文昌を限定して崇めることがなくなれば、政府による崇拝の提唱、及び民間流行の意味から脱却することができる。また、鄭氏政権の遺老らの崇拝は、鄭成功及び鄭氏政権期の台湾開拓を肯定する意図もあり、清初頭の官員が争うように賛美した「聖朝」教化の功績のようにはならなかった。鄧伝安は台湾文化史の第一章を書き換え、鄭氏政権こそが台湾文化の起源であることを確認したと言ってもよいだろう。

もう一名、蔡世遠は注目すべき碑文の作者である[72]。彼は台湾へ行くことは一度もなかったが、陳璸の招聘で福建省鼇峰書院を取り仕切っていた。また、鼇峰書院は台湾の書院創立者が景仰する典範であった。楊二酉の著した『海東書院碑記』の中の「生員は鼇峰を敬慕しては、長い時間海を望んで嘆いている[73]」という記述から、台湾の生員の鼇峰書院に対する憧れが見て取れる。楊二酉は海東書院を創設し、「鼇峰と並び立つ[74]」ことを切望し、励んでいた。このように、鼇峰書院を取り仕切った蔡世遠は、台湾と縁のある人物である。加えて、蔡世遠と親しい関係にあった陳夢林は招聘を受けて台湾に渡り『諸羅県志』を編纂している。諸羅知県である周鍾瑄は諸羅県学を建てた後、陳夢林を通して蔡世遠に一筆求めたことから、「諸羅県学碑記」という一篇の碑文が海を隔てて誕生したのである。この碑文には蔡世遠個人の思想や[75]、この思想をもって台湾の生員が努力してほしいという心遣いが表現されている。彼は文中で以下のように述べる。

君子の学は、誠を主とする。誠は五常の本にして、百行の源である。純粋至善な者であり、天が自分に与えるものである。誠でない人間は、志のない者である。志のない者は誠を尽くすことができない。誠は志を立てることで、舜を模範に、文王を師にできるのである[76]。

勉学は誠を本とするとされているが、誠はどのようにして求めるのだろうか。彼は、「叡智を誠を求める手段とするなら、勉学のみが最も重要である[77]」と言っている。廟学設立の本来の意図に戻り、生員に「庸近の士」になってはならないと戒める。つまり科挙功名を勉強の目的にすれば、思いがけず「この根本に回帰することができず、その終わりを考えることができない」となるのである。彼は、文末で「県の秀才を明倫堂に集め、互いに経書の要旨を話し合い、宋儒の教えを実践し、誠を立てる方法、勉強の要、論理の実践の方法について話す。経の道理を明らかにすれば、文章表現は豊かになる」[78]のように、諸羅県学への期待を述べている。この文章は康熙五十四年（一七一五）に書かれた碑文や陳璸の碑文と同ように、台湾への朱子学の移植状況を反映している。

上述のように、教育碑記の内容には清初頭の福建朱子学の復興、及びその台湾への影響が反映されており、さらには、清代中葉に行われた鄭氏政権期思想文化の再評価の努力も反映されている。また、文昌帝君の信仰と儒家道統意識の間の緊張性も、多くの碑文に重要な主題として扱われている。この他にも、廟学建築に対する精神空間の思考も、多くの碑文が重点として扱った主題である。しかし、紙幅に限りがあるため、ここでは詳述しない[79]。

四　清代台湾書院学則における儒家思想

現存する清代台湾地方志の中の学則は多くない。最も幅広く収めたものとして、台湾道員である劉良璧が定めた「海東書院学規」、及び台湾道員兼提督学政をつとめた覚羅四明が定めた「海東書院学規」があるが、この二つの学則には二十年の開きがある。劉良璧は乾隆五年（一七四〇）に就任し、覚羅四明は乾隆二十六年（一七六一）に就任している。次に乾隆三十一年に胡建偉が澎湖通判に任命され、文石書院を創設して、自ら「学約十条」を定め、また後に光緒初頭に文石書院で講義を持っていた、金門の科挙合格者林豪の書いた「続擬学約八条」がある。また恒春県の義塾には、初知県である周有基（光緒元年、西暦一八七五年着任）が定めた「学規七条」と、最終知県である陳文緯（光緒十八年、西暦一八九二年着任）が定めた「塾規」（双方とも『恒春県志』に収録されている）がある。内容は平易だが、儒学教育の具体的状況が反映されており、非常に貴重な資料である。

劉良璧が定めた学規は六条あり、その内容の一部を以下に載せる。

一、大義を明らかにする：聖賢の教えを打ち立て、三綱五常の道徳から外れない。君臣の義を道徳の始めとするため、国に仕えることが特に重んじられるのである。

二、学則を正す：程、董の二方が言うに「これを学ぶ者は、朔望の儀を必ず行い、晨昏定省を謹んで行い、居住まいは恭しく、佇まいは正しくなくてはならない」。この白鹿書院の教条と鼇峰書院学則は並んで掲げられたが、非常に似通った内容である。

三、実学を追求する：古の大儒者は学問を生活に実践し、自身の事だけではなく、世間に対しても関心を持つ。……

四、経史を崇める：『六経』を学問の根源とするが、士は経を知らず、道理をよくわきまえない。史は出来事を記すものとして、歴代の興亡や治世の術、……全てを記載する。……経史を放棄し追及をせず、流行の文章千百篇を朗誦しても、役に立たない。

五、文体を正す：……本朝は文学的気運が旺盛になり、名士の巨篇が沢山ある。あるいは同時に広範囲に読み、またあるいは一家の作品ばかりを手本とするなど、各々の気風に従って移り変わるが、理は程と朱でなくてはならない。法をまず正し、みだりに変えてはならない。
六、交遊を慎む：学問の士は、学業に専心し、学友とともに論じ学ぶ。そもそも『詩』と『書』を読むために、切磋琢磨することは有益である。……(80)

第一条の「大義を明らかにする」とは、君子の義についてのみを論じており、ここから劉良璧は政府色の濃い人物であることがわかる。「実学を追求する」、「経史を崇める」、「文体を正す」などの条は、中国の学問を全面的に取り入れることを示しており、それは宋学のみに限らない。二十年後に海東書院学則を改めて査定した満州人の覚羅四明は、劉良璧学則を基にして内容をさらに深め、八条学則を提出した。「一、士の気風を正す。二、教師と友人を重んじる。三、授業を行う。四、誠心誠意実行する。五、書の脈絡を見る。六、文体を正す。七、詩学を崇める。八、挙業を習う」。この内容と、劉氏の学則を比較すると、覚羅四明は「士の気風を正す」、「教師と友人を重んじる」をまず為すべきこととして定め、最も政府色の濃い「挙業を習う」を最後に置いている。さらに、君子の義については触れず、朱子の言葉を引用して、「現在の人は挙業と理義の学を別のものとして扱い、挙業は理義の学を妨げるとする。しかし、これは間違いである。挙業は聖人賢人に代わって説を立てたもので、心が平らかであれば、物事を見通すことができる。三綱五常の道徳から、また少し複雑な理も、万物に備わっている。そして題によって書き述べ、さらさらと書き進める。理義を正しく学ぶ者だけがその趣旨を述べることができるのである。朱子の言う『孔子が現代に生きていれば、やはり科挙を受けなくてはならない』はまさにこの意味である」と、論じている。覚羅四明の政府色は劉良璧よりも濃いが、その論述法は遥かに優れている。これだけではなく、その他各条の論も、劉氏よりも深くまた精確である。「誠心誠意実行する」では、「もし学徒が学習の名を慕うなら、日常生活に実践できず、学習の本質というものは失われている」というように、学習者を批判している。「書の脈絡を見る」の条ではより多く程と朱の言論を引用して、『四書』、そして『六経』、その後に子、史を学ぶという学習順序を定めた。この内容は劉氏が述べた「経史を崇める」の一言に比べて遥かに明確である。覚羅四明はさらに程と朱の理解方法を統合して、「これを合わせて見ると、学習者が本を読むのは単に知識を蓄えるためではなく、自分に必要なことを学ぶためである」と述べている。この言葉は少し「六経を自分のために注釈する」という陸九淵に似た趣きがあるが、覚羅四明は続けて「毎字句は、経文の解釈から滲み出てくるものであり、一つ一つが皆、体で実践し、心で検証したものである。学問自体は日常生活を完全に一体となることができる」と、述べている。そうして彼は「体で実践」を、書籍の知識を心身で体験することと理解している。この解釈は適切だと言っていいだろう。その他に、「文体を正す」、「詩学を崇める」の二条からは、覚羅四明が詩文を重視していたことが見て取れる。特に「詩学を崇める」は、もともと劉氏の学則にはないものである。また、覚羅四明の「文体を正す」論も劉氏のそれに比べると非常に深い。「道の顕著なものは、文である。天地ができて以来、すでにあり、世代によって異なり、形式も幾度か変わっている」と述べ、また同時に『文心雕龍』も高く評価している。最後に、文は「濂、洛、関、閩の理をもって、王、唐、帰、胡の法を使う」ことを手本とすると結論を出しており、ほとんど宋学の範疇からはみ出していない。

胡建偉は澎湖文石書院に十条の学則を定めた。「人倫を重んじる、志を正す、天理人欲を分ける、気力を奮い立たせ実行する、師と友を尊ぶ、課程を定める、経史を読む、文体を正す、日々を惜しむ、争いを好まない[81]」。一つ一つの条に非常に詳細な分析があり、一つの文章へと作り上げられている。「人倫」を始めとした理由を胡建偉は、朱子の白鹿洞書院掲示に五倫が始めに据えられていることに因んだと明言している。さらに彼は、「性と天道は学問の基盤である。とはいえ、それは人倫日用からはみ出すものではなく、自分の役目を果たすならば、後世の人々の模範になることができるのである」という主張から、人倫は形而上の理に繋がるとしたがゆえに、「志を正す」、「天理人欲の分別を分ける」の条が理学の根本を最も的確に捉えているとした。胡建偉は「道徳を志す」ことであると主張し、しかし世の中の功名を志す者たちが、真実には富を求めているのみであると批判した。彼は「自分は功名を通じて永遠に語り継がれる人物になりたいのではない」として、人々と自分の「功名」に対する意義を細かく弁別している。「天理人欲の分別を分ける」の条では、以下のように言っている。「およそ人は性を持たない者はおらず、性とは即ち理である。性が生じて情となり、情が動くことで欲が生まれる。この危と微の境とは、聖と狂の隔たりであるから、分けないことができるだろうか」。この話の意味によると、性は情を生み、情は欲を生むから、性は理である。欲は理に由来することがわかり、欲の中に理が存在する。だから、結局のところ理と欲は異なるものであり、分別が必要である。「学者はこの差異を識別し守ることができれば、高々とそびえ立つ壁の上に登ることができる。そうすれば聖賢らと同じところに帰するのも難しいことではないだろう」。この言葉では、分別のみでは足りず、守ることも必要であることを明言しており、また実践も強調している。光緒元年、林豪が続けて定めた学約八条には、「経義が不明であってはならない。史学に通じなくてはならない。文選を読まなくてはならない。性理を講じなくてはならない。制義には根拠がなくてはならない。試帖には法がなくてはならない。書法は習わなくてはならない。礼法は守らなくてはならない[82]」とあり、より詳細になっているが、内容と道理はかえって少なくなっている。

これまで諸篇の学規を観察してきたことで[83]、覚羅四明と胡建偉が自ら定めたものは、比較的道理に富んでいることがわかった。学規は碑記よりも、儒者の具体的教学の様子を多く見ることができ、生き生きとした人々が書かれているのみならず、あたかも自分がその場にいるような感覚を描き出している。それは例えば、恒春県の二篇の学規に顕著に見られる（第二節で紹介する）。さらに学規から見れば、清代台湾儒学教育は宋明理学に限ってはおらず、経・史・詩・文に対する重視は碑記の及ぶところではない。ここから、台湾における伝統文化の移植が全面にわたっていたことがわかる。

五　清代台湾の儒学詩

清代台湾の教師学生が詠んだ詩歌の中で、儒学に関する内容を詠んだ箇所も、台湾儒学の研究材料として見逃してはならない。ここでは研究範囲をより広げるために、敢えて「理学詩」は用いず、「儒学詩」という言葉を使う。また、理学の趣旨には含まれないが、儒学教育について言及している詩も取り入れることにする。

厳羽の『滄浪詩話』の詩体の中に「邵康節体」が論じられている。宋末、元初に金履祥が編纂した『濂洛風雅』では、周敦頤や二程（程顥と程頤）の他に四十八名の理学家の詩を収録している。『四庫全書総目』

巻一九二に、「履祥がこの本を編纂して以降、道家の詩及び詩人の詩は分別されるようになった」と書かれているように、理学家詩一派の地位は受け入れられていた。楊時をはじめ、閩籍の理学家の多くが詩を作る才を持っており、朱熹の「観書有感」二首は情趣に富み、また道理を多く含んだ内容の詩として代表的である。(84) 彼らの作品は、台湾儒学詩に非常に大きな影響を与えた。

台湾の儒学詩は、鳳山県の師弟が作ったものが数量的に最も多く、さらに内容面でも理学的な意味を多分に含んでいる。またその作風から、朱熹の「観書有感」と周敦頤の散文「愛蓮説」の影響を受けたことが非常に顕著である。その理由として、鳳山県学は風光明媚であったことが挙げられる。この美しい自然が師生らの創作欲求をとめどなくかきたてたのだろう（本書第四章参照）。

鳳山県の他では、彰化や澎湖の師弟らの詩作もまた見事である。白沙書院学規を定めた楊桂森の「楽耕楼記事」四首の中で、「五百年前に名士が来て、八千里離れた台湾で教育を行い、人材を育成した」と「二校の学校を造ると、民は学校を眺めて自分も教育を受けたいと思った。楽耕楼の三文字を看板に掲げ、人々の暮らしを早急に豊かにする」では興学を重要視していることを書き、「その土地の民は純朴な風俗であったが、志を持っており、礼を育むことに憧れていた。だからすでに武城に匹敵するような雅な弦歌が聞こえるのだ」と「昔は官僚の中で立身出世を目指していた。しかし今は学生らとともにこの楼で学んでいる」(85) では、師弟がともに楽しむ様子や、「鶏を割くに焉んぞ牛刀を用いん」の故事で孔子と子游の間で語られたような弦歌治武の理想を書いた。学生の陳書「螺青書屋」の中に書かれた、「天と地はどちらも非常に広い私の家である」と「私こそが自由な心を持っているのだ」(86) には、理学の正しい気が満ち満ちている。彰化県の最も素晴らしい理学詩は、当然の如く胡応魁の「太極亭記事詩」

であろう。この詩は四十八句によって構成されている。胡応魁は嘉慶元年（一七九六）彰化知県に任命され、「県を代表する山が八卦山であるから、役所の後ろに太極亭を建設した。『太極は両儀を生じ、四象は八卦を生ず』の意味を使った(87)」と残している。また、胡応魁自らが著した「太極亭碑記」によると、彼は太極亭の中に一幅の絵を描いており、その中には周敦頤の言葉が書き記された(88)。

「太極亭記事詩」は、八卦山の風景から始まり、周敦頤の図説に帰結する。例えば、「八卦を並べれば、何かの意味が浮かび上がり、万物は天地の気によって生成される。大自然の生気は満ち満ちて人家を覆い、勢いを作り出す」（八卦）というように、八卦山の姿を使い、八卦思想の更なる形象化を行っている。詩の末尾にある「周敦頤の『図説』には詳細な解説が必要である。島国琴の音を調律するのは難しい。登り来て見晴らしを楽しむ後世の者たちに贈り、分不相応ではあるが、これを私の提言として残したい(89)」という一文には、自分では十分に説明できない代わりとして、太極亭が後世の人々に周敦頤の学説を詳しく説明することを期待すると書かれている。

澎湖県の師弟らが唱和した作品は、師弟の情の発露に偏重している。例えば、胡建偉の「留別文石書院諸生（文石書院の諸生に留別す）」での「学舎での付き合いの深さは、忘れ難い。当時はいつも藜の杖をつき、音読する声を聴いていた。私は韓子のように改革をおこすわけではないが、文翁のように忠義を教えることはできる。……学生を絶えず励まし、優秀な成果をあげて才徳ある人物になるよう尽力する」という内容や、「留別馬明経掌教（馬明経掌教に留別す）」の最後の二文「私が帰った後も規則を忘れないよう、しっかりと勉強しなさい。経典を毎日きちんと学ぶことを覚えなさい。月光が船を照らしている(90)」では、心を込めて教なか澎湖に別れを告げ、温かい想いが尽きないまま急いで別れの挨拶をして去るえを説きつつも、別れの寂しさに打ちひしがれた様子が書かれている。また、呉性誠の「留別澎湖諸生[91]（澎湖諸生に留別す）」も、「ただ絃歌が忘れられず、旗亭で詩酒を以て人を見送る」という別離の情を含んでいる。

教師が学生託した大きな期待については、周凱が蔡廷蘭に贈った詩に最も顕著に語られている。周凱は道光十二年（一八三二）に澎湖に至り、大飢饉により被災した人々を救済している。澎湖の書生である蔡廷蘭は「請急賑歌（急ぎ賑歌を請う）」という四首の長詩を周凱に贈り、周凱はそれに答えて「撫恤六首答蔡生（撫恤六首蔡生に答える）」、「再答蔡生（再び蔡生に答える）」などの詩を贈った。この詩の中には、「澎湖の蔡はとても優秀で、彼の作る歌は感涙さえするほど素晴らしい」、「蔡は博学であり、意気軒昂な弟子である」というような句があり、また「送蔡生台湾小試（蔡生台湾小試に送る）」には「国外で秀才と出会った。君ならばともに詩を論じることができる」とも詠まれている。[92]

澎湖の教師は土地の狭さや学生の少なさゆえに懈怠したのではない。例えば、張甄が著した「澎湖暮春課士」には、「銀河と島嶼は同じ空の下にあり、子供たちとともに川に遊び、春風を感じることもする。聖賢の恩恵を受け礼楽は百年続き、有識者達は儒家の聖賢らを仰ぐ。……書斎で語るために講義を開き、人材を育成する希望は尽きることがない」と書かれ、また「諸生が台湾に赴き院試する餞に贈る」には「文化を四十名の儒生らに託し（士子は僅か四十名余りしかいない）、礼楽の三千の威儀には至道が残っている[93]」というように、学生は僅か四十名のみであるが、それでも教師らの「希望は尽きない[94]」と書いている。張甄は海防通判の任に就いたが、詩の中には儒者の気風が詠み込まれていた。

同じく通判の任にあった蔣鏞も、先に挙げた胡建偉や張甄と勝るとも劣らない、大変重要な人物である。彼は勉学の法を説いている。「示文石書院諸生（文石書院諸生に示す）」には、「無能ながら官府の役人を七年やり通し、分不相応ながらも士人らの試験官を務めている」という言葉が載せられており、謙虚な人柄ではあるが、学を重視したことを示している。この詩の第二節では、「卑賎の身であろうとも、勉学で最も大切なのは、信念を曲げない強い心である。どれだけの年月が過ぎても、初心を忘れてはならない。俗情を棄て学問に専念すれば、新しい理解の境地に進み、真理を獲得できるだろう。『詩』や『書』を読みこなせば妙所を捉えることができ、気概はより一層高まる。……」と書かれ、読書を学習の方法とすることが論じられている。

儒学詩の中にも原住民教育を反映したものがあるが、それらは台湾を経験した人物のみ持ちうるものである。例えば、鳳山県の林紹裕が詠じた詩「巡社課番童（社課番童を巡る）」では、「昨夜からの雨はあがり、谷の川の水は濁っている。馬に跨り悠然と散策していると、原住民の村落に辿り着いた。檳榔の木に囲まれた集落には、椰子の木に実が高々と実り、太陽が門を照らす。原住民らは教育を施されており、漢語も理解し文明を持ち、皇帝に感謝している。三年間僅かながらの教育であったが、原住民の子供らが礼儀正しく振る舞うのを見ては嬉しく感じる[96]」と詠まれており、また張湄の「番俗」第一節では、「原住民の児童らはオランダ語に親しみつつも、四書五経も読むことができる。なんと素晴らしい子供たちだろうか。朗々と詩経を読み上げている[97]」という内容が詠まれ、原住民の児童が『詩経』を読んだ様子が描かれている。さらに、恒春県の住民のほとんどが原住民であったことから、恒春の儒学詩には儒師が原住民を教育する心情が詠み込まれている。例えば、鍾天佑の「庚寅恒春考義塾賦（以二月十二当堂考課為韻）」は題名から、学生と同じ韻で賦を詠んだことがわかる。その中で「克己を少しも緩めず一万冊の本を読破する。変わることのない道徳に感銘を受ける。春風の如き教育の息吹が教室に吹き抜けることを愛する」[98]と詠まれており、教師に勝る楽しい仕事はないということが表されている。また、知県である何如謹の別れの詩「丁亥三月下浣、将卸篆、留別恒春僚友士民（丁亥三月下旬、離職にあたり、恒春の僚友士民に留別す）」[99]四首のうち、学生らと別れる内容の詩が最も人情味あふれる一首である。


詩満行囊酒満樽（義塾各生贈行詩、懇摯纏綿、情深一往。……）、江淹南浦最消魂。

敢云時雨人皆化、為有春風座尽温。

惜別前宵拚痛飲、賞奇何日待重論？……


荷物を詩で、樽を酒で満たす（義塾の学生が送った送別の詩には誠意がこもっており、情が満ちている。……）江淹の「別賦」が最も物悲しい。

時雨が人を濡らすのは、春風が暖かさをもたらしたからである。

別れの前夜に思い切り酒を飲み、またいつか素晴らしい文章についてともに語り合おうではないか。……


この詩は台湾儒学師弟の惜別詩の中で、最も深い情を詠んだものだと言える。

儒学詩の中には、他にも後山教化を内容にした楊廷理の「仰山書院新成誌喜[100]（仰山書院新成の慶賀）」や、学田制度を詠んだ宋永清の「過羅山、有設県安営建興学校之挙、書以紀事[101]（羅山を通り過ぎると、府県が設置されているため、基礎建設や学校を設置することができる。記録としてここに書いておく）」がある。また儒生が文昌魁星を崇拝したという内容や、書き損じの紙をも惜しむという習俗を詠んだ詩、例えば六十七の「九日」[102]や、陳学聖の「字灰」[103]がある。詩歌の形式に限られたから、儒学詩の中でも理を論じる理学詩は非常に難しいものであった。しかし儒学教学の状況、教育制度、学習方法に反映されている。また師弟の情を詠んだ儒学詩も多く、内容も素晴らしいので、多方面から分析を行う価値があるだろう。

六　植民地としての台湾儒学――一八九五―一九四五

一八九五年（光緒二十一）台湾は日本に割譲された。割譲の一年前の一八九四年（光緒二十）から清朝廷は最後の一冊となる地方志『恒春県志』を編纂するが、この内容から、清朝廷は割譲の直前まで、台湾において儒学教育の普及に全力を注いでいたことがわかる。またこの事実は、割譲の初期において儒生階級が武装抗日の主力軍となった理由をも説明している。鄭氏政権からこの時に至るまで、儒学は台湾において二百年を超える移植と発展の歴史を持ち、すでに庶民の生活に浸透していただけではなく、士大夫階級の精神生活の最も重要な部分となっていた。儒学は庶民生活の中で、尊師重道、親孝行、家庭重視、祭祀重視等の習俗に表われた。このことに関しては大陸も台湾も変わるところはない。台湾割譲の後、このような庶民の儒学は士大夫階級の洗練された儒学よりも長い時間形を留め、漢民族文化アイデンティティを維持する主要なエネルギーとなった。

台湾割譲の初期、儒生階級は抗日武装部隊の主要メンバーであった[104]。儒生の抗日精神の基礎は、明末における抗清の際の思想構造に非常に似ている。すなわち、華夏族が異民族統治を受け入れなかったという思想である。この点については日本の学者も認めており、伊能嘉矩が日本統治初期の武装抗日に関する論の中で、「台湾住民の漢民族のうち、過半数が日本人に対立感情を持っている。いわゆる、中華の民が夷狄の支配に甘んずる屈辱である」[105]。この種の抗日思想は、一九二〇年代まで変わらず続いたが、世界の新思潮を吸収したことで、やっと知識人の中でのみ、いくらかの変化を受けた。

武装抗日軍が日本軍に無残にも鎮圧されたことで、儒生階層の抗日活動の場は書院及び詩社へと移り、漢文化の保存を責務とした。一八九八年を例にすると、当時台湾全土で漢学を教授する書房は一七〇七か所あり、教師は一七〇七名いた。教師のほとんど全てが清時代の秀才や挙人、また功名を持たない儒生であった[106]。これら書房で教鞭をとった教師らの基本思想は何だろうか。呉濁流の回顧録『無花果』、及び自伝的色彩の色濃い小説『亜細亜的孤児』の中にその一端を見ることができる。呉濁流は『無花果』の中で、幼い頃、精確に大陸にある自分の原籍所在地を答えることができたならば、教師から褒められ、また教師が祖父に「どんな逆境に遭ったとしても、いつの日かきっと復興する」[107]と言っているのを頻繁に耳にしたと回顧している。『亜細亜的孤児』の中に描写される雲梯書院及び教師の彭秀才は、まるで本当に存在していたかのようである。彭秀才は自室の壁に一幅の孔子の肖像をかけており、日本人統治の状況下においてたえず「文人の地位は失墜した」、「わが道は衰微した」などの言葉で「儒学の没落を大いに嘆いた」[108]。旧正月を迎える時、彭秀才は「大樹不沾新雨露、雲梯仍守旧家風（大樹は新たに雨露に濡れず、雲梯は変わらず家風を守る）」という春聯の句を書いて志を示した[109]。詩の中に詠まれている「新雨露」とは、日本人の書院に対する籠絡を指している。

総督府は一八九八年に「台湾公学校令」と「書房義塾における規程」を発布し、これより公学校と書房は対峙する関係となる。公学校設立後、書房数と学生数は減少するどころか増加するという現象を見せ、一九〇三年には書房数は公学校の約十倍存在した。総督府はこの状況を受けて書房への規制を強化し（開講前申請の義務、学生家庭資料提出の要求など）、また日本語・算術の教授に同意する書房に補助金を与えた[110]。呉濁流が書いた彭秀才は、このような背景があったがゆえに書院の伝統を維持することを特に強調しており、日本人に籠絡される立場をとることはなかった。

書院の他に、詩社もまた中国文化の存続を守るための砦であった。日本統治時代、詩社は一時非常な盛り上がりを見せた。この詩学の基礎も儒家の「興観群怨」の詩教が中心であることは免れない。連雅堂は『台湾詩乗』「自序」の中で、「国土の様子が変わると国の風潮が揺れ動くため、民衆は悲しみ不安を覚える。その悲哀を力に転じれば、先人を超える成果をあげることができる。台湾の詩が今のように繁栄しているのは、時勢のためである」と述べ、台湾割譲が台湾詩の繁栄をもたらし、また台湾詩の中に「悲歌慷慨」の風格を作り出したと指摘している。彼はまた『台湾詩乗』を編纂したが、「詩は史でもあり、感情的で社交的なものでもある。この作を読む者は変風・変雅を同時に感じることができるであろう」とあるように、趣旨は詩と史の間にあった。台湾割譲は台湾詩の繁栄をもたらしたが、実は伝統的詩論の意苦詞工の理論に適っている。新竹の詩人、王松は『台陽詩話』の中で日本統治時代の台湾詩人は「当時の困難を目撃し、胸の内を口に出すことができず、また言わざるを得ないものは、詩の終わりと始まりをよく知る。先人の『国家の不幸は詩人の幸であり、滄桑を詠めば、巧みな句となる』という意味である[111]」。

史学の方面における最大の成果は、もちろん連雅堂の『台湾通史』である。連雅堂は「自序」の中で、「歴史とは、民族の精神であり、人々の模範である。時代の盛衰や、風俗の文明と野蛮、政治の成功と失敗、物産の貧富などは全て歴史の中に見ることができる。それゆえ、文化の発達している国に、自らの歴史を重視しない国はない。先人は言う、『国は滅んでも、歴史は滅びない』と」というように、この書が伝統的中国詩学を継承していると強調している。植民地台湾において、連雅堂は十年間全力を賭して台湾史を執筆した。その目的は当然の如く漢民族アイデンティティの存続であり、それゆえ、彼は「自序」の文末で「私の同胞、私の友人、仁愛孝順、義勇報国、我々の民族性を発揚する」と、書いているのである。

日本人による抑圧と差別によって、台湾人は固有の漢文化を保存する方向へ傾斜していった。日本統治時代の伝統的な書房と詩社は一時期隆盛したが、同時期の中国大陸の状況と比べられるものではなかった。一九二〇年代以降、台湾では新文学や新文化運動が発生したが、五四運動時の中国大陸とは全く似ても似つかず、伝統文化を誇り、西洋文化への転換を主張する言論が現れることはなかった。日本統治時代の最も重要な文化組織である台湾文化協会の夏季学校課目表の中に、当時の知識人が世界の思潮を取り入れようとしつつも、伝統文化を忘れてはいなかったことが見て取れる。例えば、課目表の中には陳満盈（陳虚谷）が開講した「孝」、林幼春が開講した「中国古代文明史」、「中国学術概論」などがある。[112] さらに後者二つの課目名には、新しい観点から旧学を見たという意味が含意されている。さらには一九二五年に文協が台北で開催した文化講座の中で、司会者である蒋渭水は、監視に来た日本の警察に対抗するために、故意に王敏川に『論語』を一か月間講義させたということがある。聴衆も間違いなく時間通りに参加したのだろう[113]。

日本統治時代の儒学は、鄭氏政権時代の思想に回帰する傾向にありつつも、また一方では新学と対話する契機もあった。また、植民地という特殊な状況のために、知識人は台湾儒学と伝統文化を比較的積極的に保存した。この時期の台湾儒学については、連雅堂の『台湾通史』が最も一家言を持っている。儒家詩学と史学の繁栄に対して、理学の衰退という対照的な現象は、この時代の精神がなお鄭氏政権時代の実学伝統に属していたことを説明しており、清代儒学の発展軌道とは距離が隔たっている。植民地とは啓蒙運動以降の西洋の産物であり、日本統治時代台湾儒学の植民地経験もまた、儒学と現代世界の関係を研究する新たな領域を提供すると考える[114]。

＊本章は一九九六年に開催された「東亜近現代儒学的回顧」国際会議（中研院中国文哲所主催）にて初稿を発表した。定稿は李明輝編『儒家思想在現代東亜：総論篇』（中研院中国文哲所出版、一九九八年）に収録しているものである。

注

（1）台湾の現代化は、実のところ十九世紀後半に来台した沈葆楨と劉銘伝によって始められた。特に劉氏の貢献は非常に大きい。日本人が台湾で行った現代化構築が広範囲に渡り、かつ深く掘り下げていたのは当然のことである。しかし、その目的は台湾を南方侵攻のための基地にするところにあった。現在、一部の学者は、現代化を論じればすぐに、日本人の現代化構築について興に乗って話し、故意に劉銘伝を抹殺するのみならず、日本の真の計略をも隠そうとしており、非常に不適切な行為である。

(2) 高令印、陳其芳『福建朱子学』(福州、福建人民出版社、一九八六年)四〇六―四二四頁。
(3) 高令印、陳其芳『福建朱子学』三九七―四〇五頁。
(4) 江日昇『台湾外紀』(台北、世界書局、一九七九年)三九頁。
(5) 江日昇『台湾外紀』三九頁。
(6) 江日昇『台湾外紀』四二頁。
(7) 江日昇『台湾外紀』四八頁。鄭成功の儒生生涯については陳昭瑛「鄭氏政権時期台湾文学的民族性」『台湾文学与本土化運動』(台北、正中書局、一九九八年)を参考にした。
(8) 清兵が領土に入り、北方が陥落した後、孔子廟で泣き儒服を燃やすことは南方の儒生階級の人々にとって一般的な儀式行為であった。儒生階層はまだ官職がないので、廟で泣くこと、儒服を燃やすことは抗議の意思と、永遠に出仕しない決意を表わす。陳国棟「哭廟与焚儒服――明末清初生員層的社会性動作」『新史学』第三巻第一期(一九九二年三月)六六―九四頁を参照。
(9) 諸家(鄭亦鄒等)『鄭成功伝』(台北、台湾銀行経済研究室、台湾文献叢刊第六七種、一九六〇年)五頁。
(10) 延平郡王祠従祀者名簿は連雅堂「諸臣列伝」『台湾通史』(修訂校正版)(台北、国立編訳館中華叢書編審会出版、黎明公司印行、一九八五年)七〇四頁を見た。
(11) 曽桜「東林党人榜」(三〇九人)に名前が列ねられている。この掲示は王天有『晩明東林党議』(上海、上海古籍出版社、一九九一年)一一四―一一五頁に附録されている。曽桜は江西人の進士である。隆武帝が亡くなってから、鄭成功に従った。永暦五年(一六五一)、清軍は鄭成功が軍を率いて南下し勤王したときを見計らって廈門を襲撃した。守将である鄭芝莞は城を棄てたため、島中が大混乱に陥り、曽桜は清軍が全てを掌握するのを恐れて、首をつって自殺した(江日昇『台湾外紀』一一六―一一七頁を参照)。
(12) 杜登春「社事本末」。盛成「復社与幾社対台湾文化的影響」『台湾文献』第一三巻第三期(一九六二年九月)一九七頁から転載したもの。
(13) 盛成「復社与幾社対台湾文化的影響」一九九頁。
(14) 盛成「復社与幾社対台湾文化的影響」一九九―二〇〇頁。

(15) 諸家〔陳乃乾等〕『徐闇公先生年譜』〔台北、台湾銀行経済研究室、台湾文献叢刊第一二三種、一九六一年〕、六八頁。
(16) 陸世儀の記載。「江北匡社、中洲端社、松江幾社、……各集会所の時、天如〔張溥〕は合諸社を初めとして、……そのため、名を復社と言う」陸世儀「復社紀略」、諸家『東林与復社』〔台北、台湾銀行経済研究室、台湾文献叢刊第二五九種、一九六八年〕に収録。五四頁。
(17) 呉偉業「復社紀事」、諸家『東林与復社』三三頁に収録。
(18) 陸世儀「復社紀略」、『東林与復社』五四頁。
(19) 盛成「復社与幾社対台湾文化的影響」一九八頁。
(20) 陸世儀「復社紀略」、『東林与復社』六三―六四頁を参照。
(21) 沈光文の生涯と詩作介紹分析については、陳昭瑛「鄭氏政権時期台湾文学的民族性」、『台湾文学与本土化運動』四九―五〇頁。陳昭瑛『台湾詩選注』〔台北、正中書局、一九九六年〕、一〇―一八頁を参照。
(22) 連雅堂『台湾通史』七一四頁。
(23) 「海外幾社六子」とは徐孚遠、沈佺期、張煌言、盧若騰、曹従龍、陳士京の六名をいう〔連雅堂『台湾詩乗』、台北、台湾銀行経済研究室、台湾文献叢刊第六四種、一九六〇年、一一頁を参照〕。その中で張煌言は抗清の名士である。かつて鄭成功とともに連合軍で北伐したが最後は殉死した。盧若騰も武装して抗清する人々を率いたことがある。鄭軍の台湾に侵攻に伴って来台し、澎湖で病死した。その詩作分析に関しては陳昭瑛「明鄭時期台湾文学的民族性」『台湾文学与本土化運動』五二―五三頁。陳昭瑛『台湾詩選注』二三―二六頁を参考にされたし。
(24) 連雅堂『台湾通史』七一八頁
(25) 江日昇『台湾外紀』一〇六頁。
(26) 江日昇『台湾外紀』一〇七頁。
(27) 盛成「復社与幾社対台湾文化的影響」二〇八頁。
(28) 連雅堂『台湾通史』七二二頁。
(29) 江日昇『台湾外紀』二三五頁。
(30) 盛成「復社与幾社対台湾文化的影響」二一七頁。

(31) 江日昇『台湾外紀』二三六頁。
(32) 江日昇『台湾外紀』二三六頁。
(33) 江日昇『台湾外紀』二三六頁。
(34) 江日昇『台湾外紀』二三六頁。
(35) 沈光文はかつて羅漢門山外の目加溜湾で原住民を教えていた（連雅堂『台湾通史』七一五頁）。しかしこの地に限られる。
(36) 江日昇『台湾外紀』二三六頁。
(37) 盛成「復社与幾社対台湾文化的影響」二二六頁。
(38) 高拱乾『台湾府志』（台北、台湾銀行経済研究室、台湾文献叢刊第六五種、一九六〇年）、二〇七―二〇八頁。
(39) 周元文『重修台湾府志』（台北、台湾銀行経済研究室、台湾文献叢刊第六六種、一九六〇年）、二〇六頁。
(40) 高拱乾『台湾府志』二三五頁。
(41) 郁永河『裨海紀遊』（台北、台湾銀行経済研究室、台湾文献叢刊第四四種、一九六〇年）一七頁。
(42) 清高宗乾隆六年に発表した論を参照。
(43) 上述の清初朱子学復興の一段落は、高令印、陳其芳『福建朱子学』三六二―三七三頁を参照。
(44) 劉良璧『重修台湾府志』（南投、台湾省文献会、一九七七年）一〇頁。
(45) 劉良璧『重修台湾府志』一一―一二頁を参照。
(46) 劉良璧『重修台湾府志』一頁。
(47) 黄秀政「清代台湾的書院」『台湾史研究』（台北、台湾学生書局、一九九二年）一一九―一三五頁。
(48) 陳寿祺『重撰福建通志』の中の『国朝武官績』に収められる「楊文魁伝」、「殷化行伝」を参照した。この箇所は楊熙『清代台湾――政策与社会変遷』（台北、天工書局、一九八五年）六三頁を引用。
(49) 阮蔡文詩作の簡単な紹介については陳昭瑛「文学的原住民与原住民的文学――従『異己』到『主体』」、『台湾文学与本土化運動』を参照。
(50) 陳夢林『諸羅県志』（台北、台湾銀行経済研究室、台湾文献叢刊第一四一種、一九六二年）六八頁。

(51) 陳夢林『諸羅県志』一三四頁。
(52) 屠継善『恒春県志』(台北、台湾銀行経済研究室、台湾文献叢刊第七五種、一九六〇年)九頁。
(53) 牡丹社事件は日本軍が恒春を侵犯した事件である。郭廷以『台湾史事概説』(台北、正中書局、一九五四年)一五七―一六四頁を参考。
(54) 屠継善『恒春県志』一九六頁。
(55) 屠継善『恒春県志』一九八―二〇〇頁。
(56) 屠継善『恒春県志』二二一―二二五頁。
(57) 碑文は伝統文学における重要な文章類である。劉勰『文心雕龍』「誄碑」を参照。
(58) 丁宗洛『陳清端公年譜』(台北、台湾銀行経済研究室、台湾文献叢刊第二〇七種、一九六四年)四九頁を引用。
(59) 陳璸『陳清端公文選』(台北、台湾銀行経済研究室、台湾文献叢刊第一一六種、一九六一年)一―四頁。
(60) 范咸『重修台湾府志』(台北、台湾銀行経済研究室、台湾文献叢刊第一〇五種、一九六一年)六八〇―六八一頁。
(61) 陳璸の生涯については范咸『重修台湾府志』一三三五―一三三六頁を参照。
(62) 范咸『重修台湾府志』六八三―六八四頁。
(63) 梁其姿「清代的惜字会」、『新史学』第五巻第二期(一九九四年六月)八六頁を引用。
(64) 周璽『彰化県志』(台北、台湾銀行経済研究室、台湾文献叢刊第一五六種、一九六二年)四六二頁。
(65) 周璽『彰化県志』四六二頁。
(66) 「文開書院従祀議」、周璽『彰化県志』四一二頁に収録。
(67) 「新建鹿港文開書院記」、周璽『彰化県志』四五九―四六〇頁に収録。
(68) 周璽『彰化県志』四五九―四六〇頁。
(69) 周璽『彰化県志』四一三頁。
(70) 周璽『彰化県志』四三二頁。
(71) 周璽『彰化県志』四六〇頁。
(72) 蔡世遠(一六八一―一七三二)、福建の漳浦人、梁村先生と呼ばれた。朱子学伝統を重んじる家風であり、朱子学家張伯行の教えを受けた。徐世昌等が編纂した『清儒学案』巻六〇「蔡世遠梁村学案」には、その他閩学者が附録されている。『鄭成功伝』を書いた鄭亦鄒や、文開書院で従祀した藍鼎元も含まれる。蔡氏の著書には『朱子家礼輯要』、『二希堂文集』、『古文雅正』、『鼇峰学約』がある。

(73) この文は乾隆五年（一七四〇）にある。范咸『重修台湾府志』六九〇―六九一頁を参照。

(74) 范咸『重修台湾府志』六九〇頁。

(75) 蔡世遠の簡単な紹介については高令印、陳其芳『福建朱子学』三九七―四〇五頁を参照。

(76) 陳夢林『諸羅県志』二五五頁。

(77) 陳夢林『諸羅県志』二五五頁。

(78) 陳夢林『諸羅県志』二五六頁。

(79) 本書第四章、廟学建築の精神空間に対する問題に簡単な分析を載せている。また王鎮華の台湾教育建築の研究は参考にすべきである。王鎮華『書院教育与建築——台湾書院実例之研究』（台北、故郷出版社、一九八六年）を参照。

(80) 余文儀『続修台湾府志』（台北、台湾銀行経済研究室、台湾文献叢刊第一二一種、一九六二年）三五五―三五六頁。

(81) この約定は胡建偉『澎湖紀略』（台北、台湾銀行経済研究室、台湾文献叢刊第一〇九種、一九六一年）、八一―八八頁に収められている他、林豪『澎湖庁志』（台北、台湾銀行経済研究室、台湾文献叢刊第一一六四種、一九六三年）一一一―一二〇頁にも収められている。

(82) 林豪『澎湖庁志』一二〇―一二四頁。

(83) 彰化白沙書院の学規もある。嘉慶十七年（一八一二）より、北路理番同知の任に就いた楊桂森が定めた。力行、立品、成物を要点とし、諸生に詩賦をよく読むよう激励した。紙幅の制限のため、今は立ち入らない。この学規は周璽『彰化県志』一四三―一四六頁に収められている。

(84) 陳慶元「宋代閩中理学家詩文——従楊時到林希逸」『福建師範大学学報（哲学社会科学版）』第二期（一九九五年）を参考。

(85) 周璽『彰化県志』四八〇頁。

(86) 周璽『彰化県志』四八七―四八八頁。
(87) 周璽『彰化県志』一九頁。
(88) この碑記は劉枝万『台湾中部碑文集成』(台北、台湾銀行経済研究室、台湾文献叢刊第一五一種、一九六二年)一一頁に収められている。
(89) 周璽『彰化県志』四八八頁。
(90) 林豪『澎湖庁志』四七二頁。
(91) 林豪『澎湖庁志』四七九頁。
(92) 蔡廷蘭と周凱の知遇と蔡氏の詩作分析については陳昭瑛『台湾詩選注』八四―九一頁を参照。
(93) 林豪『澎湖庁志』四七三頁。
(94) 林豪『澎湖庁志』四七三頁。
(95) 林豪『澎湖庁志』五一〇頁。
(96) 王瑛曽『重修鳳山県志』(台北、台湾銀行経済研究室、台湾文献叢刊第一四六種、一九六二年)四〇八頁。
(97) 范咸『重修台湾府志』七六八頁。
(98) 屠継善『恒春県志』二四三―二四四頁。
(99) 屠継善『恒春県志』二三九―二四〇頁。
(100) 陳昭瑛『台湾詩選注』八一―八三頁。
(101) 陳昭瑛『台湾詩選注』五九―六二頁。
(102) 范咸『重修台湾府志』七八一―七八二頁。
(103) 周璽『彰化県志』四九一頁。
(104) 一八九五年から一九〇二年の台湾漢人武装抗日メンバー出身の分析については、翁佳音『台湾漢人武装抗日史研究――一八九五―一九〇二』(台北、台湾大学文史叢刊、一九八六年)を参照。
(105) 伊能嘉矩『台湾文化志』(中国語訳本)下巻(南投、台湾省文献会、一九九一年)四七五頁。
(106) 呉文星「日拠時代台湾書房之研究」、『思与言』(第一六巻第三期、一九七八年九月)二六八頁。

(107) 呉濁流『無花果』（台北、草根出版公司、一九九五年）一〇頁。
(108) 呉濁流『亜細亜的孤児』（台北、遠景出版社、一九九三年）五―六頁。
(109) 呉濁流『亜細亜的孤児』一一頁。
(110) 呉文星「日拠時代台湾書房之研究」二六七―二六九頁を参照。
(111) 王松『台陽詩話』（台北、台湾銀行経済研究室、台湾文献叢刊第三四種、一九五九年）四八頁。
(112) 葉栄鐘『台湾民族運動史』（台北、自立晩報出版公司、一九七一年）三〇〇頁。
(113) 葉栄鐘『台湾民族運動史』三〇五頁。王敏川は日本統治時代の新文化運動の儒者である。生い立ちや思想については陳昭瑛「啓蒙、解放与伝統――論二〇年代台湾知識份子的文化省思」『台湾与伝統文化』（増訂再版）（台北、台湾大学出版センター、二〇〇五年）を参照されたし。
(114) 日本統治時代の儒学についての比較的詳細な紹介については、陳昭瑛「日拠時期台湾儒学的殖民地経験」『儒学与世界文明国際会議』論文（シンガポール国立大学中文系主催、一九九七年六月）が参考になる。現在『台湾与伝統文化』（増訂再版）（台北、台湾大学出版センター、二〇〇五年）に収められている。

第二章　清代台湾教育碑文における朱子学

はじめに

十七世紀後半の鄭氏政権時代に儒学は台湾へ伝わり、康熙五年（一六六六）、孔子廟と明倫堂が建設されたことによって、台湾儒学の歴史の幕が開いた。この歴史的大事業を主導したのは、鄭経の補佐であった陳永華である。この一大事業の前年（一六六五）、彼は鄭経を説得し、孔子廟と明倫堂建設の着手に成功したのである。鄭経はもともと台湾を「未開」、「過疎」の土地であると認識しており、文教を急ぐ必要はないと考えていた。陳永華は人民の養育と教育の両方を重視し、「教育の前に養育」及び「養育に続いて教育」の儒家思想から、学校創設の重要性を強調した。[1] 彼は今、人民の腹は満たされた。もし日々何の不自由もなく暮らしながら、教育の重要性を知らないなら、獣と何が違うのか」[2] と述べており、この言葉は儒学教育の目的が、人のあるべき道（いわゆる動物とは異なるところ）を教授することにあることを同時に示している。また、陳永華は「昔、成湯は百里の狭い土地を領地としていたが王になり、文王は僅か七十里から国を興したが、王道と土地の広さは関係があるのだろうか。真実は、君主に徳があり、有能な臣下を見つけ、その助言に耳を傾けたからである」[3]と述べたように、王道と覇道の違いは人民教育の有無にあり、土地の広狭や武力の強弱ではないとしている。台湾儒学は陳永華の思想指導の下、初めより正しい道を歩み、先秦時代の儒教の基本的教義を受け継いだと言ってよい。

また一方で南明儒学の角度から見ると、陳永華が主導した儒学教育は、東林書院、復社、幾社などの儒学コミュニティにおける経学及び経世学重視の伝統へと続いている。[4]孔子廟落成から鄭氏が清に投降するまで、僅か十七年間（一六六六—一六八三）ではあるものの、儒学教育の成果は顕著に現われている。[5]満清政府は台湾を統治するのに、鄭氏政権時代の基礎を踏襲して政策を行った。清朝廷が台湾を統治した二百十二年の間（一六八三—一八九五）、儒学は台湾全土に根を広げ、密かに開拓が進められた。馬関条約によって台湾が割譲され、初期の抗日軍隊の主力軍が学識ある士らであったことは、二百余年間に渡る儒学教化の成果を示している。

この二百年の間、台湾全土で孔子廟や書院の建設と復建など非常に大きな教育建設があった際、参与する者のほとんどは石碑を立て、その繁栄を記して永遠の記念とした。これらの教育碑文の中の儒学思想は朱子学が中心であったが、これは元代以来、朱子が注釈した『四書』を科挙の教本とする思想趨勢を反映しており、また清初頭に起こった福建朱子学復興の典型例でもある。[6]しかし、儒学教育の推進に従事する者たちの朱子への格別の重視と、朱子学の基本性格とも関係があり、政府の提唱に対する呼応と見てはならない。

朱子の最も優れた弟子である黄榦は、朱子のために著した『行状』の中で、朱子学の特色は「道理を窮めて正しい知識を得、内観しながら実践する。日頃の振舞いを慎むことは学問の初めであり、また終わりでもある」ということにあると認識している。また黄宗羲は『宋元学案』「晦翁学案」の第四十八巻の巻末に覚書として「宗羲覚書：『修養は敬を基礎とし、学習して知識を求める』これが伊川の思想の核心であり、考亭へと受け継がれていく。この問題をめぐる議論は多いが、要はこの一言のみに尽きる」という一文を書いている。これらの評論はいずれも朱子学の豊かな修養を簡潔化してしまったが、かえって朱子学の中で儒学教育に最も益する部分を浮き立たせることになった。清代台湾の教育碑文には、天の道理を論じたものが非常に少ない。しかし、朱子の倫理学や修養論的表現はそこここに表われている。これらの碑文は、台湾儒学と福建朱子学の淵源が深いことを証明する一方、また宋明儒学の各派の中で、朱子学が儒学教化の推進に最も有益であったことも示している。

一　敬から誠へ――賢人から聖人になるための心の修養

清代台湾における教育碑文の作者の中で、朱子思想を最も忠実に表現した人物は陳璸と蔡世遠である。陳璸は朱子学の信徒であり、康熙年間の間に二度の来台を果たしている[7]。第一回目は台湾府学校の明倫堂を建設し、第二回目では台湾府学校を修築し、また学宮内に新しく文昌閣と朱子公祠を建設した。彼はこの四か所の建設に対して四篇の碑文を書いている。「台邑明倫堂碑記」（康熙四十二年、一七〇三）の中で、陳璸は主に明倫堂の教学功能及び明倫の本義に着目し、五倫と五経の関係（詳細は第三節）を強調して論じた。朱子の居敬説に対する言及は僅か一か所のみであり、即ち『礼』について論じた段落、「絜静精微なるは易の教えなり。疎通知遠なるは書の教えなり。温柔敦厚なるは詩の教えなり。恭倹荘敬なるは礼の教えなり。属辞比事なるは春秋の教えなり」[8]である。この一文から、陳璸は朱子と同じように、五経の中で『礼』が最も敬意を育てることができると考えていたことがわかる。

陳璸は二回目の来台の時に文昌閣と朱子公祠を新建した。文昌閣建設の際には公費を使ったが、朱子公祠の建設費は全て彼の寄付によって建てられた。彼は「公費や人民の力を一切使わず、必要な経費は全て自分の給金を節約して貯めてきた貯金から支払った」[9]と述べており、ここからも朱子公祠を重要視していたことがわかる。陳璸は「新建朱文公祠碑記」と「新建文昌閣碑記」（二篇とも康熙五十二年、一七一三年製作）の中で朱子学について論じ、さらに朱子学の正統的儒学をもって文昌信仰の功利的傾向と科挙功名の概念を正そうとした[10]。

陳璸は「新建朱文公祠碑記」の中で以下のように書いている。

私は幼い頃から文公の書を誦習した。……文公曰く：「大体吾輩が物欲と色欲の二つの難関を乗り越えることができないのであれば、発言する資格はない」。また、「『義利』の二文字を分かつのは、儒者の第一歩である」。さらに、「『敬以直内、義以方外』の八文字は一生に渡って使い続けるものである」。かつて自分でその意味をいい加減に、物を好まなければ人としての品格があり、色を好まなければ人としての責務を果たすことができるというように解釈していた。義と利の境界線は曖昧である。一般的に動機のない行為は義であり、動機のある行為は利である。義があれば不利になることはなく、利があるなら義は偽りではない。敬は心にあり、敬に集中すれば心を正すことができる。義は事にあり、周りの環境に即して対応すれば規範に沿って行動ができる。少しでも邪なものが入り込む隙がないのを直といい、少しも譲る所がないのを方という。人生の徳業はこのいくつかの言葉に過ぎず、漏れることなく全てがここに収まっている。[11]

この話では「敬は心に在り」ということを示しているが、彼は「新建文昌閣碑記」の中でさらに一歩進めて「心」に焦点を合わせて自らの見解を述べ、また慎みを持つこと、志を維持することの方法を論じている。

科挙功名は出仕するための手段である。勉学は立身の根本である。……勉学の道を顧みれば、自ずと失ってしまった心を求めることから始まる。順序を誤り、知を先に求めると、かえって自分の心を失うことになる。……独りの時に必ず言行を慎み、志を持つ士は、社会の名声を求めることに焦らず、自分の学問を蓄積することに努めよう。また、いたずらに神頼みはせず、自分の心を常に管理し……終日無意味に過ごせば、知らぬ間にその心を失ってしまう。また近くに目を向けず、遠くばかりを追求すれば……これは文昌閣創建の初心に背くことになるだろう。[12]

敬の方法とは心の操存方法であり、朱子も多く論じている。『大学章句』での朱子の「心がここに無ければ、聴いても聞こえず、食べてもその味はわからない。ここでいう身を修めるということは、その心を正しくするということである」。この一文に対して、「心を正しくしなければ、その身を検する基準がない。そのため、君子は必ずこのことを察して敬を以て歪んだ心を直す。そしてその心で身を修める」というように解釈している。ここで「坤卦」の「敬以直内、義以方外（敬を主としてその内の心を直くし、義を守ってその外に現れる行いと心を正しくする）」という一文を見ると、朱子は「内」をそのまま「心」と解釈し、陳瓆は「敬在心」と「義在事」を使用して敬と義を切り離した。陳瓆の義理への深い理解は、「敬」と「心」の繋がりを理解する際の助けとなっただけではなく、「義」を心外の事象として解釈させず、「義在事」とのみ言い「外方」としたのは、「事」に「因時制宜」の必要があったからである。このように、「事」の上で心を鍛える方法を強調することで、「義」と「心」の隔たり及び義外の説を避けた。

朱子は「観心説」の中で、敬が信念を曲げず志を失わない方法であることについて、さらに詳しく論じている。「操り存するというのは、それを以てこれを操れば存することができるというのではない。また、亡すというのは、それを以てこれを捨てれば亡すのではない。心を操ることで、亡すものが存する。操らず捨てれば、存するものが亡す。……心を存するというのは、敬を以て内を直し、義を以て外を制する。つまり、前述の『精一操存』と似ている」。上掲した陳瓆の二番目引用文の中で、文昌信仰と科挙功名の概念に反発するために、「迷いのない心でいなければならない」ことを学ぶことを主張した。ここにおいて、彼は孟子と朱子の心に対する修養観を繋ぎ合わせた。特に、彼は文末で、もし学者が「知らぬ間にその心を失ってしまう」なら、文昌閣創建の「初心」に大きく背くことになる強調した。ここから、世俗社会の中で、文昌閣を建てることで功名を願う思想が完全に消滅したことが明らかである。陳瓆は朱子学を効果的に使用して、「迷いのない心」の実学観念でもって文昌信仰を転化させた。

しかし一方で、朱子の形而上的意味に傾いた「敬」の思想は、陳瓆の碑文にはこれまで全く見えていない。例えば朱子は「中和説三」の中で張敬夫に答えて、「動静」と「未発已発」の角度から「敬」を論じた。陳瓚はこの命題について論じることは無かったが、蔡世遠は「重修諸羅県学碑記」で十分に自説を展開している。

蔡世遠は福建省の漳浦出身の人物であり、梁村先生と呼ばれていた。清初頭朱子学復興運動の代表的人物の一人で、代々朱子学を尊んだ家系に生まれ、朱子学家である張伯行の教えを受けた。徐世昌等が編纂した『清儒学案』の巻六十に「蔡世遠梁村学案」が収められている。彼はかつて陳瓚の招聘を受けて福州の鼇峰書院の書院長を務めていた。この閩随一の書院は、台湾において書院創設者のモデルとなった。さらに、彼の友人である陳夢林の求めを受けて来台し『諸羅県志』を編纂した。諸羅県学が落成の後、知県である周鍾瑄は陳夢林を通して蔡世遠に文章の執筆を依頼した。これこそ、台湾儒学史上最も忠実に朱子学思想を表現し、かつ閩台湾儒学の淵源を示した文章である[13]。閩台湾儒学の淵源から言えば、蔡世遠は文中で「世遠は学識が浅いため、鼇峰でともに学んだ友人が教えてくれた……[14]」と述べており、つまり、蔡世遠はこのような縁があったから鼇峰閩学を台湾に入れたのだということである。一方台湾では、楊二酉の「海東書院碑記」によると、「学生らは鼇峰を仰ぎ、望洋の嘆を生ずるのを免れない[15]」と書いてあるように、蔡世遠が台湾諸生にとって景仰すべき閩学の大師であったことが窺える、蔡世遠が著した碑記は、台湾において儒学師弟らに大きな影響を与えたに違いない。

石に篆刻することは非常に手の掛かる作業であるため、碑文は風格の上で簡潔さが求められた。その為、蔡世遠は他の文章と同じように長々しい文章を書くことはなく、一千字余りという非常に短い碑文の中に、諸羅県学建設過程の説明だけでなく、朱子学の基本思想を論じ、二程子にまで遡源する一方で、廟学の教学効果をも説明している。科挙功名について言及するのは避けられなかったが、真の実学を主張し、儒学の基本的立場から少しも外れることはなかった。この文章中で義理に関して論じている箇所を挙げると、以下の通りである。

君子の学は主に誠である。誠とは倫理の根本であり、すべての行為の根源である。純粋で至善であり、天より与えられるものである。不誠なる者は志を持たず、志を持たない者は誠を尽くすことはできない。誠が志を立たせ、舜を模範とし文王を師とする。これらの始まりに偽りはない。程子は、無妄とは即ち誠であり、不欺はその次に相応する。その方法は敬を主にして馴致するものであると言う。程子はさらに、誠に至らない時はまず敬を行えば誠となる。敬とは心を集中させて、その本源を養い育てることである。将来起こることに対しては謹んで審理し、すでに起こったことに対しては言動を慎しむ。このようにすることで、全ての動静が誠となる。そうはいっても、誠を求める方法として、勉学こそが最も重要であると言う。また朱子は、勉学は日々の積み重ねによって習慣となる。専念して怠けず続けることである。一字一句丁寧に急がず学び、操存を日常生活で実践する。そうでなければ、たとえ広く学識を得ても何の利益にもならない。勉学する人はこれを用いて天下の書物を読めば、義理を深く理解し広く実用することができる。飛びぬけて立身出世することは出来ないかもしれないが、人生はあくまで倫理を尽くすものである。……学識が浅い者らはその根本を把握できず、その結果を見通すことは出来ない。彼らは、ただ勉強して功名を手に入れれば、名声を得たと考える。また、家郷を盛り立て家族に利益をもたらせば、自らの責務を果たしたと考える。……台湾は遠い海の外にあるけれども、聖天子が治めて、三十年余りとなった。偉い人物や著名人が次々と首長になる間に、文化的程度は向上した。地方の秀才を明倫堂に集め、経典の要所を教授する。彼らに宋の儒者らが体得したところを理解させ、誠に至る方法、学習の要及び倫理の修め方を教える。こうして経典の知識が蓄積し道理を理解すれば、言葉の扱いが達者になり正気に満ちたものとなる。これによって科挙功名を盛んに立てることもできるため、ただ善人を多く育てるということではない(16)。

この引用では初めに「敬から誠へ」という心の修養過程について述べている。これはつまり賢から聖に至る過程のことである。『易経』によると、「敬」とは賢人の学であり、「誠」とは聖人の徳である。「乾卦」の中には「悪に陥らず、誠実であること」、「言葉に虚偽がないようにして、忠誠を貫く」と述べられている他、「聖人」という語も「君子が地位を得て聖人と称されるようになれば、万民は聖人を仰ぎ見る」、「進退、存亡の必然の理を知り、その正道を失わないのは聖人だけであろうか」など、多くの箇所で語られている。

また、「坤卦」では、「立派な君子と言われる人は、敬を主としてその内の心を直くし、義を守ってその外に現れる行いと心を正しくするものである。この敬と義が成り立てば、有徳者は必ず人に親しまれる」や「陰の君子の道は、能力があってもそれを含みかくし、王者の仕事に従事しても進んで功労者になろうとはしない。このような在り方が地の道であり、妻の道であり、臣の道である」、「天地が閉じれば、賢人は隠遁する」などが記され、程明道は「勉学する者は遠くを求めるのではなく、まず身近なところから始めるべきである。人理を理解すればその要は敬である。易経の乾卦は聖人の学、坤卦は賢人の学であるが、後者は総じてただ『君子は敬を以て内を直くし、義を以て外を方にする。敬と義が立てば徳は孤独ではない』の一言に尽きる。聖人でもこれほどであり、さらに別の道はない」(『二程遺書』巻二上)というように述べている。ここでは「敬」を「人理」(宋代儒者らの言論で「人理」はあまり言及されていないが、陳瓆の碑文には見ることができる。詳細は第三節)として論じているが、これは賢人の為せる業である。聖人の業は「天理」のレベルに帰し、「誠」となる。程明道はここで「聖人でもこれほどであり、さらに別の道はない」と言ってはいるが、聖人の業を「敬に止まる」とはせず、寧ろ「敬から始まる」と主張した。その為、程明道はさらに「誠に至ることが出来ないとき、まず敬を行えば後に誠に至ることができる」(『二程遺書』巻六)、「誠は天の道理である。敬は人事の根本である。敬は実践するものであり、敬を行ってから誠となる」(『二程遺書』巻十二)、「天と人は本来別々のものではないから合わせる必要はない。これらを総じて言えば誠である。天地万物鬼神は本来異なるものではない」(『二程遺書』巻六)と述べた。ここから、「誠」とは天理もしくは道体をいい、「敬」とは人理あるいは人事をいうことがより鮮明に理解できる。「敬者用也」の「用」は、一つの絶えることのない実践法と理解することができる。「敬則誠」とは、敬の方法を通して、人がついに「誠」の道体を体現することである。つまり、勉学は「敬から始まり」、「誠に終わる」ことであり、すなわち「至善に止まる」ことをいう。それゆえ蔡世遠は「君子の学の主は誠である。誠とは、倫理の根本であり、行為の根源である。純粋で至善である」と述べ、さらに程明道の言葉「未及誠時、卻須敬而後能誠(誠に至ることが出来ないとき、まず敬を行えば後に誠に至ることができる)」を引用して、その内の二文字のみを入れ替えて、「未至於誠、則敬然後誠也」と書いている。

しかし、蔡世遠の碑文には、賢と聖でもって敬と誠を区分する文句は書かれていない。さらにある引用文では、あえて「聖人」という言葉を消しているものもあり、非常に興味深い。朱子は嘗てたびたび「敬」とは聖に成るための方法であると言った。例えば、「敬の修行は聖になる第一歩である。初めから終わりまで途切れることはない」や「敬という一文字はまさに聖門の要であり、生きるために大切なことである。敬には内外粗細の差別はない」(『朱子語類』巻十二) がそうである。しかし、「敬」とは単なる聖門に入るための方法であって、聖人の境界には至っていない。「誠」こそが真の聖人の境界である。朱子は『中庸章句』第二十章の注釈の中で、「誠とは、偽りのない真実である。天理の本来の姿である。……聖人の徳は天理であり、真実である」と述べ、「大極図説解」では「誠は聖人の根本である」と述べている。蔡世遠は「誠」を定義する時、「聖人」の概念に触れることを全くせず、朱子が「仁説」で定義した「誠を意識して実践すれば、全ての善行の根源となる」のみを利用した。この一文に対して、蔡世遠は僅かの変動を加えて「誠は倫理の根本であり、行為の根源である。誠は純粋至善である」と記した。「聖」の字を避けた理由には、清初頭の一部の漢民族知識人における思想上の自発的配慮によるものかもしれない。台湾教育碑文の多くは、満清皇帝を「聖天子」と記していた。一部の儒者は「聖人成徳之学」という類の名称は使わず、「君子之学」(蔡世遠前記引用文など) あるいは「大儒有用之学」[17]と呼んだのには、政治的顧慮が少なからずあったに違いない。

蔡世遠は程明道の「まず敬を行えば後に誠に至ることができる」に遡源しただけではなく、朱子と同じように、程伊川の「心を集中させる」ということで「敬」を解釈しており、さらに敬ゆえに誠であることを強調した。また「謹慎」についての論述もある。彼は「敬とは心を集中させて、その本源を養い育てることである。将来起こることに対しては謹んで審理し、すでに起こったことに対しては言動を慎しむ。このようにすることで、全ての動静が誠となる」と述べているが、この一文は、『中庸章句』で語られる「謹慎」で「敬」を解釈する方法と、朱子の「中和説三」に見える「動静」と「未発巳発」でもって「敬」を釈義する方法を繋ぎ合わせた語り方である。

『中庸章句』の第一章に書かれる、「君子はその表だって見えない所から戒め慎み、人々の聞き知らない所から恐れ慎む」について、朱子は「これを以て、君子は常に敬畏の心を持ち、たとえ見聞きせずとも、疎かにすることはない」と語り、「敬畏」を「慎み恐懼する」ことであると解釈した。最後の章である第三十三章で朱子は「謹独」と「戒謹恐懼」で「敬」を説明している。『大学章句』の第六章で朱子は「謹独」を用いて「慎独」を解釈し、「しかしその実と不実は、他人は知り得ず自分のみが知り得ることがある。それゆえ、必ず謹み丁寧に考えなくてはならない」と、詳しく論じている。この最後の一句こそが蔡世遠の「謹幾（謹んで審理する）」という言葉の源である。陳璸は「新建文昌閣碑記」の中で「必謹其独、戒慎恐懼」と述べているため、蔡世遠が「謹」の字を使用して「慎」の字を使用していないことは、明らかに朱子の影響を受けたためであると言えるだろう。

「敬」と動静や未発巳発の繋がりについて、朱子は「中和説三」の中で「張敬夫に答えて言う。この理は、心を主として論じなくてはならないということを、最近再び身をもって察した。……人は仁を欲するがゆえに不敬となるため、結果として仁を求めることにならない。心が体を操るとしても、何の動きも見えない。したがって、君子も特に動かず意識せず敬を行うべきである。行動する前に、敬を以て修養し、行動した後に、敬を以てよく省察する」と述べている。「誠」と動静の関係について、朱子は「大極図説解」の中で「太極には動静がある。それは天命の流れである。誠は聖人の源で、万物の終始であり、命の原理である。その動こそが、誠が通るということであり、その静こそが、誠の繰り返しである」と説明している。

劉述先は、朱子が張敬夫に答えて送った「中和説三」という一文について、「朱子の中和の新説は最も円熟した表現である。……未発巳発は二つに分割されることはなくなり、心を一つの纏まりとする。静をもって修養し、動をもって省察し、そして敬が両者を貫いている[18]」と考えていた。蔡世遠はさらに「未発」を「将発」に替え、一文字替えることで動静との距離をより密接なものとした。寧ろ相依相即ということになるだろう。蔡世遠の説は「中和説三」を深く掘り下げただけではなく、「誠」を「動静」と繫げたことから、彼が「大極図説解」で言われている「その動こそが、誠が通るということであり、その静こそが、誠の繰り返しである」ことを熟知していたことを表している。朱子は『中庸章句』の中で一度も動静で「誠」を説明することはなかったが、ここでは「大極」を「誠」と説いたため、動静から説明した。「誠之通也」の「通」は、体現、流行、と解釈してよい。例えば前文で述べた「天命の流れ」に似ている。「誠之復也」の「復」は原初に帰るということを意味し、また「流行」の中でその道体の本元に復帰できる（あるいは乖離しない）ということである。蔡世遠は朱子のこのような考え方を基礎に、「敬誠」、「動静」、「将発巳発」この三つを合わせて総論を掲げた。「敬とは心に集中して、その本源を養い育てることである。将来起こることに対しては謹んで審理し、すでに起こったことに対しては言動を慎しむ。このようにすることで、全ての動静が誠となる」。ここに至って、「敬は動静を貫く[19]」だけではなく、誠もまた動静を貫くため、動静の中には誠が必ず存在すると論じている。県学設立の趣旨は教学にあるため、蔡世遠は「経典の要所を教授する。彼らに宋の儒者らが体得したところを理解させ、誠に至る方法、学習の要及び倫理の修め方を教える」と締めくくった。宋儒においては、朱子が最も経学と学習を重要視したが、蔡世遠のこの言葉も朱子学の基本的関心と学校教育の密接な関係をよく表している。

陳璸と蔡世遠の碑文以外でも、朱子の「居敬」思想の影響はさらに二つのディテールから看取できる。彰化県は嘉慶年間に「主静書院」を建てている。[20]この「主静」の語は周敦頤の「大極図説」の「聖人は中正仁義でこれを定め、静を主にして人としての基準を定める」に見ることができるが、二程は「主静」を「主敬」に入れ替えており、これもまた朱子の論を継承したものである。『宋元学案』巻十六に、元の呉草廬の言葉を引いて「敬を以て修養することが我々聖門の教えである。……周子の学が主静を説いたにもかかわらず、程子は静を敬に置き換えた。敬は静の意味を含んでいるのであろう」と書いている。ここから、彰化の主静院は周敦頤の影響を明示しているだけでなく、さらに朱子の「居敬」思想の影響があることを示していることがわかる。その他に、朱子は「答陳器之書」に「廟や朝廷の前を通り過ぎる時、感動が沸き起こり自然と礼儀が行動に表れ、恭敬たる心が形となって表れる」と書いたように、仁・義・礼・智の四端のうち、礼は恭敬の心であると考えていた。台湾府知事である褚禄は、「重修府学文廟碑記」(乾隆十年、一七四五)に「台湾は海の外の辺鄙な場所に位置しているが、廟に入るものは皆敬を知っている」と書いたように、文廟の建設は「端士習」の作用を持つことを強調していることから、彼も朱子学を熟知した学者であることが明らかである。

二　窮理と実践――実学の二重性とその統一

鵝湖の会で知られる陸象山は、「易簡工夫終久大、支離事業竟浮沈（易簡工夫は最後に大盛するが、支離は永久には続かない）」という詩を詠み、朱子学を「支離」と批判した。嘗て朱子は晩年自省して、「熹も近頃初めて支離の病を実感した」（〈答呂子約書〉、『文集』巻四十七）と書いており、「支離」の一語は、朱子を語る際あるいは批評する際に使われる、便利な用語にまでなった。象山は朱子の「支離」を批判したが、これは自らの易簡工夫に対する悪習を全く反省していなかったことを表している。しかし、朱子は支離という病を自覚することができ、これは象山よりも朱子の方が自らを省みる能力が高かったことを表す。これにより、朱子はやっと易簡と支離の簡単な対立を克服することができた。これが、朱子学が勢力を広げつつ後代へと脈々と伝わり、また海外へも影響を及ぼした理由である。

朱子の学は決して支離ではない。たとえ支離を肯定的な意味で捉えたとしても、朱子学は支離に止まることはなく、易簡工夫の要素も含んでいる。いわゆる「支離」とは、まさに朱子が言うところの「知識を追求すればするほど道というものも細部まで体得できる」（『中庸章句』第二十七章、釈「道問学」）ということであり、いわゆる「易簡工夫」とは、朱子の言うところの「心を制御すればするほど道というものも極めることができる」（『中庸章句』第二十七章、釈「尊徳性」）ということである。朱子は、どちらも重要でありどちらか一方を疎かにしてはならないこと、そしてこの二者の整合性を深く理解していた。黄榦が「行状」の中で「窮理以致其知、反躬以践其実、居敬所以成始成終（窮理を以て知識を得、自省を通じてその知識を実践する。これらは敬を持つがゆえにやり遂げることができる）」の三句をもって朱子の学をまとめた時にはすでに、朱子は「敬」の概念が「窮理」と「実践」の命脈に通じることを指摘していた。それゆえ、黄榦は「敬を以て知識を求めないならば、混乱が生じ義理を自らのものにすることができない。また敬を以て自省し振る舞わなければ、怠惰になり義理を実行することはできない」と述べている。

二程以降「窮理」は、純知識の命題ではなくなった。明道は「識仁説」で「学を志す者はまず仁を体得しなくてはならない。仁とは、渾然と万物と一体となるものであるから、義、礼、智、信の徳性はすべて仁である。この道理を体得し、誠実かつ恭しい態度で大切に保存すればよく、防備や検査の必要も、際限なく考えを巡らして探求することもしなくてよろしい」（『二程遺書』巻二上）と述べている。この「識理」の説は、「窮理」のように刻苦勉励に満ち満ちてはおらず、非常に明心見性の如き心地良さがある。しかし、追根究底すれば、識理であろうと窮理であろうと、どちらも識仁の理及び窮仁の理に繋がっているのである。明道は「際限なく考えを巡らして探求しない」ことが重要であるとしたが、それは実際として、理を窮める者らが、論語読みの論語知らずという状態や、本末転倒の事態に陥り、窮理の道徳的目的を見失って、純知識の追求に偏っていくことを危惧してのことであった。それゆえ彼は、「窮理、尽性さらには命までの三つのことを同時にやり遂げる。もともと順序というものはないので、窮理を求めるのは知識のためだけではない。もし本当に理を窮めることができたら、性と命もやり遂げることができる」（『二程遺書』巻二上）というように、強く述べたのである。

伊川は、窮理が道徳の実践に含まれるものであるという、独自の見解を示しており、「窮理はさまざまな面に渡る。勉強して義理を講じたり、古今の人物を論じてその是非を弁別したり、あるいは世間の事物に接することの全てが窮理というものである」（『二程遺書』巻十八）とも述べていた。

朱子は窮理と居敬を分かち難いものであるとしたことについて、繰り返し述べている。例えば、「主敬と窮理は異なるものとされているが、実は一つのものである」、「学者が努力すべきことは、居敬と窮理の二つのことだけである。この二つは影響し合い、窮理すればするほど居敬もますます進み、居敬すればするほど窮理も益々深くなる。これを人の両足に例えれば、左足を前に踏み出せば右足が止まり、右足を踏み出せば左足が止まるということである」、「心が全ての道理を包むから、全ての道理は心に具わっている。それゆえ心を管理できなければ、道理を窮めることはできず、道理を窮められないなら、心は満足できない」（『朱子語類』巻九）というように、上掲の内容には全て、存心持敬の方法が語られている。これらでは、居敬と窮理が相互補完の関係にあることや、「一本」の関係に帰することを指摘している。

主敬と窮理のみが「異なるものとされているが、実は一つのものである」ではなく、実践と窮理もまた「異なるものとされているが、実は一つのものである」である。朱子は「白鹿洞書院掲示」の冒頭で学者は五教を学ぶ（父子有親、君臣有義、夫婦有別、長幼有序、朋友有信）と述べており、また学ぶ順序は『中庸』の博学、審問、慎思、明弁、篤行の順であると述べている。朱子はこれに続いて、学、問、思、弁の四つが「窮理」であると指摘しており、ここから窮理とは上述した五教の理を追究することであり、つまり道徳上の学習を意味することがわかる。

朱子は「大学補伝」で「所謂致知在格物者、言欲致吾之知、在即物而窮其理也。……至於用力之久、而一旦豁然貫通焉、則衆物之表裏精粗無不到、而吾心之全体大用無不明矣。此謂物格、此謂知之至（い

わゆる『致知在格』とは、己の知識を獲得したいと思うならば、事物の現象に対象を絞って、丁寧にその本質や原理を探究しなくてはならないということである。……長い期間絶え間なく努力を積み重ねたならば、いつの日か悟ることができる。その時、衆物の詳細を全て知り、心の機能が明らかになる。これこそが、衆物を知ったあるいは研究したということであり、これこそが、知識が頂点に至ったということである）」と述べている。「格物、致知、誠意、正心、修身、斎家、治国、平天下」の八条目から見ると、朱子の言う「衆物」と「吾心」は、まさに実践過程における八条目の客観性側面と主体性側面を説明していると言えるだろう。そして、努力を積み重ねれば、「衆物」の全て（いわゆる「表裏精粗」）及び「吾心」の全て（いわゆる「全体大用」）は全て体現することが可能であり、これこそが、物格と知至ということである。これによって、窮理と実践の「一本」の関係はここでさらに明らかになった。いわゆる、窮理を続けた後に達する「心の機能が明らかになる」ということは、すなわち八条目の実践を含んでいる。そうでなければ、「全体大用」と言うに値しないからである。

『中庸章句』の前言で書かれる「実学」も、まさしく窮理と実践を説明している。朱子はここで「其書始言一理、中散為万事、末復合為一理、『放之則弥六合、巻之則退蔵於密』、其味無窮、皆実学也（その書は一理の言葉から始まり、中ほどになるとさまざまなことが語られ、結末で再び一理に帰結して『この一理というのは、万物に通用するが、ある一点のみを見れば、そこにはさまざまなことが隠されている』というように語られており、その興趣に富んだ内容は全て実学である）」というように述べている。ここでの「六合（万物）」とは「大学補伝」における「衆物」が満ち溢れている場所であり、道徳を実践する生活世界である。「退蔵於密」の「密」はすなわち「大学補伝」でいうところの「吾心」を意味している。そのため「実学」は窮理（この話の中で言われる「一理」（を窮めること）と実践（この話の中で言われる「万事」で鍛えること）の二つの側面を含んでいるのである。

このような実学の観点から出発すれば、朱子もその他の宋儒と同様、科挙の功利観念が実学を害することに反対していた。そして科挙功名を蔑み実学を崇める朱子学の精神も台湾教育碑文の共通意義となったのである。「白鹿洞書院掲示」で朱子は、「朱熹は古の聖人が人を教育する意義を観察したことがある。道理を説明するだけではなく、自らの行為をも修養して、さらにそれを人に伝えた。道理を褒め称えたり、知識を全て暗記したり、優れた文章を書くなどして、人々の称賛を得、また金銭も手に入れた」と述べている。また陸象山も「白鹿洞書院講義」の中で、「科挙試験でもって人材を選抜する方法にはすでに長い歴史がある。名士や大儒、高官や貴族は全てこの方法から選出されている。現在の有識者は、むろん自らここから外れることはできない。しかし、試験の合格と不合格は、受験生の問題に答える能力と、試験官の嗜好によって決まる。この二者はどちらも、君子と小人とを弁別する基準にはならない。今はこれを志とすることで、そこから抜け出すことができないように埋没させる。古の聖人賢人らが記した書を日々勉強していると言っても、彼らが目指すものは、聖人賢人の学問に背馳することもある」というように、科挙が聖学を害することを批判している。

台湾教育碑文の作者も皆、勉学と実践がともに重要であることを主張している。例えば、陳璸は「重修府学碑記」（康熙五十二年、一七一三）の中で、「知識人たちに発奮して勉強することを願う。君たちは経典に通暁し、古人を学ぶことを責務とし、道を広めて世間を救うことを目標とするべきである。そして独りの時は慎み、行動する時に自らの役割を果たすべきである(21)」と述べている。また、「新建文昌閣碑記」で陳璸は、「科挙功名は出仕の手段であり、勉学に励むことは立身の根本である。勉学に励まず、功名を望むのは、あたかも種を蒔かずに収穫をするようなもので、間違いなく何も得られるものはない[22]」という記述からも見てとれるように、科挙功名を蔑み実学を尊ぶ精神を表面化している。

一方、蔡世遠は窮理と実践の両方を重要だとしている。例えば、「明代から勉学こそが、誠を求める最も重要な方法であるとされている。朱子はこう言う、勉学は日々の積み重ねによって日常の習慣となるから、専念して怠けず進めるべきである。一字一句を急がずに学び、操存の方法を生活で実践する。そうでなくては、博学を求めても何の利益にもならない」。この最後の一句では窮理だけを求めるべきではないことが、より強調して述べられている。

鳳山県の教諭であった富鵬業は「重修鳳山県文廟碑記」（康熙五十八年、一七一九）で諸生の「新廟の意」が科挙功名ではなく実学にあることを戒めて、以下のように言っている。

修身立行は、儒者の実践の学であり、砥礪名節は士人の経世の基準である。古の学者は窮理を本として誠心誠意を尽くし、修身、斎家、治国、平天下の道理を託す。そして彼らは身に付けた知識を朝廷に捧げ、国家の模範になる。またその知識を生活に実践し、道徳のある名士となる。今の学者は実修を疎かにし、科挙文章を尊び、功名への手段とする。……天下の士たちに正しい学問を崇めさせ、邪説を遠く退け、実行を促して虚名を棄てさせる。[23]

この一連の論述の中で、彼は簡潔に「窮理を本として誠心誠意を尽くし、修身、斎家、治国、平天下の道理を託す」の一文をもって窮理、居敬、実践の三方面を概括した。さらにこの中の窮理が格物致知を指していることから、論述全体が「大学」の八条目を要約した内容となっている。富鵬業は続いて古今を比較して、現代の学問を志す者らが実修を疎かにし、虚名を求めていることを批判した。このようにして、彼は正当な儒学的立場を非常に強く表現している。

澎湖文石書院修築の碑記（道光十年、一八三〇）は、「窮理を窮めて知識を得、自省を通じてその知識を実践する。こうすることによって、紫陽夫子を模範として学ぶことができ、また書院を建てて人材を育てるという胡勉亭の遺志に背くことはない(24)」、さらに直截に黄執の言葉を引用している。

道光二十年（一八四〇）に黄開基によって書かれた「重修彰化県学碑記」は、孔子廟と文昌廟間で起こった、競争現象を反映している。この祠廟の建築空間に関する問題は、正統な儒者が文昌信仰の流行からの圧力を受けていたことを暗に物語っている(25)。黄開基は碑記の最後で実学の重要性を強調して「学生の皆さんは、誠実な態度で聖賢の道を目指し、実学に務めることを心に銘じるべきである。そうするならば、自然と高名な儒者や良い官吏になることができ、また自らが書いた道徳文章を永遠に史書の中に残すことができる。それは功名や出仕で故郷を繁栄させることとは比べ物にならない(26)」というように語っているが、最終的にはやはり科挙功名に対する反省へと帰している。

十九世紀後半に至るまで途切れることなく、朱子は台湾儒学教育に影響を与え続けた。同治十二年（一八九三）に荘並によって書かれた「大観義学碑記」は、心を揺さぶる感動的な内容である。大観義学は板橋林家によって寄贈されたごく小さな民間書院ではあったが、当時教師の職にあった荘並は、義理に富んだ碑記を著わすことで、書院に希望を託した。彼は冒頭ではっきりと、「程子曰く、天下を治めるには風俗を整え、人材を得ることが基礎となる。私がここに言うことは、天下だけではなく、一つの郡や里でも同様である。風俗は必ず人の心を源とし、人の心は教育によって養われる[27]」と述べ、続いて士大夫の育成に関して「諸生は古の聖人たちを模範とし、自ら教養のある人と名乗る以上、文章作法や流行の文体を追求して功名を得るだけでなく、さらに礼儀を身に付けて郷里の風俗を改善することを自分の務めとしよう。自分の身を修めれば、家を整えることができる。そして日々家族や郷里の友人らと話して助け合い、平和に親しく過ごし、ともに堯舜の民となる」と論述している。文末には義学では文昌を祀ってはいるが、実際は濂洛関閩つまり周敦頤・程明道・程伊川・張載の四名を合わせた五名を同時に祀っていたということが述べられている。

　光緒八年（一八八二）、台湾割譲まで僅か十三年に迫った年になっても、「重修鹿港文祠碑記」において、朱子の窮理の説は依然として最も重視された論説であった。作者である孫寿銘は「私が士人らに望むことは、さらに精進することである。経書を分析するなら適当にではなく、漢の儒者のような丁寧さが必要である。理を窮めるならば虚無にならず宋の儒者のような明白さが必要である[28]」と述べており、この発言から朱子学が台湾儒学に与えた影響は、二百年の歳月が流れても衰えることがなかったということがわかる。台湾教育碑文の中で、窮理実践を論理的に分析するものはごく少数しかないが、窮理と実践は実学において表裏一体の関係にあり、分かつことが出来ないことは皆理解している。その一方で、これらの碑文作者のほとんどは真正の儒学立場から実学に対立する科挙功名の概念を批判することができた。この点で、朱子を継承するだけでなく、全ての宋明儒学の伝統を継承できたと言えるだろう。

三　「五経と五倫の相表裏」

宋儒では朱子を最も価値あるものとして扱い、心力を最も注いだ。五経の中で、朱子は『春秋』を除いた全てに伝注を残している。その中でも『詩経』には最も力を入れているところから、朱子が文学を重視していたことが窺える。しかし朱子の視点で考えてみれば、経書を学ぶ目的はその文を学ぶところにはなく、聖賢の道を継ぐところにあった。「白鹿洞書院掲示」には「しかし聖人の教えはすべて経典の中にある」という記述がある。黄榦は「行状」の中で朱子の経学を強調して、「聖人の道は書物の中に点在する。もし経典の内容が明確でないなら、道を後世へ伝えることはできなくなる。それゆえ、真剣に経典を通じて聖賢の教えを研究すべきである」という内容から、清代台湾教育碑で経学が重用されていたことは、朱子学の影響があったことを表している一方で、(29)また清初頭に経学復興運動の思想があったことを反映している。

陳璸は「新建朱文公祠碑記」の中で、「孔子、孟子の後、正学は継承されなくなった。しかし、文公が経史や百氏の書を分析し要旨を説くことで、消え入りそうなほど細い線のようだった道の学は再び盛んになった」と述べ、朱子が経学を重視したことを大々的に主張している。蔡世遠は「重修諸羅県学碑記」の中で、「地方の秀才を明倫堂に集め、経典の要所を教授する。彼らに宋の儒者らが体得したところを理解させ、誠に至る方法、学習の要及び倫理の修め方を教える。こうして経典の知識が蓄積し道理を理解すれば、言葉の扱いが達者になり正気に満ちたものとなる」と言い、理学と経学の学習をより明確に結合している。乾隆十六年（一七五一）に著された楊開鼎の「重修府学文廟碑記」も理学と経学の学習を一つにして、「宋代に胡安定は蘇湖で教育を行い、経義と治事の二つの科目を設置した。その授業を受講する人は三、五や六経を勉強して聖賢の志を理解しようとした[30]」と記している。

「白鹿洞書院掲示」は古の聖賢が伝えた五教は、経に収められているという理解であったが、これまで五経と五教の関係を論じたことはなかった。五教（五倫）に対しても孟子が言った「父子に親あり、君臣に義あり、夫婦に別あり、長幼に序あり、朋友に信あり」（『孟子』「滕文公上」）を繰り返したが、陳璸は朱子思想を基礎とした観点から、この問題に対し非常に画期的な意見を述べている。彼は「台邑明倫堂碑記」の中で、次のように語っている。

人間が存在しているから、人の心がある。人の心があれば、人の理がある。人の理があれば、自ずと明倫堂がある。もしこの堂が建たないのなら、学徒が儒教教義を解説する場がないため、必ず人倫は明らかにならない。人の理がなくなれば、人の心は愚かになるため、人間ではない。……私の言う五経と五倫は、表裏の関係である。倫とは何か。家臣は、直言し、諷諫し、進言し、君主の誤りを正すべきだが、自らを辱めるべきではない。子は、親を養い、楽しませ、それとなく諫めるべきだが、親に正しい行いを勧めるべきではない。兄弟は、愉快に、礼儀正しくあるべきだが、全てに同調すべきではない。夫婦は、仲良く、恭しくあらなければならないが、互いに恨み言を言ってはならない。朋友は、親しく、励まし合う関係でなければならないが、友人の数によって疎遠になってはならない。これを理解しようとすれば、必ず経学に通ずる。絜静精微なるは『易』の教えなり。疎通知遠なるは『書』の教えなり。温柔敦厚なるは『詩』の教えなり。恭倹荘敬なるは『礼』の教えなり。属辞比事なるは『春秋』の教えなり。聖人の経と賢人の伝を後世の教訓とする。これら全ては性霊を啓発して本性を現すためのものであり、剛紀人倫の道具である。それゆえ我々は経書の本意を学ぶのである。

孔子廟の明倫堂も孟子に起源を持つものである。『孟子』滕文公上「夏代は校、殷代は序、周代は庠と呼び、学則は三代とも同じく、全て人間の倫理を明らかにするものである」の記述から、孔子廟の教学に使用する空間を「明倫堂」としたのである。陳璸は先述した「台邑明倫堂碑記」の記述の中で、人倫を人理にまで遡らせ、さらに人心、人類にまで回帰させた。宋儒の語彙の中では、「天理」とは異なる意味を持つものを「人欲」、「道心」とは異なる意味を持つものを「人心」とし、「人理」はほとんど用いられない。例えば明道の「学者は遠くに知識を求める必要はなく、身近なものから学ぶべきである。人倫というものは、敬を意味するのである」（『二程遺書』巻二上）という言葉は、「敬」でもって「人理」を説明している非常に稀な例である。陳璸は前に引用した文章の中で「人理」を「人心」と「人倫」の仲介としたが、惜しいことにさらに一歩進めて分析することはなかった。しかし、もし明道に基づいて言うならば、「人理」をもって「敬」となすということを表す。これを陳璸に言わせれば「敬は心にあり」[31]ということになり、「人心」より「人理」に入るという意味を含んでいる。あるいは教育の普及により明確かつ堅実な論説に沿うことが必要になったのかもしれない。清代の台湾教育碑文の中には、全くと言ってよいほど「天理」、「理気」に関する言及が見られない。陳璸の「人理」という言い回しについては、明道の言論の中に似通った語彙を見つけることができるが、「人理」を「人類→人心→人理→人倫」という発生序列の中に組み込み、「人心」から「人倫」に至るまでの必要な過程として形成したのは、陳瓆ただ一人である。

陳瓆はこの碑記の中で、他にも新たに「五経と五倫は表裏関係にある」という見解、及び「君臣の義」に対して思孟学派の精神を最も含んだ解釈を生み出している。朱子は「聖人賢人の方法は全て経書に収められている」とのみ言ったが、陳瓆はこれを独自に展開し「五経と五倫は相表裏関係にある」という見解を創り出した。「五倫」に関して、朱子はただ孟子の「父子に親あり、君臣に義あり、夫婦に別あり、長幼に序あり、朋友に信あり」のみを繰り返したが、陳瓆は「倫は明らかか」という問いに対して非常に細やかな論説を展開している。この中で最も注目すべきなのは、陳瓆の「君臣に義あり」に対する解釈である。陳瓆は君臣の倫を、父子の倫の前に取りあげて述べる一方で、「義あり」について「家臣は、直言し、諷諫し、進言し、君主の誤りを正し、自らを辱めるべきではない」というような解釈を行っている。ここでは家臣が君主に対してどのように仕えるべきかが説かれており、君主が家臣に対してどのように接するべきかについては書かれていない。それゆえ、実際には「士」(知識人)の由来及び君主に対する態度についてのみ触れているのである。ここに書かれている「直言」とは、家臣は君主に対して実直でなくてはならないということを指している。

陳瓆は「新建朱文公祠碑記」の中で、「敬以直内、義以方外」の「直」と「方」に対して「少しでも邪なものが入り込む隙がないのを直といい、少しも譲る所がないのを方という」という解釈を行っており、これを看過してはならないだろう。「諷諫」は、ある時はそれとなく忠告するべきであるということを指している。「進言」と「誤りを正す」は、「直言」と「諷諫」の詳しい説明でしかない。「進言」とは、義に相応する事柄ならば進言すべきであるという意味であり、「誤りを正す」は義に反する事柄ならば誤りを正さなければならないという意味である。「自らを辱めるべきではない」は、君王がいまだ家臣の義という原則の下で表現される、「直」、「諷」、「進」、「止」等の家臣の徳を受け入れないならば、孔子の言葉「志を曲げず、身を辱めない」（『論語』「微子」）というように、家臣は去るべきである。

陳璸の家臣の徳に対する解釈は、思孟精神に非常に富んでいる。孟子の政治批判の精神は、よく人口に膾炙している。一九九三年に出土した『郭店楚墓竹簡』の中に現れる子思によって、家臣の徳の論述では、孟子が子思の思想を受け継いでいることがわかる。この文章の中には、「魯の穆公が子思に、『どのようであれば忠臣と言えるだろうか』と質問した。子思は、『常にその君の悪い点を指摘する者こそ忠臣と言えます』と答えた[32]」という記載もあり、また「六徳」には「父のために君主を絶ち、君主のためには父を絶たない[33]」、「語叢三」には「君と臣は互いに存在するものである。良い関係でないならば去るべきである。不義を強いられるなら、受けるべきではない[34]」と書かれている。これらの考え方と陳璸の「自らを辱めるべきではない」の説は前後呼応関係にある。特に重要なのは、陳璸が満清の異部族が中国を統治した初期、風声鶴唳の雰囲気がいまだ消えず、文字の獄が始まった頃に生まれたことである。他の学者らが争うように教育碑文の中に聖天子の教化の功績を謳っていた時に、陳璸は台湾儒学の歴史上最も重要な政府文献の中で、権勢に靡かない知識人の気骨を表現した。この点だけでも、この碑記が台湾儒学発展の過程で、最も重要な源となるのに少しも不足はない。

四　文史の重視

経学の他に、文史を重視する台湾教育碑記も朱子の影響を強く受けている。文史を重んじた先秦儒学の伝統は、宋明儒学になり、ゆっくりと没落の一途をたどった。これは少なからず、禅宗における文字軽視の思想の影響を受けたことによるものである。また一方で、漢代以来儒林並びに文苑と史学が徐々に分化していった学術発展の傾向も、宋明儒学の哲学化を進め、文史を疎かにするどころか軽視さえする重要な原因であった。

宋儒において、「文」を軽視する最も顕著な例は、程伊川である。『二程遺書』巻十八では、「作文は道を害するのではないかと問うと、害すと答えた。およそ作文は感性がなければ巧みでなく、もし感性のみに固執すれば志はここに束縛されてしまう。どうして天地と同等にできるだろうか？　書では、物に興じて志を失うと言っている。文もまた玩物である」と語られている。伊川は詩を三首のみ残しており、作詩の経験がないことを自ら誇って、杜甫詩の「穿花蛺蝶深深見、点水蜻蜓款款飛（胡蝶が花が咲く中をひらひらと舞いながら見え隠れして、蜻蛉が尾を水に点々と触れながらゆるやかに飛んでいく）」を「このような無意味な言葉がどうして続々と出てくるのか」（『二程遺書』巻十八）と批評している。この評から伊川が文を軽視していることの他に、彼には文学的感性が不足していたことがわかる。

これと比較して、朱子は文学を非常に重んじており、中国文学の二大源『詩経』と『楚辞』の注を作成した。それによって彼は死後、諡を「文」としており、これも彼が「文」を重視したことと関係がある。

黄榦は「行状」の中で、朱子にとっての『詩経』は「その本義を求め、その伝承されてきた内容の誤りを改め、数千年にわたる古人の遺志を深く感じる」ものだと指摘している。彼はさらに朱子の文学芸術の鑑賞について「詩人や知識人らは文章書画に対していつも精神を使い果たして疲れ切り、常にその難を病む。朱子ならば、あまり意識せず行動しても彼の行為は規則にかなっており、それが世の中の模範となる」と指摘している。陸王の視点からいえば、朱子の「文」の方面における仕事は、まさに支離事業の一つである。しかし、教育の需要にあっては、「文」の学習は基本的な文化素養を養うだけではなく、「道」の体得にも必要なものである（いわゆる「文以載道」）。これも朱子が儒学教育推進者らから比較的に重視された原因である。朱子の「史」への重視は宋儒の中でもひときわ特出している。彼が嘗て編纂した『資治通鑑綱目』について、黄榦は「行状」の中で、「歴代の史書は西周以降の時事を記録していた。五代になると司馬温公編年の書の形式を模倣し、かつ『春秋』の記述方法でこれまでの歴史書の体裁を正した。この歴史書では項目を正しく並べているから繁雑ではなく、読んでも混乱することはない。国家の政治の安定と混乱、君臣の得失はこれによって知ることができる」というように述べている。このため、朱子の影響下にある台湾儒学教育において「史」が重視されたことも碑記の中に表されている。

陳璸は「新建朱文公祠碑記」で「孔子、孟子の後、正学は継承されなくなった。しかし、文公が経史や百氏の書を分析し要旨を説いた」と書いているが、この「百氏の書」とは四部の子部、集部に相当し、その中には多くの文学性のある作品が収められている。陳璸は「正道の学説」、「斯道」が経に託されているだけではなく、史及び百氏の書にさえ託されていると考えていた。陳璸は朱子の諸子百家に対する開放的な態度を継承しているとしてよいだろう。先に述べた富鵬業の「重修鳳山県文廟碑記」は朱子の影響を非常に深く受け、「文」に対しても極端な重視の姿勢を見せ、「この世界における無上の事業は、文章によってなされたものである」という言葉もある。しかし、最も「文」を重視しているのは胡建偉の「文石書院落成記」（乾隆三十二年、一七六七）である。胡氏は澎湖名産の文石から名を取り、書院を文石と名づけた。また文石の五彩の文に、五行及び五常、五教を無理矢理結び付け、さらに「文実」の一致と相互依頼の関係を強調した。碑文では、

おおよそ「物の文《あや》」は彩で、実のないものである。どんなに艶やかで巧みであっても、脆弱で長く続かず実のない文に何の価値があるだろうか。実を持つ文《あや》のみが恒久の煌びやかな光彩を付けて五色入り乱れ、天則に応じれば五緯が明らかになり、地則に応じれば五行が位置付けられ、人則に応じれば五常及び五教が明確になる。輝きに満ち溢れ、広まっても遮ってはならない。この文はそのために貴いのである。君子はこれを見たことで学の道を得たのである。

彼はさらに生員を「その心根を鍛え磨き、文章を潤す」と励ました。これは「作文」を重要な学習科目としたからであり、最後には「経天緯地、この文が文の極みである。石であったらこのような素晴らしい文章は書けないだろう。書院の名は、もとから具わっているものである」と書いている。「文」の重要性を極限まで高めていると言ってよいだろう。このような観点は朱子学の中でのみ源を見つけることができるのである。

史についてはすでに述べた陳璸の他に、かなり年月を下り「重修鹿港文祠碑記」（光緒八年、一八八二）

がある。これは経史と窮理を合わせて考えたものである。作者である孫寿銘は生員を「経書を分析するなら適当にではなく、漢の儒者のような丁寧さが必要である。理を窮めるならば虚無にならず宋の儒者のような明白さが必要である、史書を読むならば、馬、班から王、宋までに撰述されたものを深く掘り下げ、細かい所まで精読する。そうすることで千年以来の国家盛衰の故をよく知ることができ、他の諸子百家の論も理解することができる」と励ましており、この話からは朱子学が経史や諸子百家を取り入れていたことがわかる。

これまで述べたことをまとめると、台湾朱子学の文史重視には、教化の内容の方向性が反映されていただけではなく、一定の道理の内容が現わされていた。すなわち一方では陳璸や胡建偉のように、文とは道の全てを託したものと強調したこと、つまり文と実が互いに依存するという現象を持ち、また一方では孫寿銘のように、経史と諸子百家は「通暁する」ものであると強調していたのである。

終わりに

台湾儒学における朱子の影響は二百年経っても衰えていないと言ってよいだろう。年代的に最も早くに作られた碑文は、康熙四十二年（一七〇三）に陳璸が著した「台邑明倫堂碑記」であり、また最後に作られたものは光緒八年（一八八二）に孫寿銘が著した「重修鹿港文祠碑記」である。ここから、朱子学の影響は途切れることなく、代々まで伝えられたということが見て取れる。また、台湾文廟や書院で朱子が祀られていたことからも、朱子の影響があったことがわかる。陳璸は朱文公祠を初めて建造した人物であり、また碑文を記した学者でもある。彼は朱子を祀った理由を、「朱子の教えを深く信じ、よく考えることで、自分が単なる生物ではないことを実感できる」と述べており、非常に感銘を受ける内容である。この中の「朱子の教えを深く信じ、信仰が極限まで高まれば」という言葉は、儒学思想に対する学習を克明に記しており、儒学における信仰の側面の精髄を非常によく言い表している。この他に、朱子を祀った他の理由に、道統の問題がある。蔡垂芳は「鳳儀書院宗祀五子並立院田碑」で、周敦頤、程頤、程顥、張載、朱熹の五夫子を祀るのは「学統を正す」ためであるとしており、また荘並の「大観義学碑記」（一八七三）では五夫子を祀る理由を、「学術の標準を示す」ためであると主張している。これは科挙功名を目的とする文昌信仰を正そうとすることに最も重きを置いていたということである。清代の台湾儒学を全体的に見てみると、朱子学がその主流であった。朱子学の開放的な構造は、その時代における台湾儒学の基本的性格を形作り、この影響は十九世紀末、台湾割譲の直前まで途絶えることなく続いた。

＊本章は一九九九年七月に開催された「儒家思想在現代東亞」国際会議（中研院中国文哲所主催）にて発表したものである。

注

（1）江日昇『台湾外紀』（台北、世界書局、一九七九年）二三六頁。
（2）江日昇『台湾外紀』二三六頁。
（3）江日昇『台湾外紀』二三六頁。

（4）鄭氏政権時期の台湾儒学と晩明、南明儒学の関係については、本書第一章を参照のこと。
（5）本書第一章を参考。
（6）清初福建朱子学の復興については、上文及び高令印、陳其芳『福建朱子学』（福州、福建人民出版社、一九八六年）三六二―三七三頁を参照。
（7）陳璸は康熙四一年（一七〇二）第一回来台の時は台湾知県の任にあり、第二回は康熙四九年（一七一〇）で、台廈道に復任した。陳璸の生涯についての簡単な紹介は、本書第一章を参照。
（8）この文は范咸『重修台湾府志』（台北、台湾銀行経済研究室、台湾文献叢刊第一〇五種、一九六一年）に収録されている。
（9）范咸『重修台湾府志』六八四頁。
（10）陳璸のこの問題に対する処理及び後世の儒者に与えた影響については、本書第三章を参照。
（11）范咸『重修台湾府志』六八三―六八四頁。
（12）陳文達『台湾県志』（台北、台湾銀行経済研究室、台湾文献叢刊第一〇三種、一九六一年）二五三頁。
（13）これについては本書第一章を参照のこと。
（14）陳夢林『諸羅県志』（台北、台湾銀行経済研究室、台湾文献叢刊第一四一種、一九六二年）二五五頁。
（15）范咸『重修台湾府志』六九〇―六九一頁。
（16）陳夢林『諸羅県志』二五五―二五六頁。
（17）富鵬業「重修鳳山県文廟碑記」、この文章は陳文達『鳳山県志』（台北、台湾銀行経済研究室、台湾文献叢刊第一二四種、一九六一年）に収録されている。
（18）劉述先『黄宗羲心学的定位』（台北、允晨出版公司、一九八六年）六七頁。
（19）劉述先『黄宗羲心学的定位』六七頁。
（20）楊桂森「建彰化県明倫堂記」、周璽『彰化県志』（台北、台湾銀行経済研究室、台湾文献叢刊第一五六種、一九六二年）を参考。
（21）この文章は范咸『重修台湾府志』に収録されている。

(22) 科挙功名の概念と実学の争い、及びこれと一致する文昌信仰と儒家道統の争いは台湾儒学の重要課題である。陳瓊はこの問題を最も早く提出した学者である。本書第三章を参照。
(23) この文は陳文達『鳳山県志』(台北、台湾銀行経済研究室、台湾文献叢刊第一二四種、一九六一年)に収録されている。
(24) この文は林豪『澎湖庁志』(台北、台湾銀行経済研究室、台湾文献叢刊第一六四種、一九六三年)に収録されている。
(25) 両廟の競争の物語については本書第三章を参照。
(26) この文は『台湾教育碑記』(台北、台湾銀行経済研究室、台湾文献叢刊第五四種、一九五九年)に収録されている。
(27) この文は『台湾教育碑記』に収録されている。
(28) この文は『台湾教育碑記』に収録されている。
(29) 学規の経学重視はさらに明確である。本書第一章を参照。
(30) この文は范咸『重修台湾府志』に収録されている。
(31) 范咸『重修台湾府志』六八三頁。
(32) 『郭店楚墓竹簡』(北京、文物出版社、一九九八年)一四一頁。
(33) 『郭店楚墓竹簡』一八八頁。
(34) 『郭店楚墓竹簡』二〇九頁。

第三章　台湾の文昌帝君信仰と儒家道統意識

はじめに

文昌帝君を科挙の神とする信仰は宋元時代頃に出現し、明清時代になると民間道教の興隆を受けて、民間の儒生階層にまで普及した。また、それに伴い敬惜字紙の習俗は儒生間だけで行われるものではなく、一般庶民の風習になるまで範囲を広げた。文昌帝君信仰の流行は、正統意識を持った儒者たちに危機感を抱かせ、強く批判や排斥されたが、その流行を阻止することができなかった。このような状況の下、儒者たちはこの一民間信仰を合理化、道徳化、さらには儒学化して取り込むことで、文昌帝君信仰が儒生階層や儒学道統に与える可能性のある悪い影響を回避しようとした。

鄭氏政権以後、儒学は徐々に台湾へ移植されて発展し、今日までに十分大きな成果をあげている(1)。台湾は漢人の移民社会であることから、民間信仰が特によく発展した。文昌信仰の歴史は長く、それは台湾の移民社会の特質と関係がある。清の嘉慶年間に、文昌帝君は国家祀典にまで昇格し、民間迷信の色彩は急速に色濃くなったが、一方で道統意識が強い儒者にとってさらなる脅威ともなっていった。本章は台湾を実例に挙げ、文昌帝君信仰と儒家道統論争の具体的状況を探求することを試みる。儒者が文昌信仰の脅威を受けて行った思想的武装にさらなる分析を加え、また敬惜字紙の風習における儒学の基本的思想について探索する。

文昌信仰と儒学道統間の緊張関係は宋・元・明・清以来、三教合流思想史の趨勢に反映された。儒生階層での文昌信仰は、儒学への道教の浸透の様子が反映されているだけでなく、儒学の俗化傾向も影響している。また、統治階級で文昌信仰が支持されたことは、儒学史発展の背後に政治の影が潜んでいたことを物語っている。

一　孔子廟の発展と文昌信仰の参入

『左伝』哀公十六年には、魯の哀公は孔子の死後悼み深く悲しんだため、孔子が「使用した部屋」を「聖堂」にして、「廟を家の中に建てて、兵士を配置しそれを守り、決まった時期に奉じ祀る」とした、と記載されている。これが有史上初めて孔子を祀った祭祀活動であり、この「廟の部屋数三間」が最も古い孔子廟だと言える。皇帝による孔子の祭祀は漢の高祖・劉邦から始められ、彼は紀元前一九五年に曲阜において孔子祭を執り行ったと記録されている。このような活動が漢武帝の「罷黜百家、独尊儒術（百家を排斥し、儒学のみを尊ぶ）」の先駆けとなったのだろう。この後漢代では多くの皇帝が曲阜に赴き孔子を祭った。この時期にはすでに魯城の「廟の部屋三間」では足りなくなっていた。紀元前一五三年、漢の桓帝の命令で孔子廟が修復され、守廟官を設置し、春と秋の計二回行われる祭典の規定を確立した。これ以降、孔子祭と孔子廟の建設は歴代の統治者にとって重要な文化教育課程と見なされた。

地方の学校における孔子祭は北魏の孝文帝によって始められた。孝文帝は太和初年に、郡・県それぞれに学校を設置し、孔子を祀ることを命じた。太和十三年（四八九）、孝文帝は平城に「孔子廟を建て」、曲阜以外での孔子祭を開始し、廟学合一の制度を確立した。中央はもとより地方を含めた各学校の教育空間に祭祀の機能を付与し、儒家道統を確立、延長、さらには変遷並びに発展させた。これも孔子廟の祭祀活動と祭典制度と密接な関係にある。(2)

唐代から明清代までは、孔子廟が最も繁栄した時期だと言える。初唐になると孔子は「文宣」の諡号を獲得し、孔子廟ではさらに二十二名の先儒を祀るようになった。唐末の動乱は孔子廟に大きな損害をもたらしたが、宋初には大規模な工事が施され、孔子廟は修復された。宋の真宗（一〇〇八）は、孔子にさらに「玄聖文宣王」の名を与え、ほどなくして諡号が「至聖文宣王」へと改められた。曲阜の孔子廟は北宋時代に七回修理されたが、最も大きな修復工事は真宗の天禧二年（一〇一八）に行われたもので、様式を拡大して部屋数を三六〇間まで増設し、これまで見たことのないほどの繁栄ぶりであった。建築構造の拡大は道教信仰に侵入の隙を与えた。北宋以後、金章宗は明昌二年（一一九一）に孔子廟を修復した際、その中の一間を「奎文閣」と改名したが、これが恐らく文昌信仰が孔子廟へ滲入するきっかけとなった。清代に入ると、曲阜の孔子廟は九進院落にまで発展し、五殿、一閣、一壇、二廡、二堂、八門、一祠、三坊からなる大型宮殿構成となった。その中の一閣が「奎文閣」を指す。大型孔子廟に文昌閣を含むことは台湾の孔子廟でも例外ではない。(3)

金朝時代における文昌信仰の孔子廟への滲入は、北宋以後の民間道教が徐々に隆盛した現象に少なからず影響を与えている。しかし、なぜ道教各神の中で文昌が最も容易に儒学へ滲入できたのだろうか。これは文昌信仰中の科挙功名思想と敬字思想、儒生階層生活との関係に由来している。文昌という言葉は天上の神を指し、また同時に人鬼をも指すが、後にその意味は徐々に混同されていった。

『史記』「天官書」には「南斗六星を文昌宮という。一つ目の星は上将、二つ目は次将、三つ目は貴相、四つ目は司命、五つ目は司中、六つ目は司禄である」とある。ここでは、北斗七星上の六つの星を合わせて文昌宮としていた。「文昌の星神は、本来司命の影響が最も大きく、信仰は漢代から晋代まで衰えていない」。しかし魏晋以後は、「道教の隆盛により、『南斗は生を司り、北斗は死を司る』という信仰が流行し始め、民間では泰山を人間の寿命を司る山とし、かまど神を各家の司命の神としたことで、文昌が持っていた司命の役割は徐々に消されていった[4]」。文昌星神が担っていた司命の役割は、次第にその他の神明によって取って代わられたが、司禄の役目は反対に重くなった。

文昌の人鬼の側面は、四川・梓潼県の地方神祇にこじつけたものである。この神は姓を張、名を亜子と言い、蜀の七曲山に居を構えていたが、晋に仕えて戦死し、廟が建立された（『文献通考』「郊社考二三」）。宋人の洪邁『夷堅志』や、蔡条『鉄圍山叢談』の書には梓潼神の加護のもと学生が科挙の試験を受ける物語が収録されている。例えば、『鉄圍山叢談』巻四には、「長安の西を蜀に向かって行くと梓潼神の祠があり、普段からきわめて不可思議なところだと言われている。士大夫がこの前を通り掛かった時、風が吹き雨が降れば、必ず宰相になり、進士がこの前を通り過ぎた時、風が吹き雨が降れば、必ず殿魁になることができる。古来より外れた者は一人もいない[5]」とあり、宋代以前から文昌信仰と科挙試験はすでに明確な関連性があったことが見てとれる。

任継愈らの学者は宋が滅亡して以後、「儒学の志を失った者、また民族的気骨のある者はこぞって道教へ入信したので、道教は全盛期を迎えていた」、「道教哲学はさらに多くの理学と融合したので、元代には新たに淨明忠孝道が起こった。これはつまり道教と儒学、理学の融合の典型である」[6]と認識している。これにより、元代の延祐三年（一三一六）に仁宗が梓潼神を「輔元開化文昌司禄弘仁帝君」[7]と名づけ、正式に科挙の神として祀ったが、この事象から、元代の儒・道融合の一側面を表していることがさらに窺える。これ以外では、元朝に科挙制度が復活した時、文昌信仰を科挙の神とする色彩が強まったが、これは異民族政権が科挙制度を以て天下文士を籠絡する意図があったことを物語っている。また、天上星神の文昌宮と人鬼の梓潼神もこの時にひとつに融合された。

異族統治の結束に伴って、明代になると文昌信仰は朝廷から好遇されることはなくなった。明代初期、京師の文昌廟が再建されているが、ほどなくして弘治元年（一四八八）になると、政府は学校に設置された文昌祠を取り壊すよう命令を下した。『明史』「礼志四」には「この梓潼は蜀で霊験を顕したため、この地で廟に祀られた。文昌六星とは関係がないため、取り除く勅命を下すべきである。これにより、この祠は全国の学校から撤去するよう、命令が下された」[8]とある。この命令は礼部尚書の周洪謨らの進言が採用され、学校内の文昌祠を取り壊す政令を出したという体裁をとっているが、実際は儒者と文昌信仰が競った結果として発生したものであった。しかし、「明代以降、宮廷から民間に至るまで神降ろしの儀式は急速に広まり、神降ろしによって授かった善書や、功過格が民間で大流行し……中下層社会での影響力は理学を遥かに超えていた」[9]というように、表面上では文昌信仰は政府から抑圧されていたかのように見えて、実際は民間および中下層の儒生の間では依然として絶大な支持を得ていた。乾隆年代に成立した『重修台湾県志』にも、明代弘治元年、「礼部尚書の周洪謨らが論議して、……全ての学校の、この祠を取り壊す令を下すよう請願した。しかし、祀り続ける学校がやはり多かった[10]」と言及されている。ここからわかるように、取り壊し令は実際には何の効力も持っておらず、学校は文昌を祀り続けていた。

偶然にも元朝の後の異民族政権である清朝から、政府は再び文昌を奉祀し始めた。この異民族政権は、文昌信仰は政府が科挙を使って士人を籠絡する助けとなり、さらにはこれを利用して儒学正統意識の異民族政権に対する敵意を緩和することができると熟知していたのかもしれない。嘉慶六年（一八〇一）清仁宗は詔書の中で以下のように語っている。

北京の安門外にある明代成化年間に建てた文昌帝君の廟は廃れて久しいので、特別に人を命じて謹んで修繕した。今は落成して、その光り輝く様子が見えている。朕は本日より礼儀正しく参拝し、九叩頭の礼を行う。文昌帝君は文の運を掌りながら、国を富ませ人民を庇護し、正教を崇め、邪説を退け、霊験が最もあらたかであるため、全ての人々が崇め祀っている文昌帝君を、関聖大帝と同じように、祭典に入れることを許可する。[11]

ここに至り、朝廷の文昌奉祀はこれまでにないほどの高潮を見せ、皇帝が文昌に九叩礼をしただけでなく、国家祭典にまで発展し、武聖である関帝とともに文聖として並べられるようになった。よって後に文廟と武廟が並べて設置されていた場所のほとんどが、文昌祠を孔子廟の代わりに設置しており、文廟の代表となっていた。

台湾は清代に漢文化を主流とする社会になり、大陸内地の思想現象と民間習俗が移民と宦遊文人の渡来に伴って広まり、最終的には台湾社会の内部的要素となった。

二　台湾の文昌信仰と敬字の習俗

文昌信仰は清代に盛んに行われた。その理由として、朝廷からの絶大な支持を得たことの他に、清代の社会において民間道教が空前の活発化を見せたことが挙げられる。台湾においては、移民社会の特質が文昌信仰の流行をさらに助長することとなった。

康熙五十九年（一七二〇）歳貢生や陳文達らが編纂した『台湾県志』には、台湾人の民間信仰が、礼に反する現象を発生するほどまでに過熱したと記載されている。例えば、

台湾人が自らの祖霊を祭る際、祖霊を堂の左右に安置し、菩薩を中央に安置し祀る者が、十人に七、八人いる。祖霊を祭ることは神を祭ることに及ばないのだ。[12]

また、「女性が寺に入って香を焚く行為は、台湾の民間で最も盛んである。普段はあまり見られないが、仏の生誕日になると、仲間を招き友を呼び、隊を組んで行き、遊覧客が寺中にいて、邂逅してしまっ

ても避けることはない。これはすべて女性の過ちと言えるであろうか。彼女の夫や父や兄は、その過ちを否定することが全くできないのであろう」[13]ともある。陳文達ら儒生から見て、一般的な百姓にのみ礼に背いている面があったのではなく、僧尼さえもが台湾においては異ような行為をとっていたようである。

僧尼というものは、人民のなかで最も異端の者であるが、何代を経ても廃止されない。その理由は、彼らは身寄りがなく自らを養えない者の世話をする存在であり、身寄りのない者が死んでも彼ら以外に供養する者がいないからである。しかし、台湾の僧は、常に美少年が多く、口にビンロウを噛んで、劇台の下で劇を見ている。老いた僧尼は、少年、女子を弟子として養う者もある。それは、天地の和を犯すもので、風習の穢れである。[14]

これは儒者による排仏の意味を多少含んではいるものの、ここで述べている台湾僧尼と内地の僧尼が全く違うものであることは確かである。しかし、このような異常な状況は仏教のみに見られるものでなかった。道教信仰の豪華で贅沢なさまは他に類を見ないほどである。「台湾では王醮を尊び、三年に一回儀式を行うが、これには疫病を払う意味がある。郊外の村落でも皆同ように行う。境内の人は、金を集め、船を造り、紙で作った疫王三尊を安置する。道士を招いて祈祷を行い、これは二昼夜か三昼夜に渡って続けられ、最終日には盛大な宴席を設ける。請王という儀式名である」。祭典が終われば、疫王を船上に安置し、食べ物、器具、財宝を用意し、大海まで送る。「このような祈祷を一回行うことで、往々にして数百金を費やすことになり、節約しても百に近い金が必要となる。まさに無駄な費用である。しかしこの習慣は長い歴史を持っているので、禁止するのは実に困難である」[15]。

陳文達ら儒生は激烈な道教信仰や僧尼階層の背理を目の当たりにし、台湾の習俗を「祖霊を祭ることは神を祭ることに及ばない」と的確に指摘しているものの、「この習慣はすでに長い歴史があるから、禁止するのは実に困難だ」と、恨めしく思うより致し方なかった。このような背景から鑑みるに、文昌信仰と敬字習俗が台湾において非常に流行していたことは、全く意外なことではない。

文献の記載によれば、台湾において初めに文昌祠が建立されたのは康熙年間である。康熙五十一年（一七一二）に纂修された『重修台湾府志』「祠宇」には、「台湾府文昌祠は台湾府庁の前にあり、北を向いて建っている。康熙四十八年に建てられた」、「台湾県文昌祠、台湾府の東にあり、康熙四十八年に建てられた。後ろに義学がある」[16]とある。ここから台湾において最も早く建立された二つの文昌祠は康熙四十八年（一七〇九）建設であることが見て取れる。またそのうち台湾県に属する方は、義塾を付設している。この義塾の建設の方が本殿建設よりも少し早く、康熙四十五年（一七〇六）に県知事の王士俊によって建てられている[17]。これも義塾と文昌祠を一緒に建設する先駆けとなり、これ以降頻繁に見られる構造となった。

康熙年間には、さらに数回文昌祠閣が建立されたことが記録されている。康熙五十一年（一七一二）、台廈道の陳璸は府の儒学校に文昌閣を建てた[18]。康熙五十四年（一七一五）諸羅県の学宮も文昌祠を建立している[19]。また鳳山県学には文昌祠は建立されなかったが、民間では五文昌の祠堂が祀られた。康熙五十八年（一七一九）纂修の『鳳山県志』「寺廟」には、「仙堂は長治里の前にある阿社の中に建てられている。その村人の何侃という人物が人々を集めて建築した。この廟には五文昌が祀られ神降ろしの儀式もできる。まわりに竹や木、花や果物が植えてあり、とても優美である。後には草亭を建て、遊覧客が休憩できる場所にしている。最近になって再び東王公と西王母をともに祀ることになった[20]」というように記載されている。建立された年代は文中には記載されていないが、康熙五十八年より以前だと考えられる。五文昌とは、梓潼、漢寿亭侯（関公）、魁星、朱衣、呂祖を指し、総じて「仙堂」と呼ばれ、さらに説明を加えれば、道教信仰に属している。学校と一緒に建てられることはないため、教育の機能は持っていない。

雍正の年間には、二度の建設活動があった。雍正四年（一七二六）、抜貢生の施世榜は台湾県の大南門の外に「敬聖楼」を建立し、梓潼帝君を祀った[21]。これは施世榜の重要な功績となり、人物志「孝義」の中で施世榜は「敬聖楼を大南門の外に建て、字紙を拾うために僧を集めている[22]」とある。このことから、敬聖楼には惜字の思想も持っていたことがわかる。これは恐らく台湾で初めての敬字楼であっただろう。

同年、台廈道の呉昌祚は、西定坊に「魁星堂」を建立した[23]。魁星を祀ることと文昌を祀ることは同等の意味を持っている。魁星はまたの名を奎星と呼び、東漢緯書『孝経援神契』には「奎は文章を掌る」とある。宋均『注』では「奎星の屈曲し互いに引っ掛かりあっている姿は、文字の形に似ている」と指摘している[24]。『史記』「天官書」によると、奎星は北斗七星の一つ目の星、あるいは四つ目の星を指し、学問盛衰の運気を掌握するという説は存在せず、緯書『孝経援神契』から東漢になって奎星に学問盛衰の運気の意味が付け加えられたことがわかる。しかしなぜ「魁星」と称されるようになったのだろうか。それは恐らく「魁の字には首の意味があり、科挙で高い順位を取った人物も魁と呼ぶ。民間では、縁起の良さを図るため、奎を改めて魁にし、それが現在まで伝わってきた[25]」からかもしれない。それでは魁星信仰はいつから始まったのだろうか。顧炎武の『日知録』巻三十二には「今人が魁星を奉るようになったのは、いつ頃からなのかよく知られていない[26]」とある。銭大昕は『十駕斎養新録』巻十九「魁星」においで、「学校で魁星を祀ることは、古代において聞いたことがない」。またさらに、「この習慣は南宋にすでにあった[27]」と考証している。ここから魁星信仰と学校教育が相互にかかわり合っていることが読み取れ、またこの信仰は文昌信仰と同じように、宋代にはすでに始まっていたことがわかる。

台湾の魁星信仰は、具体的には、雍正四年（一七二六）に一つ目の魁星堂が建立されたことから始まった。続いて乾隆年代から地方志に儒生階層が盛大に祀魁を行う様子が記載され始めている。乾隆六年（一七四一）の『重修台湾府志』巻六「風俗・歳時」には、「月七日を七夕という。魁星はこの日に生まれたと言われているので、学生はこの夜に魁星会を行い、酒と食事を用意して楽しむ。村の塾が最も盛大な宴を開く[28]」と記載されている。『重修台湾県志』「風俗」にも「七月七日、学生は魁星の霊が降りてくると思っているため、酒と食事を用意して楽しく飲んでいる。村の塾が一番盛んに行っている[29]」とある。范咸の『重修台湾府志』と余文儀の『続修台湾府志』にも同様の記載がある。乾隆九年（一七四四）に任期を終了した満御史六十七の詩「九日」によると、学生が祀魁を行う日は七夕以外に中秋と重陽があある。

朝来門巷集儒巾、屠狗吹簫共賽神。
（台俗：七夕、中秋、重陽、倶祀魁星。是日、儒生有殺犬、取其首以祀者）

蝴蝶花残清入夢、鯉魚風老健於春。

酒澆幽菊舒黄芯、琴鼓飛鳶颺碧旻。

（重陽前後競放紙鳶、如内地春月）

並著単衫揮羽扇、炎方空説授衣辰。(30)

朝が来て儒者らが家の門や小路に集り、犬を屠り簫を吹いてともに神を祀る。

（台湾の風習：七夕・中秋・重陽は魁星を祀る。その日儒生は犬を殺し、その首を供物として捧げる）

胡蝶は花が咲き終わる頃に夢に入り、鯉は風が老いた頃に春より健やかになる。

菊の花を酒で濡らせば黄色い花芯が広がり、琴や太鼓の音、鳶が大空を舞う。

（内地の春のように、重陽前後に競って凧を揚げる）

単衣を纏い扇を揺らす、暑い九月の朝。


魁星祭祀の賑やかな場面に関して、乾隆六年（一七四一）に着任した巡台御史の張湄も「七夕」を書き残している。


露重風軽七夕涼、魁星高讌共称觴。

幽窓還聴喁喁語、花果香燈祝七娘。

（七夕、家家設牲醴、果品、花粉之属、夜向簷前祭献、祝七娘寿。或曰魁星於是日生、士子為魁星会、竟夕

歓飲：村塾尤盛[31]）喁

露は重く軽やかな風が吹き七夕は涼やか、魁星と豪勢な宴で杯をともにする
窓際からは幽かに囁くような声さえ聞こえる。花や果実、香や燈火が七娘を祝福しているのだ。
（七夕では、各家で家畜と甘酒・果物・花粉の類を準備し、夜には軒前で供物を捧げ、七娘の誕生日を祝う。魁星はこの日に生まれたと言われているので、学生はこの夜に魁星会を行い、夜通し飲んでいる。村の塾が最も盛大である。）

乾隆三十九年（一七七四）ごろの『続修台湾府志』には上記の二首が改めて収録されている以外に、貢生である鄭大枢の「風物吟」が収められており、その中の一首も魁星祭祀を反映したものである。


今宵牛女度佳期、海外曽無鵲踏枝（台地向無鵲）。

屠狗祭魁成底事、結縁煮豆始何時？

（七夕、士子殺狗取頭以祭魁星、又煮豆和糖及芋頭、龍眼等物相贈遺、謂之結縁[32]）


今宵は牽牛と織女は素晴らしい時間を過ごす、海の外には鵲踏枝のような悲しい別れなどない。

（台湾には鵲はいない）

狗を殺して魁を祀り何事を成すのか、縁結びの煮豆は何時作り始めるのか？

（七夕では、学生は犬を殺して頭を魁星へ捧げ、また豆と糖類、芋、龍眼等を煮て贈り物とする。これには縁を結ぶという意味がある）

特異なのは、鄭大枢のこの詩では儒生階層が躍起になって、犬を殺し魁星を祀る風習を認めていないことが表れていることであり、その背後には当然魁を祀ることで、科挙功名を求めるという伝統に対して、一部分反省の態度を持つ意味が含まれている。

文昌帝君とともに祀られたのは魁星以外にも倉聖（即ち倉頡）がある。雍正四年（一七二六）に施世榜が建立した敬聖楼はすでに字紙を収集していた事実があったが、その中に祀られているのは文昌であって、倉聖ではなかった。文献によると、台湾で倉聖を奉祀し始めたのは嘉慶年間に入ってからであった。上述の通り、嘉慶六年（一八〇一）、皇帝は文昌帝君を国家祭典の中に入れ、関帝と並べられ、文昌信仰は絶頂期を迎えたが、それは台湾でも例外ではなかった。倉聖も嘉慶初年に文昌従祀の列に加えられ、常に魁星とともに文昌帝君の左右に安置されている。また、倉頡は漢民族から漢字の創始者と見なされており、「制字先師」とも呼ばれた。このような理由により、字紙を燃やす敬字亭、惜字亭では倉頡のみを祀っている。

前述した巡道の呉昌祚は雍正四年（一七二六）に魁星堂を建設し、嘉慶四年（一七九九）に堂の後ろに再び、字灰を収めて保存するために敬字堂が建てられた。嘉慶六年（一八〇一）になると堂内に倉聖も祀られた[33]。同様に雍正四年（一七二六）には施世榜によって敬聖楼が建てられ、嘉慶四年（一七九九）には倉聖も祀られるようになった[34]。

鳳山県にも嘉慶五年（一八〇〇）敬字亭が建てられ、正式な供奉の祠堂がないながらも、奎星、倉聖がそれぞれ祀られるようになった。嘉慶十九年（一八一四）には、鳳儀書院を建設する際、文昌祠も同時に建てられ、奎星、倉聖の二神を合祀させている。[35]彰化県では嘉慶十五年（一八一〇）「倉聖人祠」を建立しており、道光元年（一八二一）に建立された魁星楼より十一年早いものだった。[36]東部の辺鄙な土地にある噶瑪蘭庁でさえも、敬字の儀式は盛んに行われた。嘉慶二十三年（一八一八）には、関帝廟の後方に文昌宮を建て、左に倉頡神が祀られ、同時に敬字亭も建てられた。[37]毎年二月三日に行われる文昌帝君の誕生祭では「倉頡の神牌が置かれ」、送字灰（別称送聖蹟）の儀式が執り行われている。[38]

さらに、離島である澎湖においても文教建設が途絶えたことはなかった。乾隆三十一年（一七六六）文石書院が建立され、魁星楼、文昌祠も建てられ、嘉慶の間に改修された。その後、光緒二年（一八七六）にやっと講堂内に倉聖が祀られ、外庭に惜字亭が建てられた。[39]正式な倉聖の祀りはこの時に始まったが、早くは同治十一年（一八七二）から、字灰奉送の儀式中において、その土地の有力者によって倉聖牌位が供奉された。[40]

七月七日が魁星高照の絶好の一日だとすれば、二月三日の字灰の奉送は倉聖の最も輝かしい一刻であり、空前絶後の盛況ぶりであった。『噶瑪蘭庁志』を例に挙げると、七夕についての記述はほんの数句のみで、「学生は魁星の生誕祭のときに、文明の象徴として夜間に魁星会を行うことが多い。線香と果物を供え、酒と料理を準備し、群衆を呼んで飲む。村の塾では最も盛大に行っている[41]」というものだが、字灰を送ることに対しては、鮮やかな言葉で文章を綴っている。

噶瑪蘭の村人や女性や子供の誰もが字紙に敬意を払い大切にすることを知っている。そのため街道にある文昌宮の左側に敬字亭が建てられ、惜字会が設けられた。丁男を雇って字紙を探し、それを洗って燃やし、沈檀で燻した後、白紙で閉じる。毎年二月三日文昌帝君の誕生日に、この土地のすべての学生と庶民を宮中に集め、劇と宴会を催し、灯りを灯したり彩った細長い布を結んだりする。参加者の中から祭の主祭に推薦し、倉頡の神牌を持たせる。三献礼が終わった後、ただちに倉頡の牌を綵亭に奉じ、学生は自ら儀式を執り行い、ついでに燃やした字紙の一年分を春木盛の中に敷いて畳み、それを持って道を練り歩く。人家を通りかかると、みな線香を供する机を設け、金楮を燃やし、爆竹を鳴らして迎える。この日、すべての学生は正装し、衿耆とともに北門外の渡船口まで見送り、字紙を小船に入れ、彩った旗鼓でそれを大海に流した後、帰る。(42)

同様の敬字信仰の盛況ぶりは他の地方志にも記載されている。敬字の儀式は字紙捜索を含み、敬字亭で燃やし、字灰を集め、文昌帝君誕生祭が終わった後海へ流す。なぜこの儀式が盛況かというと、儀式の中で盛大に行われただけでなく、年一回の恒例として行われていたからである。

他の地方でも、儀礼の繁雑さは噶瑪蘭とあまり変わらない、ただし開催期間の間隔は比較的長かった。台湾府城では卯年ごとに字灰を奉送しており、(43) また苗栗県は五、六年もしくは七、八年に一度奉送した。「この字紙を大切にすることにかけては塹城に劣らない。五、六年、七、八年に一度、士人と庶民が集まり、倉頡の神牌を奉り祀る。字灰を護送して、それを大海に放つ。正装して身なりを整え、楽器を打ち鳴らし、その盛況ぶりは壮観である」(44)。塹城（新竹）では「子午卯酉年になると、士人と庶民が集まり、倉頡の神牌を奉り祀る。字灰を護送して、それを大海に放つ。灯を飾り、楽器を演奏し、祭は盛況を極めている[45]」というように、三年ごとに奉納していたことが記録されている。噶瑪蘭と同ように毎年字灰を奉送していたのは鳳山県、澎湖庁、彰化県、恒春県であった。鳳山と澎湖はともに盛大な儀式を執り行い、鳳山聖蹟を奉送する日には「名士らが一斎に集まり、祭りに参加する数百人の者らとともに謹んで城外まで送る」。さらには、数十席の酒宴の席を用意して豪華な料理や酒で客人をもてなした[46]。あまりにも贅沢が過ぎているだろう。澎湖は離島ではあったものの、学習の意気は非常に盛んで、士人の習慣の中でも、惜字を重視していた。

士人と人民は聖蹟を最も敬う。資金を集め、人を何人か雇い、毎月、各郷に赴いて字紙を収集し、書院に貯蓄して、毎年それを清流に送ることが慣わしとなる。……字紙を送る時には、学生は正装して書院に集合する。儀仗を鼓吹し、字倉聖牌位を謹んで作成し、それを媽祖宮まで迎えるためである。送り届けたら、駕を書院まで戻す。各澳が順番に監督し管理するので、各標の漕運の役人や商人らが皆鼓や笛を用意して、ともに祝う[47]。

最後に県が設置され、教化も最も遅かった恒春県[48]でさえ、毎年聖蹟を奉送することができ、また学規にも正式に加えられた。

炉で燃やす代わりに義塾内に惜字紙の鼎を一口設置する。また、字紙を収集するための籠を多く用意し、各村に支給する。近いものは、塾内の使用人が、五日ごとに一回字紙を収集に行き、遠いものは自ら収めに来るよう各村に命じる。一斤ごとに銭二文を与え、集めた字紙は、塾の教師が使用人に命じて、汚いものを探し、必ず清水できれいに洗い乾かしてから、燃やす。字紙の灰は紙で包んで年末に海に送る。[49]

恒春県の字紙収集や焼香のための設備は最も質素で、紙を入れる鼎と字紙を集める籠のみで、亭楼はなかった。しかし、恭しい態度で、清水で字紙の穢れを洗い流し、干して乾かした後に燃やし、さらに毎年一回字灰を奉送しただけでなく、学校の正式な規則にまで組み込んでおり、敬虔さは他に勝るとも劣らない。

台湾は四方を海で囲まれているため、字灰の多くは海へ流された。しかし彰化県では河川へ流しており、『彰化県志』には「正月十五日神聖なる跡を謹んで大道や渓流まで送る」[50]と記載されている。彰化県では奉送の場所・日時も異なっており、元宵節に行われ、その俗称は倉聖誕生祭である。この特殊性は陳学聖の「字灰」詩の中に反映されている。

字従倉頡創成形、挽石何如識一丁。
珍重爐灰勤検拾、更将鼓吹乞河霊。[51]

文字は倉頡が創成した。記念碑に文字が書かれていようとも、石自身が文字を知ることはない。

炉の灰を恭しく拾い集め、さらに鼓吹して河の霊に乞う。

ここから倉聖の誕生日を選んで字灰を奉送し、惜字の要点を創字や識字等の文明と関係する方面に置き、科挙功名を求める意図を減少させようとしたことが読み取れる。陳学聖の短詩は倉聖信仰の中にある比較的理性的な内容を浮き上がらせている。

三　文昌信仰と儒家道統の矛盾と仲裁

康熙年間、清が台湾を統治した初めの頃、台湾における文昌信仰はまるで夜明けの星のように寂しいものであった。しかし二百年の時が経ち十九世紀になると、台湾の夜空一面に文昌宮の星が瞬き、その燦爛とした様子は内地を凌ぐものであった。都市から村落まで国中で、朗々と本を読み上げる声があれば、必ずと言っていいほど文昌祠、もしくは童生の創設した文昌社があった。道光以降に完成した志書から、文昌信仰がどのように儒生階層に浸透し、その学習生活の一部にまでなり得たのかを概括的に知ることができる。

道光年間の『彰化県志』学校志「社学」の一節には、「社学とは学生が集まり文学談義を交わす結社であり、勉学に勤しむための場所である。文昌祠があればほとんど必ず、社学がある。例を挙げれば、犁頭店の文昌祠の中では学生が時折集まっては談義に花を咲かせたことから、その社学の名前を『騰起社』といった。他の社学もまた同様である」、「振文社は西螺街の文祠の中にある。螺青社は北斗街の文祠の中にある。興賢社は員林街の文祠の中にある[52]」と記載されている。「文祠」とは即ち文昌祠を指す。『風俗志』「士習」中には「彰化県の県学では閩と粤の二籍に分けられ、それぞれの方言を学び、またそれぞれの師伝があった。都市や村の至る所で家塾が行われ、みな正月に開館し十二月に閉館する。塾教師の半分は内地から来た者である。各保の近くには文昌祠が建てられ、生童のための学習の場となっている[53]」とある。この中では、閩籍と粤籍の学生はそれぞれ異なる方言を持っており、それぞれの師承があるものの、文昌を祭祀することは共通していると書かれている。鄧伝安の「修建螺青書院碑記」から、嘉慶二十二年（一八一七）に建てられた螺青書院でも文昌を主祀したことがわかる。現在、螺青書院はすでに取り壊されたが、文昌祠は残っている[54]。これも文昌信仰が書院教育よりも長く生き残ることができたことを証明している。

同治の年間の『淡水庁志』風俗考「士習」の条には、「南北各村落の生童は、みな文昌社を結成し、月例会を行う。また小さな講習会もあり、未成年の者が集まる。月の初めと十五日に行われ、学生らに発表させて、翌日に甲乙を付けて結果を貼り出す[55]」という記載がある。また、傅人偉の「芝山文昌祠記」によると、この文昌祠の建設の目的は「諸生をこの中で修学させる[56]」ことにあったとしている。

光緒年間に完成したいくつかの書籍の中にも同様の状況が記載されている。たとえば、光緒二十年（一八九四）の『苗栗県志』風俗考「士習」には「苗栗県では道光以来礼楽教化を推し進めてきた。施政の至る所で塾が設けられ、教師を招き高給を与えた。各村落の生童はみな『文昌社』を結成した[57]」という記載を見ることができる。

新竹県の士人も熱心に文昌祠を寄贈していた。同じく台湾割譲の直前（光緒二十年、一八九四）に完成した『新竹県采訪冊』には「新埔文昌祠碑記」[58]、「重建新埔文昌祠碑記」[59]、「捐充文昌帝君永租並会課田租碑」[60]、そして「芎林文昌祠捐献地基並祀租碑」[61]の四つの建廟碑文が遺されている。

また同じく台湾割譲の直前に完成した『雲林県采訪冊』にも、多くの箇所で文昌祠と書院が同時に使われていたとする記述がある。例えば、龍門書院では前方に朱子文公、梓潼帝君、関聖帝君が祀られ、後方に制字倉先聖人が祀られたという記述がある。[62]さらに、大槺榔東堡には「聚奎社」という社学があり、「街道の西と北にある文昌廟の中は、同社の諸生が集って学習する場所である」[63]と記載されている。沙連堡の林圯埔街にも「文昌帝君と大魁夫子を崇め奉る。学社は十余間あり、沙連閣の学生らが講学学習する場所である」というように文昌祠があり、また聖蹟亭も建てられていたことがわかる。その他、文昌祠の十余ある社学のうち名を残しているものに「郁郁社」、「謙謙社」、「梯瀛社」、「三益社」がある。[64]

文昌信仰の儒生階層における影響力は、儒学の正統概念を持つ儒者に不安を抱かせた。本章の第一節で明代の礼部尚書である周洪謨らが各学校内の文昌祠を取り壊すよう請願したことに触れたが、ここには文昌信仰と儒学道統の矛盾が少なからず反映している。[65]台湾において儒生階層が文昌を信仰して科挙功名を願う気風は、内地と同等に普遍的なものであった。しかし、この現象に対して反省を示す儒学道統意識と理性的思考を持ち合わせた儒者らも、また途絶えることはなかった。

文昌に立身出世を祈願することは、数多くの碑文の中に明記されており、これはこの行為が儒生に通常の行為と捉えられていたことを表している。たとえば、道光二十五年（一八四五）の「新建萃文書院碑記」には、「この廟は高大で堂々たる姿をしており、左側には虎頭山が取り囲むように聳え、右側には龍潭の井がある。いつの日か文明が発展し、士人が虎榜に名を列ねることができる。それは今勉学に励むからではないか」と記されている。道光二十年（一八四三）に記された「新埔文昌祠碑」には作者である陳学光と門人が土地を購入し文昌祠を建造した後「己亥の郷試では幸運にも及第することができた。それは聖神が秘かに見守ってくださったから、こんなにも早く合格することができたのだ」とある。そしてその後、光緒七年（一八八一）陳朝綱の「重建新埔文昌祠碑」にも陳学光らの考えが継承されており、文昌祠の重建は仕官の道が順調であるよう守護するものだとし、「ここから推測すると、科挙の試験に及第した者が先に登用され、秀才の者は早々と高官になることができる。人文は盛んになり、科挙に及第し出仕の資格を取り続ける。これより後、この地方の未来に大きな期待を寄せることができる」。上述のような功利主義的思想は、儒生らの中に相当広く行き渡っていたに違いない。上掲の碑文らは代表的な文献であると見做すことができる。

台湾において、文昌信仰に対して最も早く反省の態度を示した人物は陳璸であった。そして、儒学校の中に文昌閣を初めて建立したのも陳璸であった。これは陳璸が自己矛盾しているのではなく、孔子廟内に文昌閣を建立することは、元代以来、大型孔子廟建設の際の基本的建設制度とされていたからである（第一章を参照のこと）。陳璸が文昌閣を建てた最初の動機は非常に単純なもので、公平な態度をもって、内地の規格に準じた台湾の文教建設を行うといったものだった。彼は「建文昌閣詳文」の冒頭部分で、「文昌閣建設と学風育成の詳細を知り、海外で文治を盛んにする」と述べており、また「台湾の四学校には有能な人材が多い。府学には近頃功名を挙げた人が少なくない。しかしさらに発展し続け、学風をより良くすることを望むため、文昌閣を建設することを願う。文昌は神の一人として並べられ、楼閣を建造し崇め奉る。内地では全ての学校に備えられているが、台湾ではまだ備えられていない所もある」とも述べている。文中で陳瓊はさらに泮池の建設を請願しており、その理由は「文廟の前には泮池が必ずある」[70]というもので、内地にあるものはすべて台湾でも必要だったのである。よって、文昌閣落成の際、陳瓊はさらに「新建文昌閣碑記」を記し、この文昌閣は福州府庠奎光閣の形式に依って建てられたものであると、特別に明記している[71]。

しかし、陳瓊は文昌信仰が神秘性と功利主義的色彩を持つことを知らないわけではなかった。むしろ陳瓊は、許容すべきという姿勢を示しており、禁止にはできないので妥協策として仕方なく、正しく導くようにしたとする方がいいだろう。彼は二種類の解釈で文昌信仰を正しく導き、後人によってこの正しい文昌信仰は一層広められた。一つ目は文昌信仰を合理化、道徳化、さらには儒学化し、その功利的志向を転換した。二つ目は比較的特殊で、文昌を祀る空間を祭祀空間から「洗心」、「励志」(「新建文昌閣碑記」)の学思空間へと転換させ、その迷信的色彩を薄めた。一つ目に関して、陳瓊は次のように述べている。

『文昌化書』を読んでみると、その中に少し現実的でない言葉があるのを見つけ、疑念を抱いた。やがてよく吟味すると、おおよその趣旨は人々に徳行を積むことを教えるものであったが、「梓潼帝君陰騭文」の一篇とは表裏一体の関係であることがわかった。そのため、ここに書かれている言葉は一理あると深く信じ、批判はしない。……また私は文昌について一つか二つしか知らない。ほとんど天人ともいうべき存在なのか。あるいは神なのか。孟子は「大人であってさらには他人を教化できること、これが聖人であり、聖人であってさらには一般人が理解できない境地ならば神である」と言う。この深い問題は一まず置いておいて、人事を尽くせば天は必ず応えるということについてまず論じよう。科挙功名は出仕の手段であり、勉学に励むことは立身の根本である。勉学に励まず、功名を望むのは、あたかも種を蒔かずに収穫をするようなもので、間違いなく得られるものは何もない。学問への道は、自分の心を探し求めることから始まるが、順序を誤り、知を先に求めると、かえって自分の心を失うことになる。……必ず独りでいる時も慎み、注意深く行動しなくてはならない。全ての行動が修徳積善であることが物事の基礎であり、学問はここから始まる。学習すれば、知識が増え、知識が増えれば、度量が広くなる。度量が広ければ、徳を修めることができ、また福も集まる。これを実践して科挙に及第し、名声を得て、成功するのが人のなすことだろうか。なぜ、天のなすべきことではないのか。志を持つ士は、急いで名声を手に入れることはせず、懸命に知識を蓄える。また、いたずらに神頼みはせず、自分の心を常に管理し、知識を蓄え、学び、また休み、遊ぶ。(72)

ここでは、一目瞭然に文昌信仰が儒家思想に結び付けられている。またさらに、学生を励まし「学問への道は、自分の心を探し求めることから始まる」という方法によって学生の素養を高めている。そのため、文章中には「独りの時も慎み、注意深く行動しなくてはならない」や、「名声を手に入れることはせず、懸命に知識を蓄える。また、いたずらに神頼みはせず、自分の心を常に管理する」のような理学の基本的教義の言葉が満ちており、陳瑸が心を砕いたことが表れている。

二つ目について陳璸は「建文昌閣詳文」の中で、「もし落成すれば、階段を上って上階に行くことができるだろう。広大な海を見渡せば、文章の構想が次々と湧き出てくる。連なる山々を見れば、煌びやかで華麗な筆意になる。学者は一心不乱に勉強し、空いた時間には休息や遊覧をする。身を以て体験することで、より多く感動することができるだろう(73)」と説明している。また「新建文昌閣碑記」ではこれをさらに詳しく論じている。

この高楼に登って四方を見渡すと、東に山が高々と聳えて連なっており、脱俗の思いが頭をよぎる。南を望めば鳳山が聳え立ち、この場所からは全てを一望することができる。西には洋洋たる海が広がり、波が押し寄せる中に船舶が浮かんでいて、変幻自在な様子は言葉で言い表すことができない。北には万寿亭が雲を突き抜けて建っており、その門は万里に及ぶ。いつの日かこの島を出られることがあり、海外のさまざまな優れた者らと交流することができるだろうか。その時が来たら金門と馬祖を経由して、学者らが集まる宮殿に上がり、思い切り学問を論じたい。心を入れ替え、志を奮い立たせることで、この高楼は公明正大であり続けることの助けとなるであろう(74)。

陳璸は才筆を振るって文昌閣及び閣内に詩や絵画のように見事に叙述している。「この高楼に登って四方を見渡す」の一句では文昌閣を文雅の士に供し登臨する楼閣に変えている(75)。これは文昌閣を美学空間へと変化させ、想像力を存分に発揮することのできる芸術空間へと仕立て上げたことを意味する。そして一人の博学な儒者として陳璸がより重要視したのは、文昌閣が「洗心」と「励志」の学思空間を提供することである。そのため、前に描かれている多くの美しい自然の景色さえも儒者の心と天地との往来の媒介もしくは場とされる。そこで陳璸は徹底して文昌閣から祭祀空間としての機能を消去し、その空間の機能を美学化だけでなく芸術化、最終的には儒学化したのだった。

陳璸以降の儒者には、文昌信仰に対して比較的過激な反省の姿勢をとった人物ももちろんいるが、陳璸の文昌信仰に対するこの二種の転換の思想を継承した人物も存在した。陳夢林は『諸羅県志』「学校志」（書籍は康熙五十六年、一七一七に完成）の中で文昌祠を記録した後、不安に思い、以下の論を付け加えた。「文昌祠を建設することについて、昔の人は学生が運に恵まれて合格するために、道家の荒唐無稽な神を先師の傍に祀ったと思っている。しかし、世の中では儒学があるところでも、これらの神々の力を借りることが多く、金銭を費やし学風を創るということは、これもまた聖人聖道で教えを広めることであった。その営建を記念する。学宮に関することは全て左に並べる」。[76]この文では、文昌という「道家の荒唐無稽な神」を「先師の傍」に列ねることの不安を記している。しかし仕方なく、陳璸と同ように「金銭を費やし学風を創るということは、これもまた聖人聖道で教えを広めることであった」という言葉をもって、少しばかり儒学化したのである。

謝金鑾（福建侯官人、台湾に教諭として赴任）は『続修台湾県志』「学志」（嘉慶十二年、一八〇七）の中で、奎光閣、文昌祠、魁星楼、敬聖楼を記した後、大部の論議を展開している。この論で彼は、一方では文昌信仰に対して陳璸とは異なる批判的態度を示しているものの、また一方では結局道徳化を避けることができなかった。彼はまず「そして、道家はついに言った。天帝は梓潼帝君に文昌の学業運を司るよう命を下した。そのため祈祷を行う人々は、ほとんどが皆科挙功名を志して、そのご利益を求めたが、それは道から遠く離れてしまっている」[77]と批判し、また「道から遠く離れた」という一句は実に的を射ている。そして、次に載せた論述はとりわけ鋭い内容である。

しかし現在、文昌を信仰する者が書く書には、陰騭文、感応篇、丹桂籍、功過格があるが、内容はどれも福善禍淫について書いたものであり、身を修め自らを管理するというものである。功過格の道理では、日中は自分に関するすべてのことを記し、夜間は香を焚いて神に祈り尋ねる、……忠信の士はこの神を信じて奉り、日々謹んで生活する。また世間一般にいる、仁を心がけ、悪人でない者は、文昌に畏敬の念を抱いていなくとも文昌を信仰している。聖学が明らかでなくなってから、士は孔子や孟子の書を科挙功名の道具として取り入れたが、致知明理できなくなり、恥ずべき行いをした。もし突然禍福を恐れ、戒懼を知り、身を慎み、でたらめなことを行わない者がいるなら、それは梓潼の書を信じているからである。ゆえに、文昌のこの役割によって祭典を行うようになる。[78]

この内容では、文昌信仰の良書は大小なりとも儒家の「修身して己を整える」という作用を持っていることを認めている。しかも「聖学が明らかでなくなってから、士は孔子や孟子の書を科挙功名の道具として取り入れた」という時代、因果応報を教える文昌信仰は少なくとも愚かな者に「でたらめなことを行わなく」させることはできる。ここから、文昌信仰は最低限の道徳訓示の作用を持っていると認めてはいるものの、「聖学が明らかでなくなってから」の一句は全ての士人を罵るようであり、文昌信仰の流行に対する不満の心が言葉に溢れている。嘉慶六年（一八〇一）より文昌帝君が国家祭典に祀られるようになってから、学生の崇拝状況はさらに熾烈さを極めたのだろう。そのため謝金鑾はこれほどまでに深く嘆いたのだ。謝金鑾の言論は陳瓆による文昌信仰の道徳化の解釈と多少似通ったところがあるが、このような強い批判的態度を持っていることは、陳瓆とは別物として考えるべきである。

同治年間の蔡垂芳も謝金鑾と同様だと見ることができる。鳳山県にはかつて嘉慶十九年（一八一四）に鳳儀書院が建立され、同時に建文昌祠も建てられ、奎星と倉聖が配祀された。その敬字儀式の盛大さは前節に述べたとおりである。同治十二年（一八七三）蔡垂芳の建てた「鳳儀崇祀五子並立院田碑記」には鳳儀書院で文昌三神を専門に祀っていることに対して不満の意が語られている。

書院の創建について考えると、先賢を祀るのは学統を正すためである。学統が正しいからこそ、後世の人々は何を頼って学べばいいのかを知る。宋代理学の周敦頤、程頤、程顥、張載、朱熹の五夫子は、孔子の学問の流れを汲み、遠い昔の無知な者らを教育した。必ず斯堂を増祀して、春と秋にはこの五夫子を祀る祭祀を欠かしてはならない。まして鳳儀書院の土地税は昔と比べて倍にまで上がっている。書院の管理者は奮社の学生が挙げた功績を忘れて、発展に力を注がないことは有り得るのか。垂芳は自分が無力で劣っていることを恥じ、斯道でまだ功績を挙げておらず、ただ先人が志を成し遂げられなかったことを思い、現在でも彼らの言葉をいまなお覚えているのに、この風習が日々変わっていくのをただ耐え忍んで、出過ぎた事であったとしても前に出る責任を放棄するのか。(79)

ここでは儒家の学統を文昌信仰と対比させていることが非常に明らかで、さらに詳しく「書院の創建について考えると、先賢を祀るのは学統を正すためである」と指摘し、間接的に文昌信仰の過ちを批判している。また五夫子を「必ず斯堂を増祀して」と主張して、儒家道統の建設に対して祭典の持つ重要性をさらに説いている。この文章の末尾には「郡庠生である蔡啟鳳が息子である垂芳に敬意を払い、石碑を立てることを遺命する」と署名してあり、これは蔡垂芳が父親の遺言を受けて作ったものだということがわかる。文章中の「ただ先人が志を成し遂げられなかったことを思い、現在でも彼らの言葉をいまなお覚えている」が示しているのは、宋の五夫子を祀ろうと努めたことは蔡垂芳自身の意思ではなく、本源は父にあるということである。それのみならず、これは多くの儒生が持っていた見解だと言える。そして、文中の「この風習が日々変わっていっても」の一文、及び末段には「李公が鳳山県に来てから数か月間、物事の本質に遡り、士人の風習を心掛けたように、再び行うよう請願する」と記されており、その中で文昌の「風気」、「士習」を盲信することに対する不安と不満を表現している。陳瓚以外に道統、学統の思想から文昌信仰を批判した謝金鑾と蔡垂芳は、儒生階層のもう一つの典型を代表する人物だと言える[80]。

謝金鑾や蔡垂芳の犀利な風格に比べ、他の学者の多くは陳瓚の柔和で温厚な遺風を継承し、文昌信仰に対して全般的に寛容であった。しかし彼らの受け入れ方も陳瓚の提示した二種の解釈を超えることはない。まず一つ目は、道徳化することで功利的色彩を少し薄めていることである。似たような方法をとった者として嘉慶年間に来台した楊桂森が挙げられる。彼は「刊文昌帝君孝経序」の中で、民間の文昌善書と儒家基本思想は吻合していると再三再四強調している。例えば「孝は百行の本、五倫の初め。……孔子は「私の行動は『孝経』に準拠するものである。……儒者はこの経典の内容を熟知し、また実践していなければ、儒者にはなれない。……文昌帝君が『孝経』を流布させたのは、孔子の経典にまだ述べられていない事柄があったからではなく、文昌の『孝経』は全て孔経に基づいて作ったものであると知り抜いており、読者が容易に理解できるようになるためである[81]」と述べており、文昌孝経の果報を重んじることと、天命や瑞兆について語る緯書的色彩と儒家経学を混同している。そして「読者が容易に理解できるようになる」の一句は楊桂森が平易でわかりやすい文昌信仰を利用して儒家孝道を普及させることを目的としていたと説明している。

道光年間に彰化文開書院の建設を唱えた鄧伝安は、台湾書院史の中で地位を確立しており[82]、「修建螺青書院碑記」の中でも書院で文昌を祀るための説明を行って、儒学化のさらなる促進に努めている。

古の徳行道芸の書より、孝弟が必ず始まりとされた。後世の人々は文昌の神に祈ることを主とし、また「張仲孝友」の雅詩を始まりとした。しかし、書院で文昌を祀るのは、当然のことである。科挙に及第することを正しい道として勉学に励んだ結果、現在、朝廷に出仕することができるのだ。郷試では糊名の方法を以て不正を防ぎ、公正を期するために試験官は受験者の名前がわからない状態で文章を品評した。たとえ文章から道を理解できたとしても、受験者の心得る道と芸を試験するだけであり、彼らの徳行を知ることは出来ない。これにより名実は相応せず、不確かなものを強く頼りにするのである。もし天界にいる神を拝んだとしても、徳を根拠にして、信じれば成果が現れる。年末に模範生として推薦されたいならば、早朝から夜中まで自らを奮い立たせなければならず、また学業を修めるには、家で勉強しなくてはならない。上は実を求め、下は実に応える。人々が敬服する人物は、神の御加護があるのであり、士は古より怠らずに勉学している。[83]

ここでは、学生は科挙功名のみを重んじることに軽々しく同調することはせず、文昌信仰の重要点を科挙功名から「孝弟」へと転移させ、さらに「年末に模範生として推薦されたいならば、早朝から夜中まで自らを奮い立たせなければならない」や「上は実を求め、下は実に応える」の句では、文昌信仰を利用して、実学の修身を重視するよう後学を激励した。

同治年間の人物で苗栗出身の呉子光は、「文昌帝君祀典序」の中で「私の言う天道無私とは、要するに福善禍淫の意味と近い。人はただ心が善の傾向にあれば、善良のために全てが善と思う。神がここにあり、文章がここにあり、そして福命がここにある。勉学とは、種を植えることであり、これを捨てれば、他に何があるだろうか。いわゆる『芳しい明徳』である。こう言われている。私は星君と、星君を信仰しつつも世の中の道理を理解しない者に問う[84]」と書いて、天道、文章、福命等の概念を曖昧に十把一絡げにして論じている。これは鄧伝安の方法に似ているが、その趣旨は鄧伝安の明確さには及ばない。

また『彰化県志』を編纂した周璽は、「祠廟」に収められた〈文廟〉で文昌祠のことを記録している。彼はこの記録を記す中で、文昌祠について記すことに不安を感じたようである。「世間に流布している文昌帝君に関する書物は、『陰騭文』、『感応篇』、『勧孝文』、『孝経解』のような書で、教化の助けとなり、聖人の思いを失わなかったから、学者らはこれを崇拝し、常日頃から謹んで行動した。科挙功名を目指す者が祀って幸福を願うためにあるのではない。現在、彰化県にある文昌祠は非常に栄えており、学生を率いて募金によって集めたお金で廟を建て、勉学に励む場所とした。神明を借りて心身を戒めたことにより、文風は非常な盛り上がりを見せている[85]」と論を付け加えている。

咸豊初年に編纂された『噶瑪蘭庁志』は文昌祭典を最も詳しく記した志書である。陳淑均も「附考」の中で周璽と同様の見解を示し、世間に流布している文昌の諸書を「特に風俗に有益であり、聖人や教人の思想は失われなかった[86]」と見ている。志書の中では、宜蘭にある文昌祭壇の扁額に「仁孝維風」と書かれていることを載せている[87]。これは儒家思想によって文昌信仰が転化したもう一つの証拠だと言える。

陳璸が創った二種類目の解釈は、文昌を祀る空間をより美学化・芸術化・儒学化するものであり、これを受けて後世の学者たちも同様の見解を示している。嘉慶二年（一七九七）督学の任で来台した季学錦は「重修南社書院文昌閣序」の中で閣の所見を「魁山の連なる峰々を背に配し、南を見下ろせば大海は洋々として、実に雄大である[88]」と記している。これは陳璸を模倣したものであり、文昌閣を登臨眺望するには絶好の場所であると見做しているが、祭祀の機能については一言も触れていない。だが、陳璸が巧妙にこの空間の儒学化を進めているのに比べれば、この文章はいくらか及ばないところがある。

道光時代の人物、傅人偉は「芝山文昌祠記」の中で文昌祠空間の儒学化について力説しており、その文章の持つ精美な色彩は決して陳璸の「新建文昌閣碑記」に劣らない。彼は芝山を「空に届くほど高い峰々が四方を取り囲み、田畑は広大である。空中に聳え立ち頼る所がなく、怪石は笏の形状のように森厳に並べられ、樹木は画に書かれた木々のように鬱蒼と茂っており、渓流は帯のように細く渦を巻きながら流れている」と形容しているため、文昌祠の建設計画を優先し「学生たちに祠の中で勉強させる」

潘子を「志が非常に高い」と称賛している。続いて、「また、石の笏を見れば思・対・命を書くことを思い、林木を見れば人材の育成も長い年月が必要であることを思い、流れる水を見ては、学問は日々の積み重ねが重要であることを思うだろう。昔は外来の野蛮な言語のように無秩序であったが、今は学士らが詠じる歌のように文明的である。昔は、他国からの侵略を防ぐためにこの山にいた。しかし今は学問を志すためにこの地にいる。鍾毓のいる所、必ず伝道者がいる[89]」と、淀みのない文章で文昌祠のある空間と儒学を繋ぎ合わせた。文中では文昌祠の祭祀機能についてはー切触れられておらず、文昌祠が士子に遊息と学思の空間を提供する機能を有しているとのみ述べている。これは陳璸の「新建文昌閣碑記」に次ぐ傑作の一つである。

祠廟の建築問題に関する注目すべき興味深い現象の一つに、孔子廟大成殿と文昌祠がかつて軒高を争ったという故事がある。道光年間に彰化知県を任されていた黄開基（四川、永川の人）の書いた「修彰化県学碑記[90]」の中で、「まず、丙子、戊寅（乾隆二十一、二十三年）の両科で台湾の人数枠を獲得したのは全て、彰化の士であった。地方官の呉君は素直な性質の為、これで地方の文化が盛んになったと思い、荘厳な文昌廟を学宮の西側に建てるよう求めた。廟の高さは驚くべきことに大成殿よりも二尺高く、主と補の関係に反するのではないかと言う論者もいる。会試で優秀な成績を得る者が少なかったため、新しい聖廟を建てることを話し合い、恐らく学校が綺麗に修築されれば優秀な人材も輩出できると期待しているのだろう」という故事が語られている。文中の「論者」は孔子廟を主とし、文昌廟は補と考えていたため、文昌廟の軒高が「大成殿よりも二尺高い」ことは非礼だとしている。しかしこの礼の言葉だけでは、大成殿をより高く建設する理由にはならないようである。そのため、作者は生員の試験成績が芳しくないことを理由として付け加えることで、ようやく「聖廟重建」の目的とすることができたのである。重建後の孔子廟は「聖殿の高さを元よりも二尺七寸高く建て」とあるので、恐らく文昌廟の高さと大差ないだろう。これが建築に関する一部始終であり、鮮明かつ具体的に文昌信仰と儒学道統の争いが浮かび上がってくる。

上述のとおり、台湾における儒学発展の歴史の中で、文昌信仰と儒学道統の間には確執があり、儒生階層は文昌信仰を、科挙功名を追求する手段としていた。これは非常によく見られる現象であり、「庸俗化儒学」(vulgar Confucianism)に代表される一つの潮流であり、儒学が民間道教信仰の浸透を受け入れた事実をも表わしている。さらに、「真正的儒学」(authentic Confucianism)を志す儒者たちもまた自分なりの対策があり、それは例えば道統を堅持し、批判を行うことであったが、これを行った人物としては、謝金鑾と蔡垂芳が代表として挙げられる。また、陳璸が創った二種の解釈は、文昌信仰の通俗的教義を儒学化し、文昌祠の祭祀空間を美学化・芸術化・儒学化したので、儒者たちの支持を得ることになった。陳璸の解釈は全ての者を大いに満足させるほどではなかったが、思想史的意義に富んでおり、文昌信仰との熾烈な争いによって儒学教育が受ける傷害を回避することができた。それゆえ、後に楊桂森、鄧伝安、季学錦、傅人偉らの学者は、それを引き継いでさらに発展拡大したのだった。

四　敬字習俗の通俗教義と儒学教義

これまでに述べてきたように、敬字とは文昌信仰を伴ったものであり、かつ文昌信仰の中で最も儀式性のある宗教活動であった。その影響は儒生階層に止まることなく一般庶民にまで及んだので、一般慈善機構の主な活動の一つとなった。新竹県の慈善組織は惜字を堂々と義挙として取り上げ、石碑に刻んだ。例えば「明善堂開銷義挙条款碑」には「毎月人を雇って字紙を集め、本堂より多少の給料を与えた。磁器や瓦片に文字が書かれているものは、状態の良し悪しを区別せず風雨の中であっても収集に行き全て集めた(91)」と記してある。これによって、惜字は字紙に限られず、割れた磁器や瓦の欠片にある文字をも含んでいることを明らかに示している。惜字が仏道の慈善組織の義挙となったことは台湾のみに見えることではなく、大陸もまた同様である(92)。

惜字の背後にも意識形態の基礎があった。簡潔にいえば、惜字は二種類の教義を含んでいる。一つは仏教的色彩のある因果応報観、もう一つは文章や文字、言語を重んじる儒学の伝統を基にする観念である。しかし民間で主に流行したのは一つ目の教義であり、二つ目の儒者教義は、儒者が惜字活動の迷信的色彩を希薄化したいがために行った努力から生まれたものであった。

上述の通り、惜字・敬字の儀式は文昌三神信仰の主要な活動であり、その道教色は非常に顕著である。そして敬字は文昌に付会され、主に『文昌帝君功過律』の「惜字功律」二十四条と「褻字過律」二十九条に列記され、その内容には果報思想が満ち溢れている。例えば、「惜字功律」第一条には「生涯に渡って銀銭でもって字紙を買い家に収め、字紙を燃やした灰を香湯に入れ沐浴する者は、一万の功があり、十二年寿命が延び、富を得て、優秀で孝行者の子孫に恵まれる」。第三条には「字紙を多く収め、字灰を清浄な土地の地中深くに埋めた者は、千の功があり、流浪することなく安らかに生き、子孫は繁栄する」。第十三条には「器物や沢山の壁に書かれた文字を洗浄した者は、十の功があり、目が良く見えるようになる」とある。そして「褻字過律」二十九条中の第一条目には「人の金で焼香する予定の字紙を買い、無駄にする者は、百の罪があり、若くして死に、子孫は貧窮する」。第二条では「字紙を買う金を騙して巻き上げ、字紙を買って焼香しない者は、百の罪があり、必ず悪い病にかかって早死にする」。第三条では「字紙や経書を尊ばず、子弟を訓導せず互いに軽蔑侮辱する者は、百の罪があり、体中に悪性の出来物ができ、白痴や唖の子を生む」。第四条では「字紙を焼香する場所へ行き当たると、足で踏み消す者は、八十の罪があり、必ず悪性の腫瘍ができる」。第十条では「勧善書、惜字文を信じず、後世へ伝えない者は、三十の罪があり、一生窮迫した生活をおくり、親不孝者を生む[93]」と書かれている具合である。

引用した条文はほんの一部でしかないが、「褻字過律」における褻字の定義はとても広く、勧善書や惜字文を信じないことまでも含まれる。しかしながら罰に関しては非常に厳しく、当人が病という罰を受けるだけでなく、その子孫までも損害を受ける。これらの明確だが荒唐無稽な法則は、儒生階層の中では仏道迷信の荒唐無稽な話として見られている。しかし無視することもできず、安易に取り上げることもできない状態で、台湾の一部の儒生も儒学伝統の中で自分なりの敬字教義に発展させていった。その教義内容は主に二つの側面からなり、一つは文字の創造が人類文明史上最も重要であることを強調し、またもう一つは、文字は聖人が義理を託した場所であると強調している。それはハイデッガーが言うところの「言語は存在の家である」という意味に理解することができる。

本章第二節では彰化県の敬字活動を論じる際、陳学聖の「字灰」詩を引用し、詩中の「文字は倉頡が創成した。記念碑に文字が書かれていようとも、石自身が文字を知ることはない[94]」の句には、創字や識字の文明活動における倉聖の迷信に遡及しようとする意図が込められていることを説明した。乾嘉年間に詩文を大成させた章甫[95]は、「捐建敬聖亭序」において、このことについて非常に素晴らしい分析を行っている。

書は誰が造ったのか？　皇帝が易経を代々継承してきた。文字は誰が初めに創ったのか？　倉頡は文運を盛んにする奎宿の輝きを模倣した。結縄が廃れると、木簡に字を彫ることが盛んになった。遥か昔に科斗文字は形成され、繁栄してより後は文章がその代わりとなった。六体は揃って後世に伝わり、全て人々を教え導く道具となり、また五つの声調を全て合わせることで、啓蒙の役割を果たした。秦の始皇帝による焚書坑儒で多くの書が焼かれたが、原本はなお失われてはいない。魯垣が突き破られる前に、霊光が輝いたのだ[96]。

この中で最も強調している部分は、文字が持つ「人々を教え導く」、「啓蒙する」という文教効果である。そして「秦の始皇帝による焚書坑儒で多くの書が焼かれたが」以下四句は、儒学経典の伝播が文字に依存していることを暗示している。章甫はここで、敬字を儒学伝統の基本教義に帰属させることに成功している。文末では御多分に洩れず、「そもそも奉り敬うのは幸福を授かるためのものではないが、誠実であれば、自然と吉祥が降りてくる[97]」と述べているが、ここまでしか語られておらず、深くは論じていない。

章甫は「重修崇文書院文昌閣記」の中でも、「台湾には文昌閣が二つある。一つは郡の首学に設置されている朱子祠の後方にあり、建物全体は卦象に基づいて建てられている。もう一つは崇文書院講堂にあり、坤道のようである。……『文明』の意味を表わすとして、ご神体を南に向けて配置し祀る[98]」というように、「文明」の意味を使って文昌信仰を規定している。さらに、例えば「私は同僚とともに文昌閣に登り周辺を見まわすと、素晴らしい景色がさまざまに変化しており、今自分がいる文昌閣と、学校内にある射斗閣と聚奎閣の三つの閣が互いに照り輝いていた。また講堂を見下ろすと、授業を行っており、酒や詩文について論じているのが見えたので、在りし日の繁栄を思い出し懐かしむのである[99]」と語っているように、陳璸と同ように文昌閣の持つ学思空間という一側面を強調している。

道光年間に進士であった施瓊芳[100]（一八一五―一八六八）は「鳳邑鄭嶠敬聖亭碑を新建する序、李天富のために作る」の駢文の中で、創字に重点を置くことの大いなる意義について「元来文字は結縄の代わりに使われるほど大切なものである。しかし、人々が愚かであったため、無用な物として見られてしまった[101]」と記している。彼も惜字を儒家経典に結び付け、「倪狂士は毛詩を燃やして、依然として蝋燭の代わりとしている。游貴人が論語を燃やすのは、薪が足りないからではない。こうして風俗は頽廃するのだろう[102]」と述べているが、ここで彼が注意しているのは文字を軽視することへの悪報ではなく、経典を汚す頽廃的風潮である。字灰を海川へ流す儀式に対して、彼は「清流へ送る」と解釈しており[103]、儒家の本義と非常に重なる。

次に、「文字は聖人が義理の学を託した場所である」という理論の構築に関しては、鄭兼才（福建の永春出身）の「捐建敬字堂記」を代表的作品として挙げることができる。この文章における儒学の立場は堅固であり、緻密かつ精巧に立論している。

倉聖を祀る者は、字紙を大切にするから、文字の出自を敬っているのである。最初は文字という存在に感謝の気持ちを込めて祭祀していたが、長い月日を経てその敬虔さが失われるのを恐れ、土地を買い財産を蓄え、賽銭や使用人たちの給金をここから支払うようになった。祭祀の制度を整えることで敬を後代まで伝えるのだ。……人の心を動かすほどの敬虔さを持たない者に、このようなことができるだろうか。謹んで申し上げる。字紙は単なる知識の痕跡である。聖人が文字を作るのは、忠孝信義を知って欲しいからである。書に文字が書いてあれば、見ることで心を戒め、理解することで生活に実践できる。だから朝廷にいる官員や郷里にいる有識者は、皆必ず文字から知識を得ている。だから本当に敬だけが重要なのだろうか。私はこの堂に登る人にこう願うのである。字紙で聖人が文字を作る本意を深く会得し、絶対に盲目的に崇拝してはいけないと。倉聖の崇拝は、文昌と魁星とともに学校で行われており、単なる字紙崇拝ではないのだ。私は喜んでこのことを記して、再び敬字の実について語った(104)。

この文中では、前述の陳学聖、章甫、施瓊芳らが「作字」の功を重視したことだけではなく、聖人が作字する目的は「忠孝信義を知って欲しいから」だとさらに強調している。しかし、口で述べたことは忘れ易いものだと恐れ、「書に文字が書いてあれば、見ることで心を戒め」ることができると述べている。これは、惜字と敬字の宗教儀式を作字識字の人文活動に戻し、さらに作字識字を聖人の教化に必須の道具だとしている。「私はこの堂に登る人にこう願うのである」と「私は喜んでこのことを記して、再び敬字の実について語った」などの言葉は、彼が述べた儒学教義の下でのみ、惜字風俗を受け入れるということがはっきりと示され、この教義こそが「敬字の実」であると強調しており、民間宗教の敬字が「敬字の虚」であると暗に批判している。鄭兼才の論述戦術は非常に優れており、惜字の果報概念を真正面から批判することはしていないが、儒学の敬字教義がなすべき務めであると陳述することで民間の迷信を正しい方向へ導き、さらに非常に価値のある儒家の文字観を提出した。[105]

結論

仏教が伝来してから道教は勃興し、儒学は宋元明清の数代に渡りつらい過酷な挑戦を強いられた。宋元以来の一部の儒学史は、儒学と仏道とが互いに抗衡し、また互いに適応した歴史だったと言っていい。儒家の立場に立てば、自然と仏道を脅威と感じ、儒生階級の影響力を維持するため、思想内容の調整をせざるを得なかった。しかし仏道の立場に立つと、儒家の思想を少しでも吸収・付会しなければ、漢族社会での生存・発展はできなかった。これが三教が合流した現実的な要因である。当代の儒者は、現実が儒家にもたらす圧力について述べる時、往々にして政治からの圧力であったり（例えば徐復観）、仏釈の思想挑戦であったり（例えば牟宗三）、またあるいは西洋、欧化派の抑圧であったりを対象とした。そのため今日まで儒家の民間道教への影響について注目されることは比較的少なかった。

任継愈らの学者はすでに「帝王以下、王公、大臣、官吏、太監、百姓の全ての人々が、仏教や道教などの神々や民間信仰の雑神を信仰したことで、明代に至って宗教は人々の社会的生活において重要な要素となった」ということに注目していたが、それは儒生階層も例外ではなかった。明代以来、道教の内丹術に熱中した儒士は少なくなく、清代の鸞書の流行も儒生間迷信的思想傾向を造り出した。[107] ほかの一部の大陸の学者も書院が道教の影響を受けたことについて論じている。[108] 中でも、丁鋼と劉琪は「書院与寺観関係一覧」を執筆しているが、ここから書院観と寺観は建築の上で常に異なる時代のものを互いに使用していたことがわかる。これは三教合流の具体的な証拠である。

台湾は明清時期に中国の領土となり、明清時期に大陸に現れた三教合流の現象も自然と台湾に現れた。その上、台湾は移民社会であるために、非常に迷信的であった。敬字儀式の極端な加熱ぶりから、道教興盛の一端を垣間見ることができる。道教では文昌信仰と儒生階層が密接な関係にあったので、台湾でも儒生が文昌を盲信する現象が起こり、また正統な儒者らがこれらの現象を扶助していたことがわかる。これらの儒者が文昌信仰を批判・導き正す際に発揮・発展してきた見解は、儒教と道教の相互干渉の思想史の中で非常に貴重な材料であり、台湾が中国儒学史に参与した重要な証拠でもある。

＊初稿は一九九七年四月に成功大学中文系と台南孔廟主催で行われた第一回「台湾儒学」国際会議における発表によるものである。定稿は『台大文史哲学報』第四十六期、一九九七年六月に収録している。

注

（1）鄭成功から日本統治時代に関する台湾の儒学概況については、本書第一章を参考のこと。

（2）孔子廟の祭典制度と儒家道統の関係に関しては、「学術与信仰――論孔廟従祀制与儒家道統意識」『新史学』第

五巻第二期（一九九四年六月）一—八三頁。

（3）上記の孔子廟の歴史に関しては、高文、范小平『中国孔廟』（成都、成都出版社、一九九四年）一—一三頁を参照されたし。

（4）呂宗力、欒保群『中国民間諸神』（台北、台湾学生書局、一九九一年）一〇五頁。

（5）呂宗力、欒保群『中国民間諸神』一一一頁を引用。

（6）任継愈『中国道教史』（上海、上海人民出版社、一九九〇年）四六二頁。

（7）呂宗力、欒保群『中国民間諸神』一二一頁。

（8）呂宗力、欒保群『中国民間諸神』一一三頁を引用。

（9）任継愈『中国道教史』六七四頁。

（10）王必昌『重修台湾県志』（台北、台湾銀行経済研究室、台湾文献叢刊第一一三種、一九六一年）一八八頁。

（11）呂宗力、欒保群『中国民間諸神』一一九—一二〇頁から引用。

（12）陳文達『台湾県志』（台北、台湾銀行経済研究室、台湾文献叢刊第一〇三種、一九六一年）五七—五八頁。

（13）陳文達『台湾県志』六〇頁。

（14）陳文達『台湾県志』六〇頁。

（15）陳文達『台湾県志』六〇—六一頁。

（16）周元文『重修台湾府志』（台北、台湾銀行経済研究室、台湾文献叢刊第六六種、一九六〇年）四七頁。

（17）周元文『重修台湾府志』三六頁。

（18）范咸『重修台湾府志』（台北、台湾銀行経済研究室、台湾文献叢刊第一〇五種、一九六一年）二七一頁。

（19）陳夢林『諸羅県志』（台北、台湾銀行経済研究室、台湾文献叢刊第一四一種、一九六二年）六八頁。

（20）陳文達『鳳山県志』（台北、台湾銀行経済研究室、台湾文献叢刊第一二四種、一九六一年）五七—五八頁。

（21）王必昌『重修台湾県志』一八八頁。

（22）王必昌『重修台湾県志』三七六頁。

（23）王必昌『重修台湾県志』一八八頁。

(24)『辞源』「奎宿」条を引用。
(25)呂宗力、欒保群『中国民間諸神』一三四頁。
(26)顧炎武『日知録』。
(27)銭大昕『十駕斎養新録』(台北、台湾商務印書館、一九五六年)、四五八頁。
(28)王必昌『重修台湾県志』三九八頁。
(29)王必昌『重修台湾県志』三九八頁。
(30)范咸『重修台湾府志』七八一―七八二頁。
(31)范咸『重修台湾府志』七六七頁。
(32)余文儀『続修台湾府志』(台北、台湾銀行経済研究室、台湾文献叢刊第一二一種、一九六二年)九八三―九八四頁。
(33)謝金鑾『続修台湾県志』(台北、台湾銀行経済研究室、台湾文献叢刊第一四〇種、一九六二年)一六一頁。
(34)謝金鑾『続修台湾県志』一六一頁。
(35)張廷欽が道光三年(一八二三)に書いた「敬字亭木碑記」に見える。盧徳嘉『鳳山県采訪冊』(台北、台湾銀行経済研究室、台湾文献叢刊第七三種、一九六〇年)三四五頁に収録されている。
(36)周璽『彰化県志』(台北、台湾銀行経済研究室、台湾文献叢刊第一五六種、一九六二年)一五四頁。
(37)陳淑均『噶瑪蘭庁志』(台北、台湾銀行経済研究室、台湾文献叢刊第一六〇種、一九六三年)一一七頁。
(38)陳淑均『噶瑪蘭庁志』一八八頁。
(39)林豪『澎湖庁志』(台北、台湾銀行経済研究室、台湾文献叢刊第一六四種、一九六三年)一一〇―一一一頁。
(40)林豪『澎湖庁志』三〇四頁。
(41)陳淑均『噶瑪蘭庁志』一八九頁。
(42)陳淑均『噶瑪蘭庁志』一八八―一八九頁。
(43)林文龍「記台湾的敬惜字紙民俗」『台湾風物』第三四巻第二期(一九八四年六月)三二頁。
(44)沈茂蔭『苗栗県志』(台北、台湾銀行経済研究室、台湾文献叢刊第一五九種、一九六二年)一一三頁。
(45)陳培桂『淡水庁志』(台北、台湾銀行経済研究室、台湾文献叢刊第一七二種、一九六三年)二九七頁。

(46) 盧徳嘉『鳳山県采訪冊』一五八頁。
(47) 林豪『澎湖庁志』三〇四頁。
(48) 恒春県儒学教育状況については、本書第一章を参照のこと。
(49) 屠継善『恒春県志』(台北、台湾銀行経済研究室、台湾文献叢刊第七五種、一九六〇年)一九六頁。
(50) 周璽『彰化県志』一五三頁。
(51) 周璽『彰化県志』四九一頁。
(52) 周璽『彰化県志』一四九頁。
(53) 周璽『彰化県志』二八九頁。
(54) この根拠は彰化の学者である台湾大学哲学学科林義正教授の口述によるものである。一九九六年一二月一八日、中研院中国文哲所主催「東亜近現代儒学的回顧」国際会議より。
(55) 陳培桂『淡水庁志』二九七頁。
(56) 陳培桂『淡水庁志』四〇八頁。
(57) 沈茂蔭『苗栗県志』一一三頁。
(58) 陳朝龍『新竹県采訪冊』(台北、台湾銀行経済研究室、台湾文献叢刊第一四五種、一九六二年)二四四頁。
(59) 陳朝龍『新竹県采訪冊』二四七―二四八頁。
(60) 陳朝龍『新竹県采訪冊』一八八頁。
(61) 陳朝龍『新竹県采訪冊』一八九頁。
(62) 倪贊元『雲林県采訪冊』(台北、台湾銀行経済研究室、台湾文献叢刊第三七種、一九五九年)一五頁。
(63) 倪贊元『雲林県采訪冊』四八頁。
(64) 倪贊元『雲林県采訪冊』一五八―一六〇頁。
(65) 反文昌信仰の著名の例には、明初曹端(一三七六―一四三四)の「梓潼主斯文、孔子更主何事?(梓潼が斯文を主張するなら、孔子はさらに何を主張するのか?)」や、清初顔元(一六三五―一七〇四)が文昌帝君を「曰司天下士子科名貴賤、以欺弄文人、可謂妖矣(天下の学者、科挙功名、貴賤を司るといって文人を騙し愚弄する邪悪なものである）」と言っていることの他に、乾隆時代の陸燿は「近人又因文昌之社、而有惜字之会、推其所以惜字之故、仍不出媚神以求富貴（最近の人は文昌の廟に影響され惜字の会を開いている。その字を惜しむ理由も、所詮は富を願うために神に媚びるためである）」と述べている。以上は梁其姿「清代的惜字会」『新史学』第五巻第二期（一九九四年六月）八六、一〇三、一〇六頁を参照。

(66) 黄典権『台湾南部碑文集成』（台北、台湾銀行経済研究室、台湾文献叢刊第二一八種、一九六六年）二七七頁を参照。

(67) 陳朝龍『新竹県采訪冊』二四五頁。

(68) 陳朝龍『新竹県采訪冊』二四七頁。

(69) 陳璸の生い立ちと思想の簡単な紹介については、本書第一章と第二章を参考のこと。

(70) 陳文達『台湾県志』二三四頁。

(71) 陳文達『台湾県志』二五四頁。

(72) 陳文達『台湾県志』二五三頁。

(73) 陳文達『台湾県志』二三四頁。

(74) 陳文達『台湾県志』二五三頁。

(75) 陳璸は文昌閣が落成した後、「文昌閣落成」の一首を書いた。そして、郡司の馬王礼も「登文昌閣」を書いている。陳文達『台湾県志』二六七―二六八頁を参照。

(76) 陳夢林『諸羅県志』六九頁。

(77) 謝金鑾『続修台湾県志』一六二頁。

(78) 謝金鑾『続修台湾県志』一六二頁。

(79) 盧徳嘉『鳳山県采訪冊』三五一頁。

(80) 鳳山県の儒家教育の概況とそれが表す思想史の内包は本書第四章を参考のこと。

(81) 周璽『彰化県志』四一九―四二〇頁。

(82) 台湾の書院が明末の沈光文らの遺老を祀っている先例を明らかにしたことは鄧氏の主要な貢献の一つである。

本書第一章を参考にされたし。

(83) 周璽『彰化県志』四六二頁。

(84) 沈茂蔭『苗栗県志』、二二二頁。

(85) 周璽『彰化県志』、一五三頁。

(86) 陳淑均『噶瑪蘭庁志』、一一四頁。

(87) 陳淑均『噶瑪蘭庁志』、一一七頁。

(88) 謝金鑾『続修台湾県志』、四六〇頁。

(89) 陳培桂『淡水庁志』四〇八頁。

(90) この文章は『台湾教育碑記』(台北、台湾銀行経済研究室、台湾文献叢刊第五四種、一九五九年)四六―四七頁に収録されている。

(91) 陳朝龍『新竹県采訪冊』一九二頁。

(92) 大陸の惜字活動に関しては梁其姿の「清代的惜字会」を参考のこと。

(93) それぞれ林文龍「記台湾的敬惜字紙民俗」より引用。

(94) 周璽『彰化県志』四九一頁。

(95) 章甫の生涯と詩歌の特徴に関しては、陳昭瑛『台湾詩選注』(台北、正中書局、一九九六年)六九―七六頁を参考にされたし。

(96) この文は謝金鑾『続修台湾県志』に収められている。引用文は四五八頁に収められている。

(97) 謝金鑾『続修台湾県志』四五九頁。

(98) 章甫『半崧集簡編』(台北、台湾銀行経済研究室、台湾文献叢刊第二〇一種、一九六四年)六九頁。

(99) 章甫『半崧集簡編』六九頁。

(100) 施士洁は丘逢甲と並ぶ光緒年間にの大詩人である。施士洁の生い立ちと詩作の風格については陳昭瑛『台湾詩選注』、一四六―一五四頁を参考にされたし。

(101) 施瓊芳『石蘭山館遺稿』上冊(台北、龍文出版社、一九九二年)九五頁。

(102) 施瓊芳『石蘭山館遺稿』上冊、九五頁。
(103) 施瓊芳『石蘭山館遺稿』上冊、九六頁。
(104) 謝金鑾『続修台湾県志』五一九―五二〇頁。
(105) 先秦儒家が語言文字を重んじていたという見解は、荀子の「君子之於言、志好之、行安之、楽言之、……故贈人以言、重於金石珠玉；觀人以言、美於黼黻文章；聴人以言、楽於鐘鼓琴瑟」(『荀子』「非相」)などに見える。
(106) 任継愈『中国道教史』六六二頁。
(107) 任継愈『中国道教史』五八〇頁。
(108) 如丁鋼、劉琪『書院与中国文化』(上海、上海教育出版社、一九九二年)。楊布生、彭定国『中国書院与伝統文化』(長沙、湖南教育出版社、一九九二年)。

附録　台湾における文昌帝君を主神とする廟宇の概況

県／市	寺廟名称	住所	建立時期	備考
台北県	大観書社文昌廟	板橋市黄石里文昌街12号	光緒22年(1896)	
	文昌祠	新荘市碧江街20号	光緒元年(1875)	
	振文社	淡水鎮永吉里清水街208号	嘉慶9年(1804)	俗称：文昌祠
新竹県	文林閣	芎林郷文林村文山街164号	光緒2年(1876)	
苗栗県	文昌祠	苗栗市緑苗里中正路346号	光緒13年(1887)	
	五聖宮	頭屋獅潭村8鄰65号	光緒26年(1900)	李老君、観音仏、孔子、関聖帝君を主神とする
台中市	文昌公廟	南屯区万和路一段51之1号		
	文昌廟	北屯区昌平路二段41号	道光5年(1825)	俗称：文蔚社・文炳社
台中県	文昌廟	東勢鎮東崎街文昌新村5号	同治2年(1863)	俗称：孔子廟
	文昌廟	大肚郷磺溪村文昌路60号	光緒14年(1888)	五文昌（文昌帝君、関公、魁星、呂洞賓、朱衣）を主神とする
	文昌宮	大甲鎮文武路116号	光緒13年(1887)	孔子と共に主神とする。俗称：孔子廟
彰化県	文武廟	鹿港鎮街尾里青雲路2号	嘉慶11年(1806)	
南投県	藍田書院文昌祠	南投市営北里下庄巷21号	道光13年(1833)	
	文昌祠	草屯鎮新庄里史館路文昌巷30号	道光28年(1848)	俗称：玉峰社
	明新書院崇徳堂	集集鎮永昌里東昌巷4号	光緒11年(1885)	
	文昌廟	魚池郷東光村慶隆巷	民国36年(1947)	孔子と共に主神とする
	文昌桂宮	竹山鎮雲林里下横街1号	同治元年(1862)	五文昌を主神とする
雲林県	振文書院	西螺鎮広福里興農西路6号	嘉慶4年(1799)	
	聖安宮	北港鎮華勝里華興街17号	民国49年(1960)	五文昌を主神とする
台南市	銀同祇廟	府前路122巷68弄8号	道光2年(1822)	保生大帝と共に主神とする

台南県	振文宮	麻豆鎮東角里		五文昌を主神とする
	文昌祠	白河鎮玉豊里海豊暦39号		
高雄県	文昌宮	林園郷王公村4号	民国初年(1912)	
	萃文書院文昌祠	内門郷観亭村観音街42号	道光24年(1844)	
屏東県	関帝廟	内埔郷東勢村南巷55号	康熙末年(1722)	孚佑帝君、関聖帝君と共に主神とする
	慈雲堂	万巒郷五溝村東興路15号	民国44年(18)	孚佑帝君、関聖帝君と共に主神とする
宜蘭市	文昌廟	文昌路66号	嘉慶2年(1797)	

1992年『重修台湾省通志』収録の『住民志・宗教篇』(1087-1379頁)を整理したものである。

第四章　清代における鳳山県の儒学教育

一　鳳山県儒学教育制度の概況

明永歴十五年（一六六一）、鄭成功が台湾の南部に一府二県を設立した。即ち承天府、天興県、万年県である[1]。万年県とは清代には鳳山県であった[2]。清代の鳳山県は今日の鳳山市よりも大きく、現在の高雄市と高雄県の一部及び屏東の一部も含んでいた。康熙二十二年（一六八三）、鄭氏政権は清朝に降伏し、清朝は鄭成功の行政区を一府三県、即ち台湾府と、その下に台湾県、諸羅県、鳳山県を改めて設置し管轄した[3]。その中で鳳山県は「東は淡水溪に至り、西は打鼓山港に至り、南は沙馬磯頭に至り、北は二層行溪に至る」というような土地であった。打鼓山港は現在の高雄港であり、沙馬磯頭は現在の屏東の猫鼻頭、また二層行溪は現在の二仁溪である[4]。

官制に関しては、清代には、府では知府を設け、県では知県を設けていた。台湾知府は台湾における最高位の行政長官ではあったが、事実上は常に「台廈巡道の牽制を受けていた[5]」。康熙二十三年

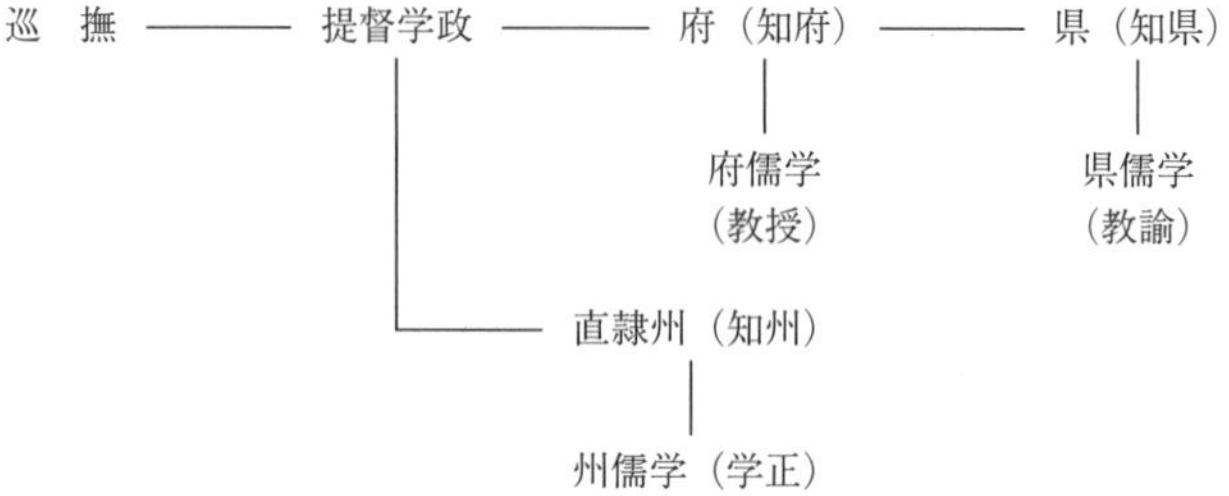

（一六八四）、清朝が台湾を統治した初期にはすでに福建省は分巡台廈兵備道を設置し、台湾とアモイを管理していた。康熙六十年（一七二一）に「兵備」の二字を取り除き、「分巡台廈道」へと名前を変えた。雍正六年（一七二八）になると、分巡台湾道を独立して設け、台湾と澎湖を管轄した。乾隆三十二年（一七六七）には再び兵備の二字を加え、台湾兵備道となった。乾隆五十三年（一七八八）にはまた再び按察使職を加え、「官位正三品、皇帝に自らの官職を名乗り上奏できる権利を持ち、その権力の大きいことと任務の重大なことは推して知るべし。」という状態であったが、乾隆四十七年（一七八二）にはさらに楊廷樺が「従二品」の官位を授かり台湾道に就任している。このような状況を見れば、清政府が台湾を重視していなかったと言うことはできない[6]。

教育行政に関しては、提督学政を一省の学校行政を統轄する者とした。巡撫を省治の最高行政官とし、巡撫の下に府治を置いた。府には府儒学があり、教官を教授と称した。直隷州には州儒学を置き、教官を学正と称した。府治の下には県があり、県にある県儒学では教官を教諭と呼んでいた。またどの儒学でも訓導を設け、教務の補助に当たらせることができた。府学・州学は府あるいは州治に従属し、知府・知州に管轄された。また、県儒学は県治に属したため、知県の管轄下にあった。この教育行政体系は上記の表のようになっている。

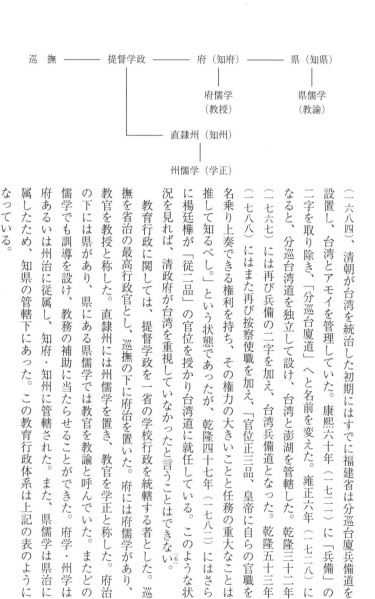

これが清代の一般的な教育行政体系だが、台湾では少々異なっている。台湾が福建省の一府治に属していた時、府儒学と県儒学しか存在しておらず州儒学はなかったが、光緒十一年（一八八五）の省設置後も学正が置かれることはなかった。(7)

鳳山は清初に設置された県であったため、県儒学のみが置かれた。一般的に鳳山県儒学の設立は康熙二十三年（一六八四）されており、これは主に高拱乾の『台湾府志』（以下「高志」）の「鳳山県儒学は県治の興隆荘にある。康熙二十三年、知県の楊芳声によって建てられた(8)」を根拠としている。ただし、高志よりも早くに記された、台湾における最古の志書には異なる記載がされている。蔣毓英の『台湾府志』（以下「蔣志」）では「鳳山県儒学は康熙二十四年にはまだ建てられておらず、知県の楊芳声は偽りの政権が遺した家屋を文廟に改修し、先聖や先賢の位牌を祀った。土墼埕では春と秋に祭祀が行われている(9)」と書かれており、この志書は康熙二十四年（一六八五）のもので、その年に起きた事柄が書かれているので、誤りはないだろう。またこの志書は清の初めに成立していることから、鄭氏政権を「偽り」の政権としている。これによって、鳳山県儒学が康熙二十三年（一六八四）に設けられたという高志の説は正しくないことが見て取れる。しかし高志の方が、記述内容が比較的詳細であり、また比較的広範囲に流布したため、多くの学者が鳳山県儒学の成立は康熙二十三年（一六八四）という不正確な説を受け入れることとなった。(10)蔣志の「学校」は一部記述が比較的簡略化されているが、その主な原因として、清朝が台湾を統治してから二年しか経っていなかったため辺境の土地は草創段階にあり、記述するに値しなかったという事情がある。実際のところ蔣毓英はこのことを案じており、巻六の「学校」では「台、鳳、諸の三か所の邑に、文教の道を繋ぐために一刻も早く文廟を建設しなくてはならない(11)」と書いている。

康熙二十五年（一六八六）に就任した初代分巡台廈道の周昌[12]は、就任した直後の「詳請開科考試文」という公文の中で、当時の台湾知府である蔣毓英の意見を伝え、「本道（周昌の自称）着任後、鄭氏政権時代に進学した学生が夜中も勉学に励む一方、後輩の若い学生が楽しげに学習している様子を覗き見た[13]」というように興学を強く提唱した。この個所では鄭氏政権を「偽り」と見なしてはいるが、無意識のうちに鄭氏政権時代の教化の成果を表している。周昌は、「一府三県の全ては内地の事例に基づいて、文廟を四座建立して先聖を祀り、傍らには衙斎を四棟設置し、講堂する。しかし、この辺境は開かれたばかりで、生員も少なく、学校一校に一人の教職員しか置くことができない。教員登用試験が行われるのを待って、学生を教育する[14]」と力説しており、康熙二十五年（一六八六）まで台湾に正式な儒学機構は存在しなかったことがわかる。しかし周昌がこの公文を出した二年後、つまり康熙二十六年（一六八七）にようやく清政府は第一期教授・教諭派遣を行った。初代台湾府儒学教授は林謙光であり、また初代台湾県儒学教諭は傅廷璋、初代鳳山県儒学教諭は黄賜英、初代鳳山県儒学教諭は陳志友であった。四名全て康熙二十六年（一六八七）に就任している。よって、康熙二十四年（一六八五）の鳳山県儒学には粗末な孔子廟のみがあり、講堂もなく、正式な教学は康熙二十六年（一六八七）になってようやく開始されたのである。

府県儒学の他には、社学も設けられた。蔣志には「台湾府には社学が三校あり、うち二校は台湾県東安坊に、残り一校は鳳山県土墼埕にある。全て郡守蔣の寄付によって建てられ、教師を招聘して貧しい子弟らを教え導いた[15]」と書かれているところから、社学は府県儒学に比べて規模が非常に小さく、蔣毓英の寄付によって設立され、県学よりも早い時期に成立したので、蔣氏が志を編纂した康熙二十四年

（一六八五）にはすでに教師がおり、教学も始められていた。また鳳山県の社学があった土墼埕という土地は、知県の楊芳声が文廟を建設した場所でもある。

鳳山県儒学の初代教諭黄賜英は福建晋江出身である。康熙二十六年（一六八七）の就任後すぐに学田を寄付し、「文廟の供物及び学生の月謝に充てた。人々は彼の徳を碑に記し学宮に安置して祀った[16]」と書かれていることから、初代台廈兵備道、台湾知府、及び鳳山県知県、鳳山県儒学教諭はみな文教を特別に重視しており、鳳山県の儒学教育に良好な基礎を築いたことがわかる。

楊芳声の後、文廟を建設した鳳山知県は宋永清であった。彼は康熙四十三年（一七〇四）に就任し、就任後間もなくして給金を寄付して文廟や学宮を建設した[17]。学者は「彼は到着するやいなや文廟の建設を始めた[18]」と評価している。康熙四十八年（一七〇九）、宋永清は文廟田を開き、収穫した粟を税として納めた以外に、「二十石を文廟殿を管理する者の俸禄に充てた。初め、貢生と廩生がこの仕事を務めた」。この他にも、「文廟や義学の修理のための費用」としても備蓄された。宋永清はさらに二年目（一七一〇）に、義学（即ち書院）を「興隆荘文廟の左側」に建てた[19]が、経費を提供する義学田は一年前にすでに購入・設置していたことから[20]、宋永清の計画の周到さが窺える。しかし、乾隆二十九年（一七六四）の王瑛曽の『重修鳳山県志』には、この鳳山県における初めての書院はすでに廃校となったことが書かれている[21]。

文廟学宮を建設した三人目の人物は知県の李丕煜である。李氏は康熙五十六年（一七一七）に就任したが、康熙五十八年（一七一九）には文廟が「建物は虫に食われ、ほとんど倒壊していた[22]」ため建て直し、この再建によって「壮麗雄大[23]」であると讃えられた。その後、乾隆二年（一七三七）、鳳山県の兵馬司指揮である施世榜が再び募金して修復を加えた。この後さらに二度の修復が行われた。一度目は乾隆十七年（一七五二）に知県の呉士元により、もう一度は光緒元年（一八七五）に儒学訓導の葉滋東によって行われ、三年後に完成した[24]。鳳山県における文廟の比較的大規模な修復は合計すると六回ある。この六回の修復はどれも文廟の建築全体に影響を与えており、文廟をより完全なものへと建築するに従い、文廟の持つ機能も強化されたと言うことができる。

高拱乾の説によると、楊芳声が鳳山県廟学を初めて建設した時、「後ろには啓聖祠があり、廟学の前には天然の泮池があった[25]」としており、二回目の建設を行った宋永清は「先人の建てたものをより高く大きく建て替えた。大成殿は前に、啓聖祠は後ろに配置し、両廡と櫺星門を完備した[26]」とあることから、楊芳声は大成殿と啓聖祠のみを建立し、それらは比較的小さかったため、宋永清がより高く大きく建て替えただけでなく、両廡と櫺星門を加えて建設したということがわかる。さらに台湾には台風が多く、気候も多湿のため、「建物は虫に食われ、ほとんど倒壊していた[27]」ことから、知県の李丕煜が康熙五十八年（一七一九）に建て替えた。当時の教諭富鵬業の書「重修鳳山文廟記」によれば、台風の影響で文廟の廟門、櫺星門、及び両廡の垣が倒壊したことがわかる[28]。これにより、今回の建て直しには「質を重視し、華美であることは必要としない。頑強で長い年月耐えることができることを目指し、いい加減な仕事をしてはならない」ということを原則としたことから、この建て直しで使用された建築材料は以前よりも良質なものであることが読み取れる。

乾隆二年（一七三七）の施世榜による建て替えに関して、志書には詳細な記述がなく、『重修鳳山県志』に数言のみ、「瓦屋根の張った建物が数軒あるが、そのほとんどは規格が完全でない[29]」とだけ記載されている。『鳳山県采訪冊』はこの数言をそのまま書き写している。しかし、もし康熙五十八年（一七一九）

の三度目の建て替えですでに「頑強で長い年月耐えること」を重んじており、また廟の外観が「壮麗雄大」であるならば、施世榜の建て替えの成果は「瓦屋根の張った建物数軒」のみということに疑問を感じる。この三度目と四度目の建て替えの間には十八年の年月があり、文廟はある程度の修復が必要な状態であっただろうことが予想される。この間、朱一貴が鳳山で武装蜂起し、康熙六十年（一七二一）から二年間に渡った軍事衝突により、文廟も被害を受けているだろう。

これより後、最も注目すべき建て替えと増設の行為として挙げられるのは、乾隆十一年（一七四六）に知県の呂鍾琇が行った崇聖祠（雍正元年に「啓聖祠」を「崇聖祠」と改名）の左に朱子祠を建て、並びに七部屋、中に享堂を三部屋、左右に輔舍を各二部屋建てた建設である。[30]このことは朱子学が鳳山県の儒学教育に影響を与えていたことを示している。呂鍾琇はさらに崇聖祠の右側に教諭の家を建てた。[31]ここには合計十五部屋があり、母屋が七部屋、学舍が左右に各四部屋あった。[32]教師と学生により落ち着いて学習させることを目的としていた。呂鍾琇の増設はこれでも小規模に属する。六年後（一七五二）の、知県呉士元の建て替え建て増しの規模はより大きいものとなった。呉士元は義路、礼門坊、明倫堂、名宦祠、郷賢祠、訓導宅を増設した。[33]光緒元年（一八七五）に葉滋東が改修工事を行ったが、呉士元が建てたものに修繕を施すことを主とし、崇聖祠の右側の奎樓のみを新しく建てた。これは光緒三年（一八七七）に完成し、高さは三丈、奥行きと幅はそれぞれ一丈四尺八寸あった。[34]

儒学の下位分類として義学（書院）と社学があるが、蔣毓英が鳳山県に社学を建て、宋永清が書院を建てたことはすでに述べた。宋永清が建てた書院は雍正四年（一七二六）に「知県の蕭震は城東廂に移設し、講堂二部屋、左右に学舍を設けた[35]」というような増設が行われ、この後幾度も増設、改修が繰り返された。しかしなぜか乾隆二十九年（一七六四）の『重修鳳山県志』にはすでに廃校にされたと記述されている。宋永清が建てた台湾初例の書院以外にも、書院は多くの地域で建てられていた。

1　正音書院　鳳山県治東門内、雍正七年（一七二九）奉文設置[36]。
2　鳳閣書院　鳳山県前営、乾隆十二年（一七四九）建立[37]。
3　鳳儀書院　県署東数武、嘉慶十九年（一八一四）建立。光緒十七年（一八九一）建て替え。三十七部屋[38]。
4　鳳岡書院　長治里前窩荘、道光十年（一八三〇）建立[39]。鳳岡書院　長治里前窩荘、道光十年（一八三〇）建立[40]。
5　朝陽書院　港東潮外荘街北、光緒六年（一八八〇）儒生によって募建[41]。
6　屏東書院　港西里阿侯街東（現在の屏東市）、嘉慶二十年（一八一五）建立。光緒六年（一八八〇）建て替え[42]。
7　雪峰書院　港西里阿里港街北、光緒三年（一八七七）建立[43]。
8　萃文書院　羅漢内門観音亭、道光二十五年（一八四五）建立[44]。

鳳山県には歴代で九校の書院があり、そのうち六校は十九世紀に建てられたものである。これには台湾の人口増加、また教育程度の改善、及び清政府の台湾に対する関心が徐々に高まったことが関係している。上述の書院のいくつかは義学を元に拡充して作られたものである。義学は義塾とも呼ばれる。康熙五十二年（一七一三）の礼部議准の記録文書によれば、義学は「教学技術の高い教師を招聘し、貧しい家庭の学童を集め勉強させる」[45]ことを目的とした。同治十二年（一八七三）鳳山知県の李煐曽は義学を設け、義学田を鳳儀書院の管轄とした。[46]光緒十三年（一八八七）になると、鳳儀書院は曹公祠内に義学をさらに一校設けた。[47]これ以外にも四か所に義学があるが、成立年代は不明である。[48]前述の七か所の義学は主に漢人のために設けられたが、この他に、いわゆる「番社義学」は原住民のために設けられ、光緒元年（一八七五）には十余か所に設立されたが、光緒二十年（一八九四）には「大半が廃校にされ」ており、六か所のみ残った。[49]

義学の他に、「清初、州と県では学校を設けたが、その多くは都市にあった。農村に住む人々には非常に遠く、通うことができなかった。政府はこの欠点を改善する為、大きい村や堡には社学を設置するよう地方官に命じた」[50]と書かれているように比較的小規模な社学があった。鳳山県では、蔣毓英が台湾知府在任中に一か所の社学（前述したもの）があり、後に徐々に増えていった。雍正十二年（一七三四）、「巡道の張嗣昌は社に一人教師を置き、原住民の子供らを教育することを提案し、各県の訓導に季節ごとに視察するよう命じた」。そのため、鳳山県では八か所の番社に社学が設置された。[51]光緒二十年（一八九四）になっても「番社学」は八か所を維持していたが、設置場所には変動があった。また「民社学」は二百余りの場所に開校されるほどの発展を見せていた。[52]この時代の鳳山県では到る所で人々が勉学に励んでいたということをうかがい知ることができる。

二　鳳山県教育碑文中の儒学思想

鳳山県の教育碑文は合計で十三篇ある。その作者、年代は次のとおりである。


施士嶽「重建廟学碑記」康熙四十七年[53]（一七〇八）。

李欽文「県義学田記」年代の記載なし、おそらく康熙四十八年[54]（一七〇九）。

鄭応球「重濬蓮池潭碑記」康熙四十九年[55]（一七一〇）。

富鵬業「重修文廟碑記」康熙五十八年[56]（一七一九）。

范咸「新建明倫堂碑記」乾隆十二年[57]（一七四七）。

卓肇昌「攀桂橋関帝港書院田碑記」年代の記載なし、おそらく乾隆二十五年から二十九年の間[58]（一七六〇―一七六四）。

呉玉麟「新砌泮池碑記」嘉慶四年[59]（一七九九）。

張廷欽「鳳儀書院木碑記」道光二年[60]（一八二二）。

張廷欽「敬字亭木碑記」道光三年[61]（一八二三）。

胡鈞「重修蓮池潭碑記」道光十九年[62]（一八三九）。

游化（など）「新建萃文書院碑記」道光二十五年[63]（一八四五）。

蔡垂芳「鳳儀書院崇祀五子並立院田碑記」同治十二年[64]（一八七三）。

孫継祖（許文璧代書）「重修学宮碑記」光緒四年(65)（一八七八）。

碑文の作者の簡単な経歴は以下のとおりである。(66)

施士嶽　福建晋江出身、康熙四十七年（一七〇八）より鳳山県儒学教諭を務める。

李欽文　字は世勳、閩籍の台生。康熙六十年（一七二一）に歳貢となり、康熙五十八年（一七一九）には台湾、鳳山、諸羅三つの県志を編纂した。福建南靖の儒学訓導を歴任したこともある。

鄭応球　閩籍の台生、字は桐君。康熙五十二年（一七一三）鳳山県の恩貢となる。朱一貴事件で功績を上げたが、官職を辞退した。県書院教席を十数年務めた。

富鵬業　福建晋江出身、康熙五十六年（一七一七）鳳山県儒学教諭を務めた。

范咸　字は貞吉、号は九池、浙江仁和出身。雍正元年（一七二三）に進士となり、乾隆十年（一七四五）巡台御史に就任。『重修台湾府志』を纂輯。五妃廟の墓道碑を建てるため、碑詩十二首七絶を書いたことは、台湾詩史の美談として伝えられている。

卓肇昌　閩籍の県庠生、字は思克。乾隆五年（一七四〇）、抜貢となり、乾隆二十八年（一七六三）編纂者の一人として県志を編纂する。すなわち王瑛曽の『重修鳳山県志』である。

呉玉麟　嘉慶初年、鳳山県儒学教諭に就任。

張廷欽　閩籍の台生、嘉慶二十年（一八一五）に歳貢となり、鳳山県の訓導候補。

胡鈞　順天宛平出身、本籍は江蘇。道光十八年（一八三八）、鳳山県下淡水巡検に就任。

游化　道光年の間に県学訓導を務める。
蔡垂芳　光緒元年（一八七五）、増貢生となる。郡庠生の蔡啓鳳の息子。父の遺言により「鳳儀書院崇祀五子並立院田碑記」を著わす。
孫継祖　浙江紹興出身。同治十年（一八七一）と十三年（一八七四）の二度、鳳山知県に就任。
許文璧　福州出身、光緒初年に鳳山県学訓導に就任。

上述の作者の半分以上が閩籍であり、また県儒学教諭を歴任した人物を調べると、全て閩籍の人物であることがわかる。『鳳山県采訪冊』では、初代教諭黄賜英から、乾隆二十一年（一七五六）に着任した教諭李鍾問まで、二十一名の教諭リストが記録されているが、すべて福建出身であった。ここから、鳳山儒学は閩学との間に師承関係があったことがわかる。上述の十三の碑文は記録として作られたものだが、書かれている内容は儒学教育と関係するものであるので、言葉や行間からは儒学思想が垣間見え、細かく吟味するに値するものである。儒学思想の観点から観察する以外にも、「碑文」の概念からその内包を探索することができる。

碑文は中国文学の中で重要な文類とされており、『昭明文選』では「碑」の項目が立てられ、五篇の著名な碑文が抜粋されている。近年高雄や台北に建てられた二・二八記念碑にも素晴らしい内容の碑文が記されている。[67] それでは碑文の特色は何なのか。劉勰は『文心雕龍』に「誄碑」の章を設けて研究を行っている。彼は「功績を刻む銅器の製造が次第に少なくなったため、後世では石碑を用いるようになった。素材を金属から石に変えたが、どちらも永遠に朽ちないという点では同じである」と述べている。ここから碑の用途は青銅器上の銘文に似ており、記載されている事蹟は長い間伝える価値のあるもので、後世の子孫のために銘記するものであることがわかる。刻字には多くの時間を費やさなければならないため、文体の風格は他の文類の要求とは異なる。よって劉勰は、碑文は「事実を叙述するに当たっては諸事を兼ね備えてしかも要領を得ており、文の彩りを取り合わせるという点では、優雅にしてしかも潤沢で」なくてはならないと指摘している。碑文の主な目的は出来事を記すことであるため、作者には「史才」が要求される。ここから、碑文とは詩と史の中間に存在していることがわかり、詩や史よりも簡潔さが求められる。

この角度から鳳山県の十三篇の教育碑文を見ると、廟学書院の建設、風俗の振興が士民にとって永遠に終わることのない盛大な事業とされたため、資金を集めて石に刻字することで永遠に忘れないようにしたことを知ることができる。これらの碑文の多くは「事実を叙述するに当たっては諸事を兼ね備えてしかも要領を得ている」。また「文の彩りを取り合わせるという点では、優雅にしてしかも潤沢である」というように芸術性も相当に高い。その中の多くは台湾本土の生員によって書かれたものであったことから、台湾本土の文人が奮い立ったことが見て取れる。

十三基の碑のうち二基は木碑であった。おそらく費用に限りがあり、石に刻むことができなかったのだと考えられる。しかし全てに碑文が添えられ、木碑の枚数（「鳳儀書院木碑記」によれば三枚）、設置場所、木片の大きさ、全文の行数、及び毎行の字数が明記されており、その非常に慎み深い気持ちは石に刻んだものと劣らない。

十三篇の碑文の中で表現された思想の要点は、いくつかに整理することができる。

まず、この十三篇の碑文のうち七篇は廟学に関するものであり、三篇は義学・書院の学田に関するものである。上述の三篇のうち一篇、及びその他の二篇は政府が運営する鳳儀書院について記したものであり、残り一篇のみが民間の書院（「新建萃文書院碑記」一文）について書かれたものである。この性格から、これらの碑文が表している思想は、多かれ少なかれ公的色彩を含んだものであることが判断できる。

第一篇目の碑文、施士嶽の著した「重建廟学碑記」では「聖天子がご即位されてから二十と二年が経った。台湾を治め、郡県を設置した。南方は鳳山に属す」と巻頭で全書の主旨を明らかにしている。聖天子とは康熙皇帝を指し、「台湾は清の領土となり」とは、もちろん清政府がついに鄭氏政権を消滅させたことを指しており、清政府側に立った発言ということが明らかである。

富鵬業の「重修文廟碑記」では彼が初めて着任した時、廟の姿が完璧であったことが言及されており、「聖天子の文明的な統治は海外にまで徐々に影響を与えた。ああ、栄華を極めているのだ！」と称賛している。また「朝廷は教師を尊び、また道を重視し、人材を育成して、……」とも述べており、上位から下位への教化過程を説明している。

この他に李欽文の「県義学田記」の「朝廷は師を尊び、道を重視し、文教を振興した」と、呉玉麟の「新砌泮池碑記」の「台湾が我が国の領土となってから、素晴らしき王朝の恩を受けて文明的になった」は、すべて清政府の教化政策を賛美したものである。ここにも学校の建設が政権のコントロール下にあったことが象徴されており、人材育成の目的は一般市民を馴化させるため、そして朝廷のために起用するためであったことがわかる。

碑文の公的色彩は、歴代統治者が儒家を利用して学生に力を尽くさせようとすることを物語っている。しかし、碑文の作者は文中に多少の積極的な儒学思想を仄めかしており、その思想こそがこれら碑文の神髄を構成している。その中でも、孔子廟学宮の建築から滲み出る儒学思想の空間化の特徴は注目に値する。

施士嶽の文中には「十数年に渡って、雨風に曝され、今や垂木や瓦が残るばかりである。先聖を祀る廟堂は暑さ寒さを凌ぐことができない」というように、宋永清知県が孔子廟を見た際の様子が記載されている。かつて「悲痛な面持ちで『鳳山……今、声明文物と中原のものは等しく美しく、繁栄している。もし廟宇が粗末であったなら、聖天子が尊師崇儒する真意を表すことができない。これは誰の責任になるだろうか』」という話があったが、この話に現れる、「表す」は最も玩味すべき言葉である。この言葉の表す意味は「尊師崇儒」の「真意」がそれに相応しく、さらに具体性をもって表現することのできる外在的形式でなければならないことを強調している。孔子廟において、この類の外在的形式は礼楽によるものであり、また建築によるものであった。宋永清が孔子廟を建て直す際は「先人の建てたものをより高く大きく建て替え」、「壮麗雄大」であることを重視し、孔子廟を完璧に設営することに努めていた。孔子廟は一つの精神的空間であるから、修復に参与する歴代学者は皆空間と精神の相関関係、及び空間の持つ教学と祭祀の機能を重視した。この精神空間は廟学建築本体にのみ限定して表れるのではなく、さらに廟学が位置する周辺一帯の環境にまで及んだから、周辺環境に対する要求もあった。この点に関して、鳳山儒学は当時の台湾にあった四つの孔子廟の中で最も恵まれた環境を具えているとされていた。最も古い県志には次のように記載されている。

鳳山の学校……前面には自然の泮池を利用した蓮池潭がある。水は澄み、蓮の花の香りは遠くまで漂う。鳳山と相向かう山々は、まるで科挙及第を発表する榜文のように並んでいる。打鼓（山名）、半屏（山名）の二山が左右に鎮座し、亀山と蛇山が取り囲んで守っている。まさに人文の勝地であり、風水師は周代の四学にも勝る立地だと考えている。[68]

風水に恵まれた土地は廟学精神空間の構成要素の一つであり、鳳山県学にある天然の蓮花潭は孔子廟修復者にとって注目の的であり続けた。前述の十三篇の碑文のうち三篇もこの蓮花潭に関するもので、鳳山県学の教師と学生はなおのこと、この蓮花潭を歌い継いでいった（次節参照）。また一方で、この蓮花潭は泮池としての機能だけでなく、付近にある農地の灌漑としての重要な水源でもあったため、儒学と民間の流通経路となった。この潭は泮池であり、「文を奉じて廟学が管理権を持った[69]」ため、後年長らく土砂で埋まっていたが、この修復作業は宋永清による孔子廟建て直し事業の一環となった。

二度目の補修作業の規模はより大きく、道光二十二年（一八四二）に当時の知県曹瑾によってこの潭につながる大きな水路が引かれ、有名な「曹公圳」が造られた。上述の鄭応球による「重濬蓮花潭碑記」には宋永清の一度目の修復作業の様子が記載されている。呉玉麟の「新砌泮池碑記」には嘉慶四年（一七九九）に泮池の囲いを補修したことが記載されている。文中には、施工費用は全て左営荘の荘民の寄付によって支払われ、また補修工事責任者は廟学生員であったことが記されており、士民が協力して教育事業を成し遂げた様子が表れている。

胡鈞の著した「重修蓮花潭碑記」は、曹瑾が水路を引いた一件について記した碑記の中で最も新しい一篇であり、三篇の泮池に関する碑文の中で最も素晴らしい内容が書かれている。胡鈞は初めて着任した際、「文教が盛んで科挙に及第する人も少なくない。田の実りも豊かで畦道が交錯しているが、豊作になれば不作になることもあり安定することはない。」と述べているが、蓮潭がすでに「潭と名が付けられているのに、潭の利点を活用していない」ことに原因があると考えた。そこで、胡鈞は「これは天が生成した五材で、水はその中の一つである。また、文には波があり、波が大きいほど文は繁栄する。財には源がり、源を塞ぐことをしなければ、財は自ずと豊かになる。」と述べ、水がいかに重要なものであるかという道理を説いた。さらに、「昔の人は灌漑水路に力を尽くし、河の水を引いて水路を作った。民の利になることであれば、過酷な労働で手足にたこができることも厭わなかった」と言い、「民の利」の原則を強調した。今回の水路建設にあたっては地方の有力地主や農民が多く尽力した。完成の日、衆人が目にしたのは水利だけでなく、「それ以来、確かにこの深い潭の水が澄んでいたことで、文風が盛んになった。科挙合格者を幾人も出し続けたのも、この潭が満ち満ちていたからである。粟と麻はともにすっくと伸びて美しく、絶えることなく恩恵を受けていることを感じる。蜃と蛤もあふれており、つぎつぎに生まれているのを見た。」と書かれたように、壮大な文教の展望であった。胡鈞の書いたこの文章は、蓮花潭が持つ文教と農業の二重機能を十分に理解していると言うことができる。台湾における各廟学の泮池の中でも、鳳山県学の蓮池のみがこのように書生と農民、儒学教育と農業生産を緊密に繋げた。それゆえ、幾度となく儒生と農民が協力して何かを行う機会を作ることができたのである。

孔子廟の精神空間には、風水の良い土地であることの他に、教学と祭祀機能をともに重んじることが求められた。しかし清代初期の台湾の廟学では、廟を重んじ学を軽んじる傾向が強く、後に担当した者は、この状況を改めようと努めた。范咸と孫継祖の碑文にはこれに関する問題が反映されており、また廟と学の両方を重視する思想が表れている。范咸は「新建明倫堂碑記」で次のように述べている。

『礼記』には「大学の始業の際には、学生らは皆礼服に身を包み、供物を捧げて先聖先師を祀る」と書かれている。道徳を尊び、先師に敬を尽くすためである。つまり、昔は学校のあるところに廟があり、天子や諸侯の嫡子、庶民、高官、下級役人の子供、庶民の俊秀に至るまで、学校で学習しない人はいなかった。……時代が下ると廟尊学卑の傾向になり、高官の建てた学宮では、廟の外観と神仏の偶像のみを崇め、春秋の礼楽や冬夏の詩書をこの地で教えることは二度となくなった。恐らく本義を受け継ぐものは僅かであろう。我が国の典章には、教化を施す場所として大成殿の他に明倫堂を必ず建てることが記されている。全ての府県で、皆がこれを見本にしており、人材育成の制度が非常に整っている。台湾という狭小の島国は海の外の僻地にあり、前述した郡学や明倫堂がまだ建てられていない。陳清端公つまり陳璸がこの地に至り、奮起してこの地を治めた。これまで廟と学はどちらも欠けることはなく、両廡には六芸斎が設けられ、学生らの学習所として使用された。

この文章では、学を疎かにするべきでなく、廟と学はともに重要であることを強調しており、またさらに台湾創設初期では廟を重んじ学を軽んじていたが、後に陳璸が台湾へ来てから府儒学が建設され、それによって廟と学をあるべき完全な姿にしたということが指摘されている。しかし范咸は続いて、「先師が祀られる廟に参拝した。ここは学生を集めて講義を行ういわゆる明倫堂のような所で、狭く小さい教室が数部屋しかなく、その両側の部屋は教師の住む場所であり、訓導はまた別の部屋を借りて住む」と、鳳山の孔子廟を巡行した際の感慨を綴っている。そこで、この地を「教師が有能な人材を輩出し、所属する学生が教育を受けることのできる場所とする」ために、范咸は当時の県令である呂鍾琇の申し入れに承諾した。それはつまり、講義を行う場として明倫堂を建設し、また朱子祠、名宦祠、郷賢祠を造り、蓮池潭を掘るということであった。

光緒四年（一八七八）に書かれた最後の一篇の碑文でも、范咸と同じように廟と学をともに重視する思想が表われている。孫継祖が鳳山知県に初めて赴任した際に見た孔子廟は、目も当てられないほど無残な姿であった。彼は「重修学宮碑記」の中で「私は知県登用の通知を受け取り鳳山を管理することになってから、朔望の日には慎んで文廟に参拝した。垣は倒れ瓦は剥がれ落ちていたが、建物は精巧華麗で、混沌とした状態であった。この状態から見るに、初めは盛大に工事が行われていたが、途中で中断されたまま放置されたようである。」と述べ、さらに「学生が教育を受けている場所では、今も変わらず雑草に覆われている。」とも記している。しかしこのとき孫継祖はほどなくして職を去ったため(70)、廟を改修することはなかった。彼は同治十三年（一八七四）に再び知事に任命され鳳山に戻った時、儒学訓導である葉滋東がちょうど修復作業を指揮しているのを見て、主に費用の面で大いに協力した。その時の修繕は非常に完成度の高いもので、孫継祖の碑文に書かれる廟学についての描写から、完成後の様子を見て取ることができる。

昔建てられた祠の他に、両廡と大成坊、櫺星門、明倫堂、そして羽ばたく鳳ととぐろを巻いた龍の意匠、伏せる亀と跪く獅子の意匠、これら全てを新しく造った。赤土を円形に盛り、繋げ合わせたものを土垣にして周囲に巡らせ、澄んだ水を湛える池に弦月のような橋を架け、司禄と土地神の祠で廟全体を護る。冊籍や領土地図、戸籍を保存する蔵を全て修繕し、祭礼で使用する楽器や器物を収める倉庫を修築し、井戸や竈のある調理場も修造した。全ての設備が整い、輝くようである。山河の姿形、及び建物の設置場所は風水の法に適っている。

さらに山々が「周囲を護るように連なり、その姿は端麗で神々しい」という風水的好条件に加えて、廟学は全ての条件を満たしたと言うことができる。鳳山廟学は修繕開始直後「長い間風に揺られ、先師の神を安置する建物の垂木がいくつか残るのみで、雨風を遮ることもできない[71]」といううらびれた姿で、建てては倒壊し、倒壊してはまた修築するということを繰り返していた。光緒元年にようやく、「全ての設備が整い、輝くようである。山河の姿形、及び建物の設置場所は風水の法に適っている」という境地に到達した。その中で、「尊師崇儒して彼らの思想を真実に理解」できること、また「先師の神を祀る」に足る場所であることが、孔子廟建築の主要な原則となった。それゆえ、廟学は実質的な機能が十全であることの他に、儒家精神を体現するに足る空間にもなった。泮池は「智者楽水」の思想を体現しているが、これは泮池の建設が本来そのようなものであったからなのであって、鳳山に限って見られることではない。鳳山廟学特有の、山々が「周囲を護るように連なり、その姿は端麗で神々しい」という立地状況は歴代の学者らの興味の的であった。この風水的好条件の理由は「仁者楽山」の思想を体現していからである。
建築物本体の儒学精神になると、建築学者の王鎮華は儒学教育建築が体現する最も主要な精神は一種の「正大な雰囲気」であると考えており、彼は次のように述べている。

華美な装飾のない古風な書院に入ると、その上品な配置、格調高い空間、中央に位置する大堂、整った中庭、端整な装飾、そして空間設計などは、見る者に正大な印象を与える。この書院では、平面上の細かな実質機能を犠牲にしても、このような雰囲気を表わそうとする。……「正大」とは人生を体得することに源を置くのであって、「大小」や「対称」などの幾何概念ではない[72]。

彼はさらに「一空間の雰囲気」と「配置関係と面闊の処理[73]」には密接な関係があることを強調し、「書院建築と一般の比較的正式な大広間では、面闊を天地と対応させないことはほとんどないようである[74]」と述べている。このようなことから、鳳山廟学の前面には天然の蓮花泮池があり、また山々が守るように囲んでいるため、近隣の町にある廟学に比べて「面闊を天地と対応させる」ことが可能になるのである。王鎮華はこの正大な雰囲気を求める建築の精神の淵源が『易経』「繋辞」の「太古の時代は洞穴や原野で暮らしていた。後に聖人が家を建て住むように改めた。棟を一番の高い所に設置し、そこから垂れ下がるように軒をつけて、風雨に対処できるようにした。思うにこれは易の大壮の卦象の意義を参考にしたのであろう。」にあると考えており、さらに「大壮」の卦辞を引用して、「卦辞『大壮は貞しきに利し』とは、『大』（陽）なるものが正大であるということである。この至正至大の正大の理に通じて、始めて天地の真実の情を発見することができる」[75]と言っている。儒学建築と儒家精神の間にある相関関係は、台湾儒学の研究領域において重要視するべき課題である。

十三篇の碑文の中で他に注目すべきポイントは、文昌帝君と正統儒者の崇祀にある緊張関係を表現している部分である。中国大陸でも台湾でも、孔子廟と書院の多くに文昌祠があったが、文昌信仰の道教的色彩と功利主義的傾向が長きに渡って正統儒者の批判の的であった。文昌は本来文昌宮を指し、北斗星の前六つの星が象る半月似た星座であった。『史記』の天官書には「北斗の魁の部の上にある箱型の六星を文昌宮という」とある。後に文昌信仰に道教神の文昌帝君がこじつけられた。文昌帝君とは本来四川梓潼の蛇神であり、初めは争いごとの平定に霊験を顕したが、南宋になると蜀人の科挙の神となった。元代に政府は正式に梓潼神を科挙の神様とし、名を「文昌帝君」とした。[76]明の始めになると、曹端(一三七六―一四三四)はこのことを「梓潼神が文人を司るなら、孔子は何を司るのだろうか[77]」と痛烈に批判した。しかし、科挙に合格し功名を求める功利的な学文の方が、明道行道の崇高で理想的な学文よりも容易に一般庶民から受け入れられたため、文昌帝君はいつでも民間から絶大な支持を受けていた。その影響力は孔子さえも上回っていた。儒生階層において、文昌信仰と道統意識は長い間高いレベルでの緊張関係にあり、それは台湾も例外ではなかった。

初めに台湾府に孔子廟を再建したのは陳璸である。彼は明倫堂、朱子祠を建てた後、民意に応えざるを得なくなり、学宮の中に文昌閣を建てた。しかし実際には、儒者の道統観念を持つ陳璸にとって道教的色彩と科挙功名を目的とする文昌信仰は受け入れられるものではなかった。そこで陳璸は「新建文昌閣碑記」(康熙五十二年、一七一三)の中で、理性的思惟によって文昌信仰の神秘性と功利性を切り離した。

彼は初めに「『文昌化書』を読んでみると、その中に少し現実的でない言葉があるのを見つけ、疑念を抱いた。やがてよく吟味すると、おおよその趣旨は人々に徳行を積むことを教えるものであったが、……それゆえ、ここに書かれている言葉には一理あると深く信じ、批判はしない[78]」と記した。ここで陳璸は「徳行を積むこと」と「一理ある」の道徳の実践性をもって文昌信仰の神秘的色彩を切り離し、続いて勉学に励んで立身するなどの正統儒学の思想をもって文昌信仰の中の功利的色彩をより一層薄めた。彼は「科挙功名は出仕の手段であり、勉学に励むことは立身の根本である。勉学に励まず、功名を望むのは、あたかも種を蒔かずに収穫をするようなもので、間違いなく得られるものはなにもない」と述べ、さらに「志を持つ士は、急いで名声を手に入れることはせず、懸命に知識を蓄える。また、いたずらに神頼みはせず、自分の心を常に管理する」と、学生らを激励した。

初めに台湾の廟学内に朱子祠を建てた人物は陳璸であり、初めに学宮の中に文昌閣を建てたのも陳璸であった。そして陳璸は二者間の矛盾を正しく理解していた。朱子祠を建てた目的は学統にあり、また閩台儒学を結びつけるためであった。文昌閣は民意に応えるために建てられたものであり、また民衆を正しく導くためでもあった。後世の廟学では大抵は宋儒と文昌を並べて祀る原初の規則を守ったが、一部の地方色の強い小規模の書院では文昌のみを祀り、宋儒は祀らない状態が生まれた。鳳山県を例に挙げれば、鳳儀書院と萃文書院がこのような状態となった。前述の十三篇の碑文のうち、三篇がこの問題について書いている。

一篇は游化らが残した「新建萃文書院碑記」であり、ここから民間の萃文書院では文昌を主に祀っていることが明らかである。科挙功名を学問に励む目標とすることからは、道理の教えを仰ぎ徳を尊ぶ意味が完全に消えてしまっている。碑には「我が羅漢内門では嘉慶壬申年（嘉慶十七年、一八一二）より文昌帝君を祀っている。献金などのお金を集めて毎年交代で奉加して祝い、長い間神の庇護を受けている。しかし立派な帝居はまだない」と書かれている。そこで游化ら（主に生員）は寄進して「廟宇を建て、聖帝を特別に祀った」。この廟は「東西の両側に部屋があり、教師を招聘することができ、またここで子弟に勉学を教えた」というように教学の場所、いわゆる書院でもある。萃文書院は書院と銘打っていたが、その建築の主体は文昌祠堂であった。また人々の、科挙功名のために勉学に励む思惑がより明らかであり、碑文の書き出しで文昌を「科挙功名を司る」と書き、末尾には「この廟は高大で堂々たる姿をしており、左側には虎頭山が取り囲むように聳え、右側には龍潭の井がある。いつの日か文明が発展し、士人は虎榜に名を列ねることができる。それは今勉学に励むからではないか」と、廟の外観と科挙試験との将来的な相関関係についても述べている。この文は嘉慶十二年（一八〇七）から文昌帝君を祀り始めたことに言及しており、これは嘉慶六年（一八〇一）に仁宗（嘉慶帝の諡）が礼部に勅令を下し、祀典に編入したことと関わりがある。

張廷欽の書いた二篇も儒生の文昌信仰と関係がある。廟学内部に建設された鳳儀書院では主に文昌、奎星（もしくは魁星）、そして倉聖を祀っていた。魁星とは北斗星のくびれ部にある四つの星座であり、魁星を祀ることは文昌を祀ることに等しい。しかし倉聖は文字を創成した倉頡を指す。民間において文昌と倉聖が同時に祀られることは、敬字や惜字の風俗と信仰があったことを意味する。中国人の文章に対する愛好は周代から始まり、文字への執着は何世代経ても衰えなかった。それは各種活動にも表れており、絵画と建築物上の題字や刻字は欠かすことのできない風習となり、良い字を贈ったり、良い名前を名づけたりすることにも必ず審美機能と社会機能が含まれていた。中国人が文章・文字を愛好する伝統を有していることから考えれば、明清以後に徐々に発展した敬字惜字の習俗も理解できる。

民間においては儒生階層が文字と最も近い関係にあったことから、敬字惜字は孔子廟祭祀の他に儒生が頻繁に行う宗教的活動となった。敬字は文字が書かれている紙に対して敬意を表すことである。儒家の理性的思考から考えると、文字は感情を表すことができ、志を表わすことができ、また思想を言い表すことができ、文字の発明は人類文明史の中でも驚天動地の大事である。それゆえ、敬字は文字が持つ情、志、道及びその文化の内包に敬意を表したのである。それは合理的なだけでなく、必要だからでもあった。しかし敬字がひとたび民間信仰に定着し、また道教神祇と結びつくと、神秘性と過度な儀式化現象の産出を免れられなかった。

『鳳山県采訪冊』には鳳儀書院で行われた重要な行事について記述があり、書院の中には「聖蹟庫」が一間あったことが記されている。これは敬字亭のことであり、恐らく敬字を信仰する者は字を聖人の痕跡としたのだろう。また、学院の経費制定には「字灰の積送」の一項があり、これは、「聖蹟を積送して海に流すために、当日に多くの地方有力者が集まり、祭祀を行う数百人の人々とともに町を出て奉送する。代表者は数十席分の酒宴の準備をして客をもてなし、そのために銀百二十元を費やす[79]」という記載があるように、敬字を信仰する者が紙を自由に捨ててはならず、必ず燃やして灰にし、儀式を以て海へ流さないといけないと考えていたことによる。ここに書かれているのは鳳儀書院が敬字亭を建設した後の状況である。

張廷欽の「鳳儀書院木碑記」には敬字亭建設の意図が書かれている。「市中には民衆がひしめくように暮らし、字紙は道々に打ち捨てられていた。庚申の年（嘉慶五年、一八〇〇）奮社の学生らは金を集めて生活していた。彼らは人を雇って字紙を拾い集め、奎星と倉聖のご神体を祀り始めたが、祠宇はまだなかった」。これにより敬字亭は鳳儀書院よりも早くに建てられ、本来は廟学に付属するものであったことがわかる。十四年後、鳳儀書院を建てる際にようやく祠宇の無かった奎星と倉聖のご神体を新しく建てた文昌祠内に合祀し、同時に敬字亭も再築した。張廷欽は「鳳儀書院木碑記」と同時期に書いた「敬字亭木碑記」の中で、「甲戌（嘉慶十九年、一八一四）より……、呉公（県令の呉性誠を指す――著者注）が書院を創建し、文昌祠も建立した。これによって二神が合祀され、敬字亭も講堂の左側に再建された」と述べている。そして、鳳儀書院全体の空間配置について、「前方に講堂があり、後方には庁堂を有する。その中で文昌・奎星・倉聖の三神を祀っている。三舎を増築して試験のための机を設置し、学生に勉強をさせる場所とした。……さらに講堂の左側に敬字亭を建てた」と記している。この書院の新設により「学生らが助け合うことができるようになり、また字跡が汚されるような災難に遭わない」状態を創り出せるようになった。

鳳儀書院の教育対象は童生であり、童試を行うという別の機能を持つことがわかる。これらの機能は疑う余地のないものである。しかし同治年間になると、書院の文昌信仰は疑念を引き起こし、蔡垂芳の「鳳儀書院崇祀五子並立院田碑記」では正統儒学の文昌信仰に対する反発が語られているが、この間には半世紀もの開きがある。文昌信仰の権威が常に正統儒学を圧迫している状態は、一つの例証として挙げることができる。蔡垂芳の文章は文昌信仰を正面から批評はしていないものの、宋儒を尊崇することの必要性を強調して間接的に批判している。

書院の創建について考えると、先賢を祀るのは学統を正すためである。学統が正しいからこそ、後世の人々は何を頼って学べばいいのかを知る。宋代理学の周敦頤、程頤、程顥、張載、朱熹の五夫子は、孔子の学問の流れを汲み、遠い昔の無知な者らを教育した。必ず斯堂を増祀して、春と秋にはこの五夫子を祀る祭祀を欠かしてはならない。

この文が表しているのは蔡垂芳一人の考えではなく、父の遺命を継ぎ、父の思いを代弁してこの文章を書いたことが文中で明言されている。「先人が志を成し遂げられなかったことを思い、いまなお彼らの言葉を覚えているのに、この風習が日々変わっていくのをただ耐え忍んで、出過ぎた事であったとしても前に出る責任を放棄するのか」という一文の、「この風習が日々変わっていっても」とは、文昌信仰が儒家道統を圧迫している現象を指している。文中からは文昌信仰を叱責する言葉はないが、行間には軽々しく同調しないという態度が示されている。またこの論では先儒を祀る理由を「学統を正す」ためとしていることから、文昌信仰は正道に合わないと暗に批判している。しかし蔡垂芳は陳璸と似た寛容な態度も示しており、蔡の文章には五夫子の崇祀が文昌崇祀に取って代わるという意味は書かれていないだけでなく、五夫子を祀るための収入の心配をしなくてよいと指摘している。なぜなら、「まして鳳儀書院の土地税は昔と比べ倍にまで上がっている」（書院学田の田租収入が増加したことを意味する）ことで五夫子を祀る説得力を高めたからである。ここから文昌信仰の権威の普及により正統儒者は相当なプレッシャーを感じていたことが見て取れる。

孔子廟の従祀制の研究を行った黄進興はかつて、従祀制度の変遷及び従祀儒者の進退には儒学道統意識の発展が反映されていることを指摘した[80]。台湾の実例はまた別の観察点を提供し、それによると儒学道統意識は儒学内部を表現するだけでなく、儒学とその他の民間信仰間の緊張関係をも表わしている。儒学道統から言えば、清代に程朱に帰結したように、台湾もまた同様であった。しかし台湾は移民社会であったため、民間信仰が特別に発達し、さらには見栄を張って贅沢をすることも発達したが、これは移民社会が比較的功利傾向にあったことによる（歴代志書には、常々台湾の悪習の一つに財力重視の婚姻が挙げられている）。そのため、科挙功名を司る文昌帝君の勢力は巨大になり歴代衰えず、正統儒者は正道を弘めるのは非常に困難であると感じたかもしれない。これら儒者にとって、宋儒と文昌の争いは道統と学統の争いだけでなく、実際にはもっと重要な衝突点が、実学と科挙功名の争いにあった。

陳璸の「新建文昌閣碑記」がこれに言及しているだけでなく、富鵬業の「重修文廟碑記」も、「修身立行は、儒者の実践の学であり、砥礪名節は士人の経世の基準である。古の学者は窮理を本として誠心誠意を尽くし、修身、斎家、治国、平天下の道理を託す。……今の学者は実修を疎かにし、科挙文章を尊び、功名への手段とする。……天下の士たちに正しい学問を崇めさせ、邪説を遠く退け、実行を促して虚名を棄てさせる」というように、この問題をもって後世の学者を教え諭している。富氏は鳳山儒学の教諭であり、この彼の教えから、彼の教えの下にある鳳山儒学の情景を知ることができるかもしれない。

科挙功名は古代の儒学教育に付き纏う影のようなものだったが、志を持つ士はみな、科挙功名を過度に追い求める風潮を正すよう努力した。彼らの努力は台湾における儒学の移植と発展に非常に大きな貢献をした。鳳山県の教育碑文の中では、儒学精神の空間化に関する表徴と、廟と学がともに重要（つまり祭祀と教学がともに重要であること）である思想、及び儒学道統と民間信仰や実学と科挙功名間の緊張関係について語られており、それらはどれも理論上の探索をする価値がある。しかしこれらの課題は鳳山儒学教育特有のものではなく、台湾儒学教育共通のものである。

三　鳳山県における教師と学生の詩歌と儒学教育

清代の鳳山県の文学作品中、碑文のみが儒学教育と直接の関係にあるのでなく、詩歌中にも儒学教師と学生による作品があり、儒者の様子のみならず、儒学教育の状況をも反映している。それら詩歌は我々が鳳山県の儒学教育を観察・思索する際の非常に興味深い特殊な媒体となる。

鳳山県学の教師と学生の創作インスピレーションは、学宮所在地が風水の良い地であることと密接な関係にある。最も古い『県志』の「形勝」の一節には、単刀直入に「県にある旗と鼓の両山は、誠に理想的な緑の山である。亀と蛇の二峰が文廟を壮大に見せている。蓮花の香りは十里に渡って漂う。蓮潭は天然の泮水を利用して造られた。七鯤漁火(81)は台湾に丁度相応しい障壁となる」と書かれている。また、「鳳山六景」を、鳳岫春雨、泮水荷香、岡山樹色、嫏嬌潮声、安平晩渡、鯤身暁霞とすると書いている。(82)「形勝」の一節は非常によく書かれており、また感動的でもあり、風水によい土地であることを裏切らない。この節から『県志』が完成した康熙末年、安平はなお鳳山に属しており、嫏嬌（または「瑯嶠」）もまだ恒春に帰属していなかったことがわかる。

『重修鳳山県志』の「形勝」はほとんどが陳文達の版本に基づいて書かれたものであり、泮池を「その蓮潭の香は十里に渡って漂う。学校を芳しい香りを放つ璧池に開いた」と形容している。[83] 鳳山六景を八景に増やし、行政区の再区分によって入れ替えがあるものの、「泮水荷香」は八景の一つとして入れている。[84]『鳳山県采訪冊』では再び瑯嶠を恒春に区分したため、八景となっているが、泮水荷香は変わらずその中に数えられている。[85] その景色の素晴らしいところは「中央にある水の湧き出る泉は、聖廟の泮池である。蓮の花が満開になる時には、その香りが数里に渡って漂う。……あるいは毎朝、澄みきった潭の水面に山々そして学宮の楼閣もが皆一幅の絵のように映り込む様は、まさに奇景である[86]」というようなものであった。

このことから学校の教師や学生の間でなぜ泮水がよく詠われる対象となったのか、容易にわかるだろう。朱熹の有名な「観書有感」の中に、「一枚の鏡のように澄んだこの半畝ほどの小さい池の水面には、陽の光と雲の影が映りゆっくりと緩やかに流れて行く。この池の水はなぜこんなにも清らかに澄んでいるのか。それは泉の源から絶えず新鮮な水が流れ込んでいるからだ」とある。また、周敦頤の有名な「愛蓮説」は教師と学生に生き生きとしたイメージを新たに提供し、泮水を見たまさにその時の体験を新たに表現している。

康熙四十三年（一七〇四）、孔子廟を再建した知県の宋永清は、廟完成の時に「新建文廟恭紀」を一首詠んでいる。

荷香十里地、喜建聖人居。

泮壁流天際、圜橋架水渠。
千秋陳俎豆、万国共車書。
巍煥分伊始、英才自蔚如。(87)

蓮の香りが十里に満ちる地に、先聖先師を祀る。
池には満々と水が湛えられ、用水路には太鼓橋が架かっている。
長きに渡り祭祀を行い、天下にその制度が広まった。
廟の姿は荘厳であり、優秀な人材がここで輩出されるだろう。

これは鳳山県に現存する文献の中で最も早い時期に書かれた「泮水荷香」の詩である。古詩では、詠懐でも叙事でももっぱら景色から連想されるが、鳳山県学の教師や学生にとって泮池の蓮花は最も良い連想の景色であった。宋永清の詩は荷香に始まり、優秀な人材の輩出への期待で結ばれており、孔子廟という精神空間が教学に重大な影響を与えたことがここからわかる。陳文達はまた自分の詩「蓮潭夜月」を宋永清の後に収録しているが、この詩の境地は奥深く、理学の趣に満ちている。

清波澄皓月、沈壁遠銜空。
山影依稀翠、荷花隠現紅。
潭心浮太極、水底近蟾宮。

莫被采菱女、携帰繍幕中(88)。

澄んだ水面に映る月は、碧玉のように透き通り空につながる。
山影はうっすらと翠色を含み、蓮の花はほの紅い。
池の中心に太極が浮かび、水底に月宮が近づくようである。
采菱の女に摘まれ、閨房に持ち帰られないように。

この詩は宋永清の詩に詠まれた昼間の蓮池とは異なる、夜の蓮池の様子を表現しており、この詩のオリジナリティの一つである。その次に、陳文達は「蓮の香り」を連想の言葉とする従来の手法に安住することはなく、澄みきった水と月で連想し、夜間の情景と合わせることで、宋儒の「光風霽月、心の在り方は洒脱としている」という別の境地も見せた。「沈璧遠銜空」は嘘や誤魔化しのない心と高遠な志を重点的に描き出している。また水面に月が映ることを「沈璧」と詠んでおり、非常に想像力豊かな表現である。第二聯でやっと蓮池で名を馳せた山川形勝を書くが、ありふれた表現は使わず、月の光に幽かに照らし出される山川の姿を新たに描き出した。第三聯は転換して、池の中央に映し出される月の形を太極と照らし合わせ、己が理学へ賛同していることを表わしている。また「近蟾宮」は科挙功名を果たすことを意味し、求学の実用目的を示している。結句では菱を摘む女に摘まれ、閨房の繍幕の中に連れて来られないようにすると詠むことで、求学の決心を表現した。その中には宋儒の教義、「天理」と「人欲」の緊張関係を暗示している。また、「采菱女」と「繍幕」は女性の意象であり、聖人が行った事業が高遠であることを引き立たせている。ここでは無自覚にも、前現代（premodern）中国士人の女性の特質と情欲に対する軽視が現われてはいるが、希聖希賢の志やインスピレーション溢れる詩心でもって「蓮潭夜月」の原型を創り出し、後代の鳳山県学の教師や学生らに幾度となく繰り返して用いられる題材となった。陳文達のこの詩が果たした貢献は非常に大きい。

後に、泮池を書いてはいるが、新しい工夫を凝らして儒学精神を表現した詩も数首見られるようになった。たとえば王賓「鳳山県孝廉」の「泮水荷香」がその一つである。

薫風吹泮水、荷ゝ発清香。
澹蕩煙波裡、氤氳台榭旁。
敢誇君子質、幸藉聖人光。
尚願扶搖力、微香献玉堂。(89)

鳳山の茂才、柳学輝の同題詩がある。

一湖蓮水泮、気味奪芹香。
似放濂溪種、応分大士芳。
至人禋祀地、君子溯洄方。
最是扶輿力、香聞直薦王。(90)

同じく茂才の柳学鵬（柳学輝の兄弟）の同題詩もある。

緑荷生曲沼、出水遠聞香。
外直無枝節、中通自秘蔵。
風過薫碧岸、雨滴砕銀塘。
味帯清泉回、流随玉液芳。
屏山澄翠影、泮璧映余光。
寄語渉江者、田田莫濫觴。(91)

これらの詩では蓮花を褒めるのに「君子質」、「濂渓種」（周濂渓には有名な文章「愛蓮説」がある）の言葉を使い、また同じく蓮花を讃えるのに「外直無枝節、中通自秘蔵」と詠んでいる。どれも蓮花で君子の徳を象徴することに重きを置いている。さらに「清香」も君子の人格が発する精神伝達の力としている。周辺の環境を描写することによって君子の様子を際立たせる手法は、先に挙げた柳学鵬の一首が秀逸である。対句の整った「風過薫碧岸、雨滴砕銀塘」は、第一句で君子の徳の風化を述べており、第二句は明鏡のように透明な池で君子の心の公明正大さを比喩している。「屏山澄翠影、泮璧映余光」では明鏡の放つ光と碧玉のような水面が互いに引き立て合い、趣あるさまに力を入れて描写している。池を学宮の門とし、入学を入泮と称し、泮池には澄んだ池が陽の光を反射し、学員は聖人の光（王賓の詩でも「幸藉聖人光」という句がある）を浴びることを説明している。そして「屏山澄翠影」では明るく清らかな池の様子を再度強調し、そこに屏山の翠影が映り込んでいることを詠んでおり、ここでも大自然を利用して蓮池の美しさを際立たせている。

陳文達が開発した蓮潭の夜の景色をもとに、多くの模倣作が作られた。次の二首は注目すべき作品であり、うち一首は鳳山県学貢生の黄文儀が作った「夜泛蓮潭」である。

月色随波湧、雲陰落地流。
水澄千里鏡、天浄十分秋。
鵁鶄飛蘆渚、鳧鷺立浪頭。
濯纓方自適、随意泛漁舟。

もう一首は茂才の卓雲漢が作った七律「蓮潭夜泛」である。

碧渚漪漣逸興豪、招招舟子落軽篙。
一泓水張鷺花白、半夜風微月嶺高。
蘆荻横空迷雪舫、魚鯿戯喓湿青袍。
我身不礙真如業、対酒胡盧笑学陶。

一首目の詩は月が蓮池に映るさまを強調して描き、池は「千里鏡」の如く澄み切っており、学生の「自適」、「随意」を引き立たせている。二首目の詩も船を浮かべた情景を描いており、一首目の「随意泛漁舟」と比べ、この詩の「蘆荻横空迷雪航」は学生が夜の風景に陶酔している様をより素晴らしく描き出している。「魚鯿戯唼湿青袍」の句でも粗末な服を身につけた廟学生が池に慣れ親しんでいるさまをよく表現している。結句の「真如」は仏語ではあるが、それが表現しようとする、身を超越し道と暗合する境界を妨げることはない。

この他に、茂才である林青蓮の書いた「蓮池潭」も、朱熹の「観書有感」の影響を強く受けており、注目すべき作品である。

芹藻清漣楽溯回、山光水影共徘徊。
荷如解語間舒巻、雲似無心自往来。
城闕祇応思我住、泮池誰是出群才?
眼前活潑無窮趣、認取源頭莫漫猜。

第二句目と朱熹の「天光雲影共徘徊」とはわずかに二文字の差しかない。一句目の「清漣」そして結句の「源頭」はどれも朱熹の詩から啓発されたものである。県令の黄家鼎は「鳳岡春雨」の中で鳳岡書院の景色を描いており、これも一見の価値がある。

青陽時節雨瀟瀟、春到平岡景色饒。
一抹軽煙迷鳳鼻、幾行新翠挂山腰。
楼頭燈火聴偏寂、樹裡人家望転遥。
正好栽桃兼植李、恩承膏沢発霊苗。

この詩は鳳岡書院に春が訪れた情景を描いており（第二聯の「鳳鼻」は鳳鼻山を指す）、春雨に重点が置かれ、一つには春雨には霞がかった美しさがあり、また一つには天からの恵みでもあり、学田を潤すことができるため、書院の経費を憂慮しなくてよい。それ故結句に「正好栽桃兼植李、恩承膏沢発霊苗」の描写があるのである。桃李を栽培することは「学生」の育成を意味する。「膏沢」は重層的な意味を持っている。春雨を意味する一方でまた帝王の恵みをも意味しているのである。「霊苗」もまた掛詞であり、学田に新たに萌え出た作物の苗を指し、また鳳岡書院の学生の啓蒙も指す。この詩は管理者の立場から描かれており、文化教育に関心を寄せる一人の年長者の胸の内を描いており、鳳岡書院の風景や学田制度の特色を反映したものでもある。

最後に挙げるべき作品は、鳳山県学教席に就任した福州出身の林紹裕が書いた「巡社課番童」である。この詩には鳳山県の原住民教育、及び「社学」の教育状況が描き出されている。

宿雨初収澗水渾、閑騎款段過蛮村。
檳榔交暗青圍社、椰子高懸赤映門。

卉服授経通漢語、銅鐶把耒識君恩。
三年来往慚司教、喜見番童礼譲敦。

詩全体が、風景から連想する形式をとっており、作者は「閑騎過蛮村」の句で教師が「番社」で教える楽しさを表現している。「銅鐶把耒識君恩」の観点は、前近代期の中国人が教育を「君恩」と見なしていたことから抜け出せていないが、作者は重点を結句の「喜見番童礼譲敦」に置いており、礼譲社会を形作ることを教化の最終目標としている。「卉服授経通漢語」の句では教授内容を説明しており、漢文の他に儒家経書を学べば、最終的には「喜見番童礼譲敦」の境地に達することができると詠んでいる。この詩は清代詩の中で原住民の儒学教育について詠んでいる非常に珍しい一首である。

四　鳳山県原住民の儒学教育

孔子廟学宮の設置は鄭氏政権時代に陳永華の計画によって始まったが、原住民の教育も陳永華を始まりとする。[92] 江日昇の『台湾外紀』には、康熙五年（一六六六）、「先師を祀る聖廟を建て、その脇に明倫堂を設置した」後、「各社に学校を設置し教師を招聘して、子弟に勉学させる」[93]とある。しかし、この文で詳細は述べられておらず、「各社」がどの地域を含むのかも明らかではない。鳳山県社学が初めて設けられたのは康熙年間であり（第一節を参照）、その後も長い間発展し続けた。しかし、現存する碑文の中で社学について言及したものはない。なぜなら社学は小型の啓蒙学校であり、校舎も比較的粗末なものだったため、繁栄を記念して建てられる碑文が設置されることはなかったからである。しかしながら詩歌においては前節で見た林紹裕の七律が現れ、原住民が受ける儒学教育について語られている。

鄭氏政権時代の史実に関する重要な文献、たとえば楊英の『従征実録』や江日昇の『台湾外紀』から、鄭氏政権時代、鄭成功は番を「民」と呼び、常に原住民の生活の権利を保護するよう命令を下しており、原住民を差別する意図はなかった。(94) しかし、鄭軍の中には愚かにも屯田を口実に兵士が原住民の田畑を侵略する事件も起こっており、隠蔽してはならない事実である。台湾は清代から徐々に漢民族・漢文化を主導とした社会へと移り変わっていったが、それと相応するように原住民は経済的搾取以外に、漢文化の強烈な同化圧力という二重の搾取を受け、次第に独自の文化を失っていった。現存する清代の文献を見ると、一部の漢人にとって「番」は漢民族が台湾で開拓を進める過程の障害と見なされており、高い山や険しく高い峰、洪水や猛獣被害、毒蛇や瘴毒と同等の障害であり、この人為的障害に対しては武力によって服従させるのではなく、教育することで同化を進めた。しかしながら、多くの人道主義の官員や書生もいることを見過ごすわけにはいかず、彼らの原住民教化に対する心がけは一視同仁、天下一家の精神から発生しており、血統によって華夷を判じるのではなく、文化によって華夷を判じるという孔子思想を存分に体現したものである。

最も早期に作られた五篇の『鳳山県志』の序文では、どれも共通して原住民の教化について言及しており、これは鳳山県の注目すべき治績だと評価している。施世驃の書いた序文では、「竜宮や鯨の住処、額の刺青やお歯黒をした人たちの住んでいた場所は、今は塾や学校となり、学生や博士が勉強する場となった。一地方でもこのような状況にあるので、彼の邑でも同様の状況にあるだろう。現在の素晴らしい朝廷が制度を統一したことで、名声と権威を得て、異民族の習俗を徐々に中華文化に同化することができた[95]」と述べている。

梁文煊の書いた序文はより明らかに清朝政府側に立って発言した内容であり、原住民を遅れた人々と見做し、また鄭成功を「旧勢力」と称した。序文、「聖天子の教化はその大なること外なく、海外にある古より中国と交流のあまりない貧しく荒れた島も、みなその臣下となり、郡県が設置されている。役所を設置し、学校を建て、強力な軍隊が護り、旅人や商人の通行も盛んである。額に刺青を入れたりお歯黒を施すような人々が暮らす郷を、礼楽が息づく文化を持つ地へと変える。聖天子の治める範囲はこの地まで及び、名声と威信もこの地に及ぶ。このような状況はこれまではない」。文中の「額の刺青やお歯黒をした人たち」とは原住民を指している。これに対して、台湾を占領した当初は「台湾の土地は初め平らかであったが、不法占拠した旧勢力の者どもが数十年に渡って削り、人心は定まらず、原住民と漢民族が交じり合って住んでいた[96]」とあり、梁文煊は、「聖朝」は三、四十年という短い間に「額に刺青を入れたりお歯黒を施すような人々が暮らす郷を、礼楽が息づく文化を持つ地へと変える」ことができたと、ひとり得意になって喜んでいる。

王礼の序文では「台湾は海の遥か向こうにあり、未開人らはこれまで教化を受けたことがなかった」と書いているが、「聖朝」の統治の下、「近年、辺境の地である台湾は発展し、人口は徐々に増え、土地は着々と開拓され、商人も日に日に多くなっている。民間の子弟は一生懸命に勉強しているので、文化はますます発展している[97]」と記している。

李丕煜の序文でも「聖朝」による教化の功績を強調して、「三十余年来、聖天子の文教活動は広まり、民衆の習俗は大きな変化を遂げた。……それぞれの家庭は学習を重視し、学風がますます盛んになってきた[98]」と記している。王礼と李丕煜の序文ではさらに文教の完了が志を編集する条件であったことを強調している。

『鳳山県志』には学校に関することのみを記す志を設置し記載することはなかったが、学校組織に関しては「規制志」に記され、また孔子廟祭祀に関する諸事は「祀典志」に記載されたことから、鳳山県の教育は康熙末年では十分に発展していなかったことが見て取れる。『重修鳳山県志』では「学校志」が設けられており、その巻頭において全書の主旨が明らかにされている。

鳳山の浜辺、海の隅、南の果てにある。学宮は風水の良い地に建てられ、台湾全土で最も素晴らしいものであり、士人が勉学するに相応しい環境である。髷を結った児童が葛布で作った服を着て、教化を受け、その示す義に夢中になり、新たに自ら鍛錬すること、山の水が湧き出る泉のようである。つまり大切に養育され守られて、育てられる。今上皇帝は心を育てることに熱心で、人材の育成についてはさらに力を入れており、解額の定員を増やしたり、義塾の設置を進めた。村社や、原住民の児童に至るまで教育を疎かにすることなく、教師を招聘し教え導いた。恩を施された者は、中国本土より比較的多くみられる。これは状況により導くことである。開化されていない原住民は全て教化され、絃誦する声が村社の至る所で聞こえる。柳宗元は、孔子の思想の伝播と朝廷の法令の推進は、どちらがより遠い所まで達することができるのかと言った。まさにその通りである。学校を建てることを志そう[99]。

文中の「村社や、原住民の児童に至るまで教育を疎かにすることなく、教師を招聘し教え導いた」、「開化されていない原住民は全て教化され、絃誦する声が村社の至る所で聞こえる」とは原住民の教化の成果を説明したものである。「土番社学」の一節で、王瑛曽は「番俗雑記」を収録しており、鳳山県の原住民に対する漢化教育の状況をさらに具体的に描写している。

修学する原住民の学童らは、起立して調子よく暗誦しており、その様子は以前の習俗とは全く異なっている。高官の要求するところを観察して述べると、「四子」書を学び、一経を習得できた者は、励ましとして楽、舞生に衣巾を与える。癸卯年の夏に、高守鐸は各社に原住民の学童を送り込むことを申し出た。私は彼らに酒と食事を与え、一人一人に「四書」を一冊と「時憲」を一冊与えた。暦の読み方だけでなく、寒暑四季があることを知らせるためでもある。原住民は年代を記述する習慣がないが、これによって徐々に記述するように変わるだろう[100]。

この「番俗雑記」は黄叔璥の『台海使槎録』に収録されているものであり、文中には原住民の儒家経典学習の状況が非常に生き生きと書かれている。陳文達の『鳳山県志』から王瑛曽の『重修鳳山県志』に至るまでの内容から、原住民の漢化教育は日増しに深まっていったことが見て取れ、覚羅四明（満州出身）が序文の中で、鳳山県はすでに「百年の間に人口は増え、教育が施され、草昧の地は文明を持つ地へと変化し、日増しに繁栄して、ほんの一瞬の間に海の外にある優れた地となった[101]」と表現したのも何ら不思議でない。

大陸の研究者の陳国強と田富達はこの問題に対して的確な評論をしている。彼らは「清朝の高山族に対する教化政策は、……清朝の高山族に対する統治政策の一部である。即ち、軍事・政治・経済政策に合わせて作られた統治政策を構成する一部分である[102]」と指摘する一方で、「これらの政策は清朝統治階級の為であるから、時代及び階級に限界がある」とも批判している。しかし、この二名の研究者も「これらの教化政策と措置は、客観的に高山族の文化教育水準の向上を促進する作用があった[103]」ことを等閑してはいない。

実際には、清政府であっても当時の漢族文人であっても「時代と階級の限界性」を持っている。異なるところと言えば、清朝朝廷は教化を以て統治を順調に進める手段としたことであった。学校の教師は政府が提供する資源を利用して儒学の教育理想を実践し、多くの人民が教育を受けることができる社会、また平等で正しい社会の実現を追い求め、原住民にも同等に教育を受ける機会を与えた。清政府の階級属性は統治階級であり、儒生の階級属性は知識分子階層であった。儒生階層は清朝朝廷と原住民の間を取り次ぎ、清朝朝廷が原住民の教化に積極的に取り組むよう働きかけた。しかし儒生階層の思考は漢族本位・儒学本位に縛られており、彼らは儒家理想を世界中どこでも適用できる普遍的真理だと見なして原住民社会へ伝授し、完全に漢族文化と儒家思想に同化することを強く望んでいた。現代のまなざしでこの儒生らを批判しても、それは後知恵であり、歴史上の人物に対する同情や理解に欠ける。しかし原住民文化を尊重する立場に立ち、また台湾文化は原住民文化を含むという認識の立場に立って、清代の原住民が受けた儒家教育を少し省思しなくてはならない。実際に、本位主義によって台湾儒学は異なる文化との価値ある交流の機会を失い、また清代台湾教育では儒学一辺倒であり、文化発展の活力とオリジナリティを失った。これらはすべて今日、台湾伝統教育を研究する現代の研究者が真剣に対処しなければならない問題である。

＊初稿の発表は、第五回「高雄文化発展史」研討会（高雄：高雄市教育局主催、一九九六年）において行われ、定稿は黄俊傑編の『高雄歴史与文化論集』第四輯（陳中和翁慈善基金会、一九九七年）に収められている。

注

（1）楊英『従征実録』（台北、台湾銀行経済研究室、台湾文献叢刊第三二種、一九五八年）一八八頁。
（2）陳文達『鳳山県志』（台北、台湾銀行経済研究室、台湾文献叢刊第一二四種、一九六一年）、三頁。
（3）蔣毓英『台湾府志』、陳碧笙校注（廈門、廈門大学出版社、一九八五年）三頁。高拱乾『台湾府志』（台北、台湾銀行経済研究室、台湾文献叢刊第六五種、一九六〇年）、五―六頁。
（4）楊熙『清代台湾――政策与社会変遷』（台北、天工書局、一九八五年）二六頁。
（5）楊熙『清代台湾――政策与社会変遷』三四頁。
（6）この内容は楊熙『清代台湾――政策与社会変遷』三四―三五頁を参考。
（7）前述の教育行政に関する内容は『台湾省通誌』巻五、『教育志・教育行政篇』（南投、台湾省文献会、一九六九年）一一二頁を参考。
（8）高拱乾『台湾府志』三二一頁。
（9）蔣毓英『台湾府志』六三頁。
（10）これらの学者は近代学者だけではなく『鳳山県志』、『重修鳳山県志』、『鳳山県采訪冊』を編纂した学者も含む。
（11）蔣毓英『台湾府志』六三頁。

(12) 高拱乾『台湾府志』五四頁。
(13) 高拱乾『台湾府志』二三五頁。
(14) 高拱乾『台湾府志』二三五頁。
(15) 蔣毓英『台湾府志』六四頁。
(16) 王瑛曽『重修鳳山県志』(台北、台湾銀行経済研究室、台湾文献叢刊第一四六種、一九六二年) 二四一頁。
(17) 陳文達『鳳山県志』一四頁。
(18) 李欽文「県義学田記」、王瑛曽『重修鳳山県志』三六八頁。
(19) 陳文達『鳳山県志』二三頁。
(20) 陳文達『鳳山県志』二四頁。
(21) 王瑛曽『重修鳳山県志』一八一頁。
(22) 陳文達『鳳山県志』一四頁。
(23) 陳文達『鳳山県志』一四頁。
(24) 盧徳嘉『鳳山県采訪冊』(台北、台湾銀行経済研究室、台湾文献叢刊第七三種、一九六〇年) 一五五頁。
(25) 高拱乾『台湾府志』三三頁。
(26) 陳文達『鳳山県志』一四頁。
(27) 陳文達『鳳山県志』一四頁。
(28) 陳文達『鳳山県志』一四二頁。
(29) 王瑛曽『重修鳳山県志』一五七頁。
(30) 盧徳嘉『鳳山県采訪冊』一五五頁。
(31) 王瑛曽『重修鳳山県志』一七四頁。
(32) 盧徳嘉『鳳山県采訪冊』一五六頁。
(33) 盧徳嘉『鳳山県采訪冊』一五五—一五六頁。
(34) 盧徳嘉『鳳山県采訪冊』一五五頁。

(35) 王瑛曽『重修鳳山県志』一八一頁。
(36) 劉良璧『重修台湾府志』（南投、台湾省文献会、一九七七年）三五六頁。
(37) 『台湾省通誌』巻五、『教育志・制度沿革篇』（南投、台湾省文献会、一九七〇年）五二頁。
(38) 盧徳嘉『鳳山県采訪冊』一五八頁。
(39) 盧徳嘉『鳳山県采訪冊』一五九―一六〇頁。
(40) 盧徳嘉『鳳山県采訪冊』一五九―一六〇頁。
(41) 盧徳嘉『鳳山県采訪冊』一六〇頁。
(42) 盧徳嘉『鳳山県采訪冊』一六〇頁。
(43) 盧徳嘉『鳳山県采訪冊』一六〇頁。
(44) 萃文書院の建立について旧志には全く記録がない。しかし、現存する「新建萃文書院碑記」（道光二十五年成立）から、この書院があった可能性が高いと黄典権が参考にした。『台湾南部碑文集成』（台北、台湾銀行経済研究室、台湾文献叢刊第二一八種、一九六六年）二七七―二七八頁。
(45) 李汝和『台湾文教史略』（南投、台湾省文献会、一九七二年）一八頁。
(46) 盧徳嘉『鳳山県采訪冊』一六一頁。
(47) 盧徳嘉『鳳山県采訪冊』一六一頁。
(48) 盧徳嘉『鳳山県采訪冊』一六一頁。
(49) 盧徳嘉『鳳山県采訪冊』一六一―一六二頁。
(50) 李汝和『台湾文教史略』二四頁。
(51) 王瑛曽『重修鳳山県志』一八二頁。
(52) 盧徳嘉『鳳山県采訪冊』一六四頁。
(53) 初例は『鳳山県志』に収められており、『重修鳳山県志』、『鳳山県采訪冊』および『台湾教育碑記』（台北、台湾銀行経済研究室、台湾文献叢刊第五四種、一九五九年）にも収められている。
(54) 初例は『鳳山県志』に収められており、後に『重修鳳山県志』にも収められているが、年代は記載されてない。

しかし義田が置かれたのが宋永清知県の任期内、つまり康熙四八年（一七〇九）であり、この文はそれと同年であると思われる。
(55) 初例は『鳳山県志』に収められており、『重修鳳山県志』、『鳳山県采訪冊》にも収められている。
(56) 初例は『鳳山県志』に収められており、『重修鳳山県志』、『鳳山県采訪冊』、『台湾教育碑記』にも収められている。
(57) 初例は『重修鳳山県志』に収められており、『鳳山県采訪冊』および『台湾教育碑記』にも収められている。
(58) これは『重修鳳山県志』にのみ収められているが、年代の記載はない。しかし文中から察するに、「我邑侯王夫子、以江左名賢来莅茲土」は王瑛曽を指すと判断できる。王氏は江蘇無錫出身であり、「江左名賢」と呼ばれている。さらに碑文の作者である卓肇昌はかつて王瑛曽との纂修『重修鳳山県志』に参与しており、王氏が鳳山知県に就任していた時期は康熙二五年から二九年（一七六〇―一七六四）の間であることから、この文も同年代だと判断できる（王瑛曽の簡単な経歴は盧徳嘉『鳳山県采訪冊』一九三頁を参考のこと）。
(59) 初例は『鳳山県采訪冊』に収められており、『台湾教育碑記』にも収められている。
(60) 初例は『鳳山県采訪冊』に収められており、『台湾教育碑記』にも収められている。
(61) 初例は『鳳山県采訪冊』に収められており、『台湾教育碑記』にも収められている。
(62) 初例は『鳳山県采訪冊』に収められている。
(63) 初例は黄典権の『台湾南部碑文集成』に収められているが、新編の文章で旧志には記録されていない。
(64) 初例は『鳳山県采訪冊』に収められており、『台湾教育碑記』にも収められている。
(65) 初例は『鳳山県采訪冊』に収められており、『台湾教育碑記』にも収められている。
(66) 以下の作者紹介に関しては、多くの志に書いてある情報を整理して作成したものである。
(67) 高雄の碑文は陳芳明によって編纂され、台北の碑文は葉明勳によって編纂された。しかし、この文は政治的要因からまだ刻字されていない。
(68) 陳文達『鳳山県志』一四頁。
(69) 陳文達『鳳山県志』三一頁。
(70) 孫継祖は同治十年に着任し二年目に離職した。盧徳嘉『鳳山県采訪冊』一九七―一九八頁を参考。

(71) 陳文達『鳳山県志』一四頁。
(72) 王鎮華『書院教育与建築──台湾書院実例之研究』(台北、故郷出版社、一九八六年)六四頁。
(73) 訳者注：中国建築用語で、面積を表わす。
(74) 王鎮華『書院教育与建築──台湾書院実例之研究』六五頁を参考。
(75) 王鎮華『書院教育与建築──台湾書院実例之研究』六五頁を参考。
(76) 前述した文昌帝君の宋から元に至るまでの地位については、梁其姿「清代的惜字会」『新史学』第五巻第二期(一九九四年六月)八四─八五頁を参考。
(77) 梁其姿「清代的惜字会」八六頁を転用。
(78) この文章は多くの地方志に収録されている。例えば陳文達『台湾県志』、范咸『重修台湾府志』など。また『台湾教育碑記』にも収録されている。
(79) 盧徳嘉『鳳山県采訪冊』一五八─一五九頁。
(80) 黄進興「学術与信仰──論孔廟従祀制与儒家道統意識」『新史学』第五巻第二期(一九九四年六月)を参考。
(81) 訳者注：台南市の漁光里にある景勝地。
(82) 陳文達『鳳山県志』四─五頁。
(83) 王瑛曽『重修鳳山県志』一〇頁。
(84) 王瑛曽『重修鳳山県志』一一頁。
(85) 盧徳嘉『鳳山県采訪冊』一三一─一三二頁。
(86) 盧徳嘉『鳳山県采訪冊』一〇七頁。
(87) 陳文達『鳳山県志』一五〇頁。後世の志書にも収録されている。
(88) 陳文達『鳳山県志』一五三頁。
(89) 盧徳嘉『鳳山県采訪冊』四八七頁。
(90) 盧徳嘉『鳳山県采訪冊』四八九頁。
(91) 盧徳嘉『鳳山県采訪冊』四八九頁。

(92) 沈光文はかつて羅漢門原住民部落で漢文を教えていたことがあったが、この地域のみで他の地域で教えることはなかった。
(93) 江日昇『台湾外紀』(台北、世界書局、一九七九年)二三六頁。
(94) 陳昭瑛「文学的原住民与原住民的文学――従『異己』到『主体』」『台湾文学与本土化運動』(台北、正中書局、一九九八年)を参考。
(95) 陳文達『鳳山県志』三頁。
(96) 陳文達『鳳山県志』五頁。
(97) 陳文達『鳳山県志』九頁。
(98) 陳文達『鳳山県志』一一頁。
(99) 王瑛曽『重修鳳山県志』一五七頁。
(100) 王瑛曽『重修鳳山県志』一八二頁。
(101) 王瑛曽『重修鳳山県志』一頁。
(102) 陳国強、田富達「清朝対高山族教化政策述評」『廈門大学学報』第二期(一九九三年)。
(103) 陳国強、田富達「清朝対高山族教化政策述評」。

第五章　『台湾通史』「呉鳳列伝」における儒家思想

一　連雅堂の時代と家学

連雅堂（一八七八―一九三六）は日本統治時代より以前に誕生し、十八歳の時に台湾割譲という大事件に遭遇した。日本台湾統治の時代背景は彼の学習経歴に多大な影響を与えた。日本統治時代に台湾漢民族が大和民族に植民地的抑圧を受けたという歴史状況を深く知らなければ、連雅堂の著作に表れる基本的精神を理解することはできない。だが、漢民族中心の思想を持ち続け、異族の侵略と統治に反抗する連雅堂の姿勢は、時代による刺激だけでなく、連雅堂の家学とも関係するように思われる。

連雅堂の祖先は十八世紀初めに台湾に渡ってきた。連雅堂の娘の子供にあたる林文月は、連一族が台湾に渡ったいきさつを、「清聖祖康熙年間に、連雅堂の七代前の祖先である興位公が明朝の滅亡を嘆き、隠遁を決意して海を渡り台湾へ来た。台南の寧南坊にある、鄭成功がその昔、兵を駐留させた場所に居を定めた。興位公が、かつて民族の英雄が軍を駐留させたという歴史的記念のある土地を選び家を築いたのは、ただの偶然ではなく、計り知れないほど悲しく痛ましい意図があった。これは、連氏の子弟が清朝の科挙試験を受験しなかった事実から見て取ることができる。興位公は臨終の間際に、明朝の服装で埋葬するよう遺言を残した。さらに死んでからも夷狄である悲しみを表して、異族による統治に屈服しない反抗の意を誓った[1]」というように叙述している。これより、興位公の遺言は連一族が代々守る家訓となった。このような背景から、連雅堂の父親である永昌が春秋史学を家学としたことは、全く不思議なことではない。

「過故居記」において、連雅堂は回顧して「亡き父は春秋、戦国、三国志演義をよく読み、言葉の多くは古の忠義に関する事柄であった。余はそれらから非常に多くの知識を得た[2]」と述べた。父は古代史に関心があっただけではなく、台湾史にも関心があった。連雅堂は『台湾通史』「孝義列伝」序の中で、十三歳の時に、父が両金を支払って余文儀の『続修台湾府志』を彼に買い与え、「台湾人なら、台湾のことを知らなくてはならない[3]」と言ったことを回想している。連雅堂は「本を著わすことで欠落した古の志を補いたいと誓った[4]」時、また『台湾通史』が完成しようとした時、「亡き父の声や面影がここにある」ことを感じた[5]。そして最も注目すべきことは、連雅堂はこの『台湾通史』と非常に密接な関係にあったことを「孝義列伝」に記し、彼はこの歴史的大著の完成は自らの守るべき家訓、励むべき孝道の課題の一つであると説明している。

もし連氏一族の歴史と家学が、連雅堂にゆっくりと歴史的知識を修養する小さな環境を与えたとするならば、中国古典史学は大きな環境を与えたということになる。この大きな伝統は連雅堂に史学に必要不可欠な養分を与え、それによって連雅堂の史学は燦爛たる輝きを増したのである。この大伝統は『史記』を源とする。連雅堂の『史記』の愛好は非常に早くから芽生え、幼年に教育を受けた際、「『史記』項羽本紀の文字数は一万字に達するが、彼は読み、また朗誦することができる」[6]。『台湾通史』全体の形式が『史記』の影響を受けていることは言を待たない。「凡例」の中で彼は、「この書は龍門の方法に従い、紀、志、伝と呼ぶ。そして表は諸志の中に入れる」と記している。また彼は、「台湾通史刊成自題巻末」詩の中で自らを司馬遷の継承者とし、「司馬遷亡き後、伝統は失われ、游俠列伝は一巻にまとめられた[7]」と述べている。

反清復明の精神を掲げる一族の中で育った連雅堂が、自らが主となって活躍することのできる時代になると、この精神を反日復漢へと転換させたのは、ごく自然の流れである。史学中心の家学伝統の中で育った連雅堂が『台湾通史』の執筆を畢生の業とし、養育の恩に報いるという行為には、たとえ日本統治下であろうとも、漢民族の歴史に対する意識と忠孝の道が、脈々と継承されていたことが明らかである。

二 『台湾通史』における漢民族意識と原住民のイメージ

明清以降、漢民族が台湾に大量移民したことで、原住民の各族は山林へ徐々に追いやられていっただけでなく、ある部族は滅亡への歩みを進め、台湾もまた漢文化主体の社会となった。明清の両代より、台湾に訪れた漢民族文人は台湾を見て、「漢民族と原住民が入り混じっている」、「原住民の群れ」というような印象を強く受け、また自覚か無自覚か、関連する記録を残している。その中には、やはり露骨な大漢民族主義をもとにした原住民を蛮族と見なす言論があるが、多くは、一視同仁とも言えるような人道主義精神溢れる感動的な文章である。[8]例えば、鄭成功の下で戸官の任にあった楊英は、原住民を「民」と見なして、原住民に向き合い、「人民が自らの利益としていることによって人民に利益を得させる」という古訓を体現するべきだと主張した。[9]康熙年間に来台した阮蔡文は原住民社会に対しても「礼儀正しくその土地の風俗を聞く。低俗なことと見て嫌がることができようか」[10]という開けた考えを持っている。道光年間に来台した劉家謀は『海音詩』百首の中に、原住民の婚姻生活を描写した詩を一首詠んでいる。さらに自注の中で「原住民の習俗は讃えるべきである」と絶賛し、「台俗」（台湾漢民族の習俗）は「人の心が冷淡である」、「地の気が薄弱である」ことを反映していると大いに嘆いている。[11]原住民の善良な習俗を賞賛してやまないと言うことができるだろう。

これらと比較してみると、『台湾通史』における原住民のイメージは、先述した文人が記した、非常に好ましいイメージよりは劣る。それは明清両代の文人は統治階級のエリートという視点から原住民を見ているため、被統治階級である原住民に、自然と上位から下位に対する同情心を持っていたからである。だが日本統治時代において、台湾社会の民族構成は比較的複雑であった。明清代のような「原／漢」の二元構成ではなく、統治民族である大和民族対被統治民族である原住民と漢民族という構成であった。同じ被害者、被抑圧者という意識から、連雅堂は明清文人のように優勢地位から原住民を守ることはなかった。言い換えれば、存亡の危機に面している民族から言えば、自らの民族を存続させることは忘れてはならない責務であり、他族を顧みる余裕などなかった。このような反省から言えば、我々が『台湾通史』における比較的保守的な原住民論に対して驚きや失望を覚えることはない。

『台湾通史』は、「我が民族」中心の観点から記されている。この「我が民族」とは漢民族を指す。連雅堂の儒者的風格から考えて、時代が清代であったなら決してこのような露骨な自民族中心観から台湾史を書くことはなかった。しかし、日本統治時代という特殊な状況が、彼に漢民族文史の保存を自らの責務とさせ、その漢民族主体主義も克服しがたい知識論の苦境となったと推断できる。『台湾通史』「自序」で、「本来台湾に歴史はなく、オランダ人が始め、鄭成功が作り、清代に管理し、開物成務して、現在までの三百余年に渡り、我が民族の巨大な基礎を整えた」と、全体の主旨を明らかにしている。僅か三百年余りの歴史ではあるものの、「我が民族」とは自然と漢民族を指す。そうして、「この歴史は、民族の精神、人民の模範である」、「国家は滅亡しても、歴史は滅びない」(「自序」)[12]。この文中に書かれる「民族」、「国家」とは漢民族、中国を指し、この中では漢民族の歴史哲学が展開されている。「自序」の文末には吟唱するような筆致で歴史に対する情感が表現されている。

歴代の我々の祖先を心から想う。危険な台湾海峡を遥々と渡って、辺鄙で遥か遠い土地に移民し、この荒れ果てた土地を開拓して、後代の子孫のために家業を遺した。それはなんと偉大な功労だろうか。先祖らの徳行を偲び、国家の前途を慮ると、まるで徒歩で深い池のように危険な場所を渡っているようで、より警戒し用心する。ああ、よく考えてみてほしい。我が同胞、我が友よ、仁愛孝順、尽忠報国し、我々の民族性を発揚すること、これが私の目標である。悠々たる海、美しい島、これは我々の先王、先民の偉大な精神が永遠に存在する場所である。

文中の「我が祖先」、「先民」、「民族性」とは全て漢民族を指しており、「先王」とは鄭成功のことである。[13]『台湾通史』では、以上の「先王先民」に対する温情と敬意を基に展開している。「先王」では、鄭氏政権の反清復明の大業を特に重んじ、「先民」では、「竹で編んだ車を押し、着古して穴が開いた服を着て、山林を開拓する」という事業開拓の困難を重視した。こうして過去に「先王」を「海逆」、「偽鄭」と中傷したものを全て激しく非難したことで、「先王」の本来あるべき歴史的地位を取り戻した。しかし、「先民」が開拓を行う過程で、もともとこの土地に住み「先民」らとの衝突を免れることのできなかった原住民は「先民」の活動において障害となった。

「先王」への信仰の様子は連雅堂の著作の中に非常に多く見受けられる。例えば「閩海紀要」の序には、「私は承天に居を構えている。延平郡王祠の東方の都市にある。忠義を偲ぶことで、英風を奮い立たせ、亡国を偲ぶことで、感慨深く涙がはらはらと落ちる。長じてから学習し、その範囲は地方志に及ぶ。しかし延平についての記載の多くは捏造であり、私は非常に遺憾に思う。成人してより、作品を書くことを誓い、ついに『台湾通史』三十六巻が完成した。本紀では延平を尊び、建国と呼ぶ。それゆえ正統は青海原に遺され、漢民族の勢威を示す[14]」というように書かれており、「私は非常に遺憾に思う」という一言は、連雅堂が歴史に感情移入していたこと、また歴史人物を再評価することへの情熱を表現している。これと同じ言葉は、『史記』「游俠列伝」にも「秦朝より前の時代では、民間の遊侠は皆埋没され、史籍に出てくることはなかったため、私は非常に遺憾に思う[15]」というように出現している。歴史書は歴史の正義を広めるものであるという点において、連雅堂は司馬遷の遺志を継承している。「告延平郡王文」では、連雅堂が先王を崇拝していたことがより明確に書かれているだけでなく、中国と同様の光復を果たすことのできていない台湾への悲哀も見ることができる。

中華光復の年、壬子の春二月十二日、台湾の遺民である連横は恭しく畏まって、平伏し拝礼して、謹んで延平郡王廟の前で発言した。ああ、満州民族が中国を侵略し、中国は満清に支配された。良き日は過ぎ去り荒波が押し寄せ、人々は世界の末日が訪れたと嘆き悲しんだ。しかし、延平郡王は台湾で明の正統を維持し、二十二年間満清に抵抗した後に滅んだ。滅亡してから二百二十八年もの年月が過ぎて、中華民族はようやく異民族を駆逐し、中華民国を建国した。これは全て、革命の烈士らが自らの身を顧みず決死の行動を続けた成果である。延平王は天からこれを見て感動し、我々を祝福してくれると信じている。それでこそ、漢民族の威厳を再び轟かせることができるのだ。孔子以来の春秋の大義は、悠久の時間を経た後も、このように変わらない。楚国は一度滅亡したが、残された人民によって復国できた。今日、異族は去り、大陸の南北は相和し、まさに天命の致すところであって、漢民族を讃えなくてはならない。延平王が神として、これからも我々を守護してくれることを願う。

この祭文は、国民革命が「延平王は天からこれを見て感動し、我々を祝福してくれると信じている」という理由によって成し遂げられ、「孔子以来の春秋の大義は、悠久の時間を経た後も、このように変わらない。楚国は一度滅亡したが、残された人民らによって復国できた」という台湾光復の決心に溢れていたと主張している。中華民国の建国によって、連雅堂は意気揚々と大陸旅行を敢行した。「柴市謁文信国公祠」では、彼は依然として台湾と自分の運命を嘆いて、「私はまた不運に見舞われ、孤独に一人で浜辺に佇む。中国は光復したものの、台湾はなお苦境に陥っている[16]」と書いている。古典史学が表わす復讐の観念が、彼を鼓舞し続けているのである。

「八月二十七日観台北祀孔有感」の詩、「そびえ立つ宮墻の後はすでに崩れ去り、夥しい数の梟が泮池の林に集まっている。孔子廟の前で文化は崩壊し、災難の後に詩書を探す。道の奥深さは文雅の言葉では言い表すことができず、時代が困難であるから道を広めることができない。春秋を乱世とするなら今はどんな時代だろうか。誰かがこの世を変えようとするなら、力を貸そう[17]」では、儒学の没落に対する悲嘆を詠んでいる。台湾割譲という惨事が、連雅堂を精神の面で、儒家の春秋の学にさらに近づけたことが明らかである。そして「尊王攘夷」の説は『台湾通史』の中で尊延平郡王へと転換し、清人と日本人を排斥する意味として使われた。史は、史の主体を延長する機能を持つ。つまり「我が民族」という存在である。連雅堂は「上清史館書」の中で、「この歴史書は民族の精神である」と書いている。それならば、歴史書がなければどうなるのか。異民族の奴隷となるのである。彼は、「人は何も知らずに生まれ、こつこつと働いて死を迎える。歴史を持たないということは民族がないということである。乱れて窮地に陥り、何を頼みとすべきかわからず、ともに連れだって異人種の奴隷となるのである[18]」。

『台湾通史』の中で「異人種」とされたのは満州人と「台湾原住民」、そして日本人であり、「我が民族」（漢民族）はこれらの異民族と相対する関係として、『台湾通史』の中で歴史叙述の主体となっている。『台湾通史』の中で取り上げられる「先民」は、「先王」とはまた別の対象を持っている。例えば「先王」（先王に付き従って来台した家臣や老賢も含める）は漢民族基本の視点から満清を指した言葉だとすれば、「先民」

は漢民族基本の視点から「台湾原住民」を指した言葉である。「先民」の形象化について、多くは次のように書かれている。

台湾は海上の荒廃した島であったが、そこにある田畑は全て人民自らが開墾したのである。手には鋤を持ち、腰には刀と槍を差し、原住民や猛獣と戦い駆逐して、身を粉にして働き山林を開いた。我が民族は大きくなり、現在に至っても子孫である我々はこの土地から離れることはない(「田賦志」[19])。

台湾は本来原住民の土地であり、この田畑は皆原住民の田畑である。我が民族はこれを開墾して、子孫を育て、現在の生活に至る。今のような快適な生活は、一朝一夕にしてでき上がったのではなく、命を懸けて、長い年月に渡って働き、やっとこの小さい土地を得たのだから、大切にしないはずはない(「田賦志」[20])。

歴代の我々の先民を心から想う。危険な台湾海峡を遥々と渡って、辺鄙で遥か遠い土地に移民し、この荒れ果てた土地を開拓して、後代の子孫のために家業を遺した。それはなんと偉大な功労だろうか(「虞衡志」[21])。(この段落と「自序」の内容は同一である。「自序」では「先民」を「祖先」としている。)

「先民」とは、開拓者のイメージである。開墾はきわめて危険で困難を要する仕事であり、開拓の過程における障害には比較的マイナスのイメージが与えられる。原住民はその障害の一つとして、「番害（原住民が起こす殺傷事件）」や「番乱（原住民が起こす反乱）」という姿で出現する。例えば、

> （雍正）九年冬十二月、大甲西社で番乱が起こる。将軍の呂瑞麟がこれを制圧する（「経営紀[22]」）。
>
> 原住民教育は盛んになったが、なお番害は多く発生する。長期の計画として、互いに協調して、教化を施し良俗にすることが望ましい（「疆域志[23]」）。
>
> 台湾の要塞は鄭氏政権時代の模倣である。永暦十九年、諮議参軍の任にあった陳永華は、屯田制の案を上申し、軍が原住民の土地を開墾したことで、開拓者の人民たちも日増しに増えた。番害に遭った時には、堆土をして境界を設け、出入りを禁じた（「軍備志[24]」）。
>
> （光緒）二年、太魯閣で番乱が起き、これを制圧する。太魯閣は台東にある未開の僻地であり危険な土地で、殺人事件が頻発する（「撫墾志[25]」）。

「先民」から見れば、原住民は「番乱」や「番害」とされる。しかし、原住民と台湾の関係はどうだろうか。連雅堂はよくオランダとスペインが台湾を統治した状況に例えている。例を挙げれば、

もとより台湾は東に位置する未開の地であり、……世間との交わりはなく、棒状の髷を結い、夥しい人数の集団で、裸に腰布を巻き、弓矢を射て走る。今なお遊牧の生活をしている（「開闢紀」[26]）。

台湾は海国で、周囲を皆海に囲まれている。……山は天に届きそうなほど高く、野には雲がたちこめ悠然としており、野生の動物が至る所にいる。原住民に占拠されて何千年経ったのか、知る由もない（「郵伝志」[27]）。

台湾は南海の国で、一年中温暖な気候にあり、土地は肥沃である。……原住民はこの土地を占領し、島夷がこの土地を侵略する（「虞衡志」[28]）

時代の制約を受けているため、連雅堂が九十年代の台湾漢民族のように、原住民を台湾における最初の居留民であると尊重することはあり得ない。開拓史において、原住民は猛獣や荊、流行病と同等のものとして、先民開拓者らの障害物とされた。もし歴史の中の当時の状況に戻るなら、『台湾通史』の劣悪な原住民の姿は、恐らく非常に忠実に書かれたものであっただろう。ここからも連雅堂の歴史に対する客観的精神が窺える。しかし同時に、連雅堂は漢民族の立場から叙述していたため、先民の開拓について数々の胸を打つ話を載せているが、原住民の場合は必然的にそのような生活史は明らかに漠然と書かれている。先民を讃えるために、連雅堂は開拓功労者も延平王祠で祀らなくてはならないと主張しただけではなく、彼は「林圯は未開の地を開拓し、林鳳は戦いに敗れ海のほとりに沈んだ。祭祀の典籍に名が全く挙げられていないのは一時の誤りだろうか」(「諸臣列伝」[29])と言っている。ここでは、反清復明の延平郡王のイメージの他に、鄭成功の持つ開山聖王のイメージが明らかにされている。一方で、列伝の中では林圯や林鳳、王世傑など鄭氏政権時期の開拓者たちの伝記が書かれたが、これは異なる形式でこれらの人々を延平郡王祠で祀らせるためであった。

「林圯・林鳳列伝」では、「柵を設けて住居を建て、日々原住民と戦う」、ある日には「原住民が襲来し、力戦したが勝てず、終に包囲され、食料は底をつきつつあった。人々は話し合い、脱出しようとしたが、林圯は許さなかった。林圯は、『私と君らが苦労の末に手に入れたこの土地は、たとえ死んでも渡さない』と宣誓し、人々はそれに従った。数日後、食料は尽き、人々は殺され、犠牲者は数十人にものぼった」というように、林圯が鄭成功率いる軍の部将として、斗六門に赴き開墾をしたことが書かれている。連雅堂は「開拓をした功績は大きい[30]」と林圯を讃えた。連雅堂は「王世傑列伝」に「新竹は元来原住民の土地であり……我が先民がこの土地を開拓し、荊を伐採し、害獣を駆除して子孫を育てた」と記している。また鄭克塽の在位中に発生した「北番乱」では、討伐の結果「原住民は皆逃亡した」という記載もある。連雅堂が王世傑の伝記を著した理由は、彼が「食料配達の功績」を持っているからである。「番乱」を制圧した後、「原住民が土地を開墾することを許し、また新竹を我が部族の住むところとする[31]」。呉沙は清代の開拓者である。彼は宜蘭を開拓した功績が認められ伝記が書かれた。『呉沙列伝』では「呉沙は単なる普通の人物であったが、非常に大きな志を持ち、忍耐強い民衆を率いて、未開の地に踏み入り、天候や猛獣、野蛮な人々と戦いながら、勇敢に前に進んだ。決して諦めなかったために目標を達成し、国家の領地を広げることができた[32]」というように、彼を讃えている。連雅堂は、我が民族の勢力を広め、国家の領土を広げた功労者は伝記を書くべきであるという見解を持っている。『台湾通史』の中で原住民は「異種」として書かれているが、連雅堂は清代の一部文人と同ように「ある種の帝国主義の植民統治よりは人道的な精神で……植民地統治者が被植民者を永遠に二級民族や二級人民としようとしたこととは同じでない[33]」という思いを持っている。しかし、「原住民が『番』の地位から『民』へ上がるためには、教化を受けることが必要不可欠[34]」であり、教育面においては、漢民族と原住民は平等であった。同治十三年（一八七四）に清朝が発布した「訓番俚言」には、「中華人から言葉を教わるために義学を設置し、理義の知識を学ぶ」や「漢民族と原住民の分別なく、ともに教化が施される[35]」という記述がある。連雅堂も、このような原住民を平等に扱おうとする志を持っていたが、清代の文人と同ように、原住民の教化を前提としていた。「経営紀」には、施琅の疏の中の「この地方はすでに領土として加えられた。漢人も原住民も等しく人民である[36]」という一文が引用されている。

彼はさらに、康熙年間に来台した陳璸の原住民に対する関心についても注目し[37]、陳璸の「原住民の苦労を聞くと、溜息が出る」（「撫墾志[38]」）という感動的な場面を引用している。一方、「撫墾志」は「一旦服従し教化を受け入れれば、原住民は我が民となり、またその土地は我が物となる。そして、その土地が後に災禍となるかは漢民族によって決められた[39]」と、徐宗幹の見解を引用している。この見解は謝金鑾の『蛤仔難紀略』の中で、連雅堂から引用した「もし真剣に人民を守ろうとするなら、蛤仔難の人民、つまり堯舜の人民は、どうして禍のもととなるだろうか」という一文にも出てくる。連雅堂は、許氏と謝氏の原住民論について、「この論は素晴らしい。これならば当時の蛤仔難を管理することができ、ひいては全台湾を統治することができる」（「呉沙列伝[40]」）と称賛している。

ここから、連雅堂は「番乱」と「番害」は全て「原住民」が原因だとは考えておらず、漢民族移民及び官員にも責任があると考えていたことがわかる。もしも「敬事」せず、また「愛民」しないならば、「番乱」や「番害」を招くことになり、それは「原住民」の罪ではないとした。さらに、その土地に災難をもたらすのは「原住民ではなく漢民族」なのだ。『台湾通史』のこのような内容は、漢民族の立場から自己反省する度量がある。

『台湾通史』は一九二〇年代より以前に完成した。その中での、限られた原住民論の内容は、時代が作り出したものである。台湾は一九二〇年代になると、文化啓蒙運動の段階に足を踏み入れるが、有識者の原住民に対する認識は変わらず不足したままであった。台湾の有識者階層は、一九三〇年に発生した霧社事件に刺激され、原住民の世界に本格的に関心を持ち始めた(41)。それゆえ『台湾通史』のみが、執筆が完成した年代に立ち戻ることができ、その意義と価値を真に知ることができるのである。

三　呉鳳故事の各種版本と連雅堂の立伝の基準

呉鳳の故事には多くの版本があり、それぞれが別々の目的をもって書かれている。最も早くこの故事を記したのは劉家謀の『海音詩』(一八五二年頃)であり、作成の動機は、民謡を取集することで人民への理解を進めることにあった。『海音詩』に収められる百首の詩は、ほとんどが劉家謀が選び採録した作品であり、詩の一首ずつに非常に長い注釈が付けられ、故事の顛末あるいは習俗の由来が説明されている。詩の中には「番割の多くは最終的に民に災いをもたらす。呉鳳のように恩恵を与えた者はいない」[42]と記されているが、これは漢民族の観点が反映されたものである。しかし、劉家謀の漢民族意識の自覚は、連雅堂に遠く及ばない。次に呉鳳の故事事績を記したのは倪贊元の『雲林県采訪冊』である。これは光緒二十年（一八九四）に完成しており、「采訪」の語は倪贊元が劉家謀と同ように民謡の採集を重要視していたことを示している。『雲林県采訪冊』は十五の堡について書かれ、それぞれの村の沿革や人物、山川、物産、風俗等が詳細に記されている。[43]呉鳳の故事は〈打猫東堡〉の「凶悪原住民」の欄に載せられ、「通事である呉鳳の事績に附す」という題で、附記の方式でもって「番害」を記しているが、この書き方は連雅堂が「呉鳳列伝」という形式で、同故事が持つ歴史的意義を表現したことに遠く及ばない。しかし「呉鳳列伝」が表現する文学性と、伝える義理は、主に倪贊元を本源とするものである。そのため、比較的重要な部分をここに引用する。

呉鳳は、打猫東堡の番仔潭集落出身の人物である。幼いころから勉学に励み、大義を理解し、原住民の言葉に通じていた。康熙の初め、台湾は清に帰順し、……生番は投降させられ、原住民語に通じる人物を通事として募集し、各社の交易を管理させた。しかし、原住民は人殺しを好むため、通事は恐れ、遊民を買って捧げた。呉鳳が通事を務めた時、原住民らは生贄を要求してきた。呉鳳はその風習を廃絶する術はないと思ったが、人命を買って原住民に媚て捧げることはできず、口実を作って延期し、生贄を捧げるという約束を何度も破棄した。戊戌の年、原住民はより強く生贄を要求しに来た。呉鳳は今回の話し合いは決裂すると感じ、家人に、馬に跨り片手に刀を持ち、もう一方の手に原住民の首を提げた紙人形を作り備えさせ、原住民との話し合いの日程を定めた。

話し合いの前日、呉鳳は家族にこのように言った。「長い間、原住民の凶暴な性質を手なずけられなかった。彼らを制御することはできないと思う。そうかといって、人をみすみす死なせるのは忍びない。今、彼らに大義を求め、幸運にも聞きいれてくれれば、原住民は必ず私に従うだろう。そうでなければ、必ず殺される。私が死んでも泣いてはならない。すぐに紙で作った人形を燃やし、大声で『呉鳳が山に入る』と叫んでくれ。私は死んで霊となり、この災いを除くのだ」。家人は泣いて諫め、聞き入れなかった。次の日、原住民が来て呉鳳は赤い服に身を包み歩み出で、原住民らに「人を殺したら自分の命で償わなければならないという法がある。あなたたちも帰順して法に従うなら、どうして人を殺すことができるだろうか」と諭した。しかし原住民はこれを聞かず、呉鳳を殺して立ち去った。そして家人は呉鳳の言いつけの通りに行った。

社の原住民が、馬に跨り手に刀を持ち山に入る呉鳳の姿を見かけると、必ず病にかかり、また多くの死者が出た。人々はともに恐れ戦いたがなす術がなかった。原住民の女が山下の漢民族に嫁入りすると、漢語を解するようになり、呉鳳の過去の言葉を聞いて故郷に帰り、それを家族に話した。彼らはさらに恐れ、呉鳳の墓の前で今後永遠に嘉義の地で人を殺さないことを誓った。これで祟りは止んだ。人々はこの恵みに感謝し、祠を建て祀った。今もなお、四社番はこの誓いを守り、打猫等の堡の人を殺すことはできない(44)。

ここで語られる呉鳳の思想と呉鳳殉難の物語が「呉鳳列伝」のモデルとなった。連雅堂の作史には客観性が足りないという論者は、常に「偽作」の問題から「呉鳳列伝」の信憑性に疑問を抱いている(45)。毛一波は連雅堂に同情的な態度を示しており、それは「愛国保種」の言葉に見て取れるが、「情熱があり余っているが、理知の不足と認識不足の誹りを免れ得ない[46]」と批評してもいる。また陳其南は「呉鳳列伝」を比較的信用のできる資料だと見做しているが[47]、残念なことにこの文は非常に簡素なもので、論述には至っていない。連雅堂が『台湾通史』を執筆している期間に[48]、日本では「理番」の助けとするため、すでに新しい呉鳳伝の版本が出されていた。この版本では呉鳳を神格化し、呉鳳の殉難の道徳性を高めて曹族人が醜悪化されている（内容は後に詳しく述べる）。この本当の動機は日本人を呉鳳の階層よりも高めることにあった。それは呉鳳のような偉人を持つ漢民族が、今日では日本に統治されているということであり、こうすることで日本人の優位性はより明らかなものとなるため、原住民は日本人に仕えるべきだということを意味している。しかし、連雅堂は日本人が新版の呉鳳伝を売り出した時、以前の版本を基礎にして漢民族の視点から呉鳳の故事を書き直したため、その内容には自然と日本人との抗争や漢民族伝統堅守の意味が込められた。それゆえ今日の西洋実証主義歴史学の影響を受けた観点から連雅堂を責めるのは不公平で、中国歴史学の伝統から「呉鳳列伝」を衡量することでのみ、その価値を十分に理解することができるのである。

「列伝」の形式は『史記』を始まりとする。司馬貞は『索隠』の中で「列伝とは、人臣の事跡を列記し、後世に伝えられたものである。それゆえ、列伝と言う」と書いており、また張守節は『正義』で「人の行跡を序列する。故に列伝と言う」と述べている。さらに徐復観は「いわゆる列伝というものは、その人物の身分や地位を考慮に入れず、伝と通称されるものの意味である[49]」と新説を打ち出し、字義の考証の他に、『史記』の「本紀」の「本」や、『世家』の「世」は全て政治的地位と関係し、「列伝に書かれる人物のみ、政治的地位が揃っていないため、身分で基準を決めて採録していない[50]」と指摘している。この「列伝」の定義からみると、『史記』や『台湾通史』の、どちらも理にかなっている。

『史記』は「伯夷列伝」を初めの一篇としているが、それは孔子の影響であり、文中では孔子が伯夷と叔斎の話に賛同したことを引用して、「仁を行おうとして仁を行うことができたのだから、何を怨むことがあるだろうか」や「伯夷と叔斎は賢人ではあったが、孔子が称賛したので彼らの名前はますます知れ渡ったのだ」と言った。『台湾通史』は「顔鄭列伝」を第一篇としたが、その目的は鄭成功がオランダを駆逐して台湾に入ったことの正当性を目立たせることにあった。そして「寧靖王列伝」を二番目に配置し、五妃がともに殉死した物語を詳しく叙述して、寧靖王の反清復明や不屈の節義を顕彰した。その次に配置された「諸臣列伝」や「諸老列伝」は、鄭氏政権時代の諸臣、明末の遺老について書かれたもので、載せられた人物は皇族の身分ではないものの、異民族統治に屈しなかったことが寧靖王と共通している。「諸老列伝」序から、連雅堂の構想は司馬遷と同一であり、孔子の影響を受けていることがわかる。

連横はこう言った。正気は天と地の両方に多く存在している。『論語』は逸民について記し、伯夷と叔斎を第一篇に掲げた。孔子は「あくまでも志を曲げず、身を辱めなかった」と彼らを讃えている。ああ！　これは孔子の精深な考えである。殷が滅亡した時、武王は紂を討伐し牧野で戦い、戎衣に身を包み天下を決めて、八百の諸侯は屈服した。伯夷と叔斎はこの行いを恥じて、周の与えた食料を食べず、首陽山に隠れ、餓死した。これこそが、仁を求めて仁を得たということである。

明が滅亡した時、国はかすめ取られ、異民族の皇帝に権力が移った。高官らは叩頭の礼を行って畏まり、人倫を使い果たしても、全く恥じなかった。そして我が延平郡王が独り天下に大義を広げ、開府して明の再興を目指して閩と粤を統治した。勇猛な戦士と忠実な家臣はすぐに馳せ参じ、国難を救いに赴いた。北伐での功績はなかったが、軍隊は金陵を破壊し、東都を開拓したことで、明は長く続いた。これが正気に満ちているということである！　私は延平が台湾に入った後、台湾に渡った士大夫は八百人以上いたと聞いた。士大夫らは氏名を失くし、碩徳は名声を失った。これは歴史学者の罪である。……漢の司馬遷は、「伯夷と叔斎は賢人ではあったが、孔子が称賛したので彼らの名前はますます知れ渡ったのだ」と言っている。私は沈や盧ら賢人が消え去り、台湾が君子を多く隠したことを遺憾に思う。それゆえこの逸事を探訪して、その隠れた輝きを世に出し、当世の模範とする。(51)

この素晴らしい序言では、『台湾通史』で人物を立伝する際の基準と『史記』「伯夷列伝」の構想が同一であることを説明している。政治面で成功したか否かとは異なる所に人品を立てる基準があり、その基準は、孔子が言うところの「あくまでも志を曲げず、身を辱めなかった」（『論語』「微子」）という精神と同じである。明末の遺老は反清の志を立てたが、その志を曲げず身を辱めない勇気ある姿は伯夷や叔斎と重なる。また、彼らの異民族統治に屈服しないその精神も、伯夷や叔斎と変わらない。連雅堂は司馬遷が書いた「伯夷列伝」を模倣して「諸老列伝」を書いただけでなく、「序」に書いた「隠士は時勢に従い行動する。もし彼らの事蹟が人に知られず消えるとしたら、悲しいことである」の一文は、「伯夷列伝」と一、二文字違うだけである。「諸老列伝」は、世に知られていない美徳を顕彰し、人品の極則を築き上げることのほかに、「当世の模範とする」ことを趣旨とする。ここから連雅堂が遺老の事蹟で現代人の志を鼓舞しようとしたことを知ることができる。

連雅堂が伝を作った際の意図を基準に、六十二篇ある列伝を分類すると、三種類に弁別することができる。一つ目は、異民族に反抗した人物、二つ目は台湾開拓、台湾統治の功績を持つ人物、三つ目は人民の節義の発揚を促した人物である。前者二種類に当てはまる人物が最も多く、その中には徳を兼ね備えた人物もおり、例えば林圯などは反清復明の司令官であり、また台湾開拓の功労者でもある。

第一種類目の人物としては、主に（一）「諸老列伝」に書かれるような、鄭政権時代に反清の立場を示した人物。（二）「呉球劉卻列伝」、「朱一貴列伝」、「林爽文列伝」などの多くの記事に書かれるような、清代に反清の立場を示した人物。（三）「列伝八」を代表する六篇に書かれるような、乙未戦争で台湾割譲した際に反日の立場を示した人物が含まれる。

第二種類目の人物としては、鄭氏政権時代に台湾開拓に携わった人物と、清代に台湾開拓台湾統治に携わった人物を含み、前出の林圯、王世傑、呉沙の他、多くの人々が列伝に名を連ねている。例えば、「姜周列伝」の姜秀鑾と周邦正、「台東拓殖列伝」の陳文や頼科などが挙げられている。台湾統治の功労者は「循吏列伝」に収められる場合もあり、また「沈葆楨列伝」、「劉銘伝列伝」、「袁聞柝列伝」などのように単独で伝が書かれることもある。

第三種類目の、人民の節義の発揚を促した人物については、「孝義列伝」、「勇士列伝」、「列女列伝」に収められている。

しかし、容易にこの三種に分けることのできない列伝も数多くあり、三種のうち一種に近似するものもあれば、例えば「流寓列伝」、「文苑列伝」、「貨殖列伝」、「郷賢列伝」のように、各種類の特性を複数兼ね備えているものもある。このうち「貨殖列伝」は台湾開拓、台湾統治の内容を含み、また「郷賢列伝」は「孝義列伝」と内容が近いため、第三種に入れることも可能である。

最後に、それでは「呉鳳列伝」はどの種類に属するのだろうか。浅見ではあるが私は、「呉鳳列伝」の特色は三種の人物特性を全て兼ね備えていることだと考える。まず、呉鳳は反清の思想を持ってはいないものの、自民族を保護して異民族と抗衡する勇気は、反清反日の烈士に引けを取らず、また「原住民」に対抗した功績は、多くの反清反日を掲げた人物たちに負けていなかった。台湾史上、呉鳳は空前絶後の人物であったため、独特の歴史認識を持つ連雅堂はこの勇士について書かずにはいられなかったのである。次に、呉鳳が通事となったのは、漢民族が開拓を行っていた過程の真っただ中であった。「原住民」と真っ先に接触するのは、先述した第二種の台湾開拓、台湾統治を行った功績者であることは言を待たない。さらには、呉鳳の一生の事跡と殉難は儒家思想の中で最も基本となる道徳理念を体現しており、人民の節義の発揚する第一種に分類されても全く問題がない。

この他に、六十二篇ある列伝のうち単独で伝を設けられた者は三十三人おり、呉鳳はその中の一人である。単独で伝を設けられた理由は、この人物の功労と恩徳の高さが関係しているかもしれないが、またあるいはこれまで素晴らしい事蹟を持つにもかかわらず、単独で伝を立てられることはなく、また讃える人もいなかったからかもしれない。この二つの要素によって、呉鳳は単独で伝を設けられたのだろう。劉家謀が呉鳳故事を百首採集詩の中に配置し、倪賛元が『雲林県采訪冊』の「兇番」の条に注記を付けたの始まりとし、連雅堂が司馬遷の方法に倣って呉鳳を単独で立伝したことに至るまでの事象から、漢民族の観点下の呉鳳故事の変遷を見ることができる。つまり「故事性」から、呉鳳自身、即ち人物を中心とする「歴史事件」へ向かって発展を遂げたということである。ここに至って、呉鳳の事蹟は史伝文学上の地位を獲得したが、一方で連雅堂は「列伝」という厳格な史学的意義を含む表現様式の中でのみ、呉鳳の現代あるいは未来に対する歴史的意義を発掘することができたのだろう。司馬遷が『史記』で「往事を述べ、未来を思う」と記すように、連雅堂が「呉鳳列伝」で伝えたかったのは、人類が持つ普遍的価値についてのメッセージである。彼の過去、現在、未来に対して負う歴史に関する良心は、漢民族本位という制約を遥かに超えたところにある。

比べると、「呉鳳列伝」と同時期に書かれた日本版は、統治階級が原住民を支配する手段としたに過ぎず、歴史学的な意義を持っていない。日本人が呉鳳の故事を利用した経緯は以下のとおりである。一九〇四年、台湾総督府民政長官の後藤新平が阿里山まで視察に行った際、呉鳳の故事を耳にした。一九一二年、日本人の中田直久が「殺身成仁通事呉鳳」を著し、後藤新平は「阿里山通事呉元輝碑」を建てている。一九一三年、日本人の建てた呉鳳廟が落成し、総督の佐久間自らが主宰し竣工祭を執り行い、「殺身成仁」という扁額を授与した。同年、呉鳳伝は小学校教科書に収録された。一九三〇年十月末、霧社事件が発生したことで、呉鳳熱は再加熱した。日本人は呉鳳の故事を改修して、「『原住民』の『凶暴性』、及び呉鳳が『原住民』を諭すも首を切り落とされる涙なくしては語れない感動的な物語を書き加え、呉鳳を『東洋のキリスト』と讃えた」(52)。一九三七年になると、盧溝橋事件が勃発し、日本人は台湾の同胞が「人心思漢（新政権が民心を得られず、人民が昔を懐かしむこと）」の念を抱くのを恐れ、呉鳳廟に飾られた騎馬像を撤去するよう命を下し、さらに呉鳳を祭礼することを禁じた[53]。

光復の後、呉鳳は再び掘り起こされ、小学校の『生活与倫理』という教科書に収録された。研究者の分析によれば、この版本で語られる呉鳳は日本人の作った版本を基にしており、呉鳳を曹族の人々が常に敬愛する尊者として作り上げ、漢民族と曹族人を救うために犠牲となり、誤って彼を殺害した曹族人は大声で泣き叫び自らの過ちを悔いて、もう二度と人を殺さないと誓ったという内容に仕上がっている[54]。政府のこの無分別な行為は研究者らに非難されており[55]、また原住民運動からも激しく批判されている。官鴻志が事件発生地を取材した際、杜武治という名の曹族の青年にインタヴューをしている。彼は、呉鳳を殺害したのは自分の祖先であり、呉鳳が行った搾取や詐取暴挙の数々を一つずつ数え上げ、その復讐としてついに曹族に殺されるという結末を迎えたのだと語っている[56]。この版本の呉鳳故事もある程度の信憑性を持っており、漢民族が開拓の過程で行った原住民の排斥や搾取、抑圧の事実を反映している。これもまた、今日に至っても漢民族が深く反省しなければならないことである。

連雅堂の「呉鳳列伝」と曹族の版本はともに自民族中心の色彩を持っており、政策はどうであれ、自らの意思を貫くという特徴もまた一致する。「呉鳳列伝」が比較的普遍的人間性を持つまでの境地に達しているのは、文章の中で、人が人であるために必要な基本理念という儒家思想をいくつか明らかにしているからである。しかし、惜しいことに当時の学者の多くは「呉鳳列伝」の微言大義に気づくことができず、史実の持つ真実性にのみ拘泥して、さらに古文の知識が浅いために、字面を見ただけで内容を十分に検討することもなくいい加減に解釈することさえあった。それが最も顕著に現れているのが、年代の「誤弁別」である。薛化元は、「呉鳳列伝」では呉鳳を康熙五十一年（一七一二）に通事に任ぜられたと書いている一方で、さらに呉鳳が通事であったのは乾隆の時代であると記述するのは矛盾していると指摘する。(57) 鄧孔昭もまた連雅堂のこの発言は「自己矛盾」であると述べている。(58) しかしこの解釈は薛、鄧氏の両名が史伝文の書式をよく知らないがために起こった誤解である。

「呉鳳列伝」は全部で三段に分けられている。序文ともいえる第一段の「士は殺身成仁の志を持つ、……」と、論賛のような第三段の「連横曰く、……」には歴史家個人の考えが書かれている。第二段となる大きなパートは「呉鳳は諸羅県打猫東堡番仔潭荘の人、……」から始まり文末の「呉鳳を阿里山の神として崇め、祠を建てて祀った。今日まで、山に入る人々に危害を及ぼすことはない(59)」で区切られるが、これこそが故事の内容となる部分である。「列伝」は『雲林県采訪冊』に基づいて書き改めたものであり、原本に忠実にあろうとして、連雅堂は『雲林県采訪冊』に依拠し呉鳳が阿里山通事に就任した年を康熙五十一年（一七一二）とした。『雲林県采訪冊』には「戊戌の年」が呉鳳の死んだ年であると記されている。(60) この戊戌は康熙五十七年（一七一八）のことであり、『雲林県采訪冊』では呉鳳が任にあった期間のいつに事件に遭ったのかは書いておらず、呉鳳が通事の任に就いた後、「人命を買って原住民に媚て捧げることはできず、口実を作って延期し、生贄を捧げるという約束を幾度も破棄した」とだけ書いている。この「幾度」とは一体何回を指すのかは不明である。連雅堂はこのあまり重要でない個所について、「五年経って、原住民は呉鳳の欺きに気づいた」と書いている。連雅堂の立てた仮説は、非常に理にかなっており、もし呉鳳が「人を買うことが難しい」と「原住民」を騙して牛をその代用としたのが僅か二、三年の間とする場合、その僅かな期間で「原住民」に呉鳳を殺害したいという欲求が芽生えたところに「原住民」の凶暴性が表れる。またもし呉鳳が原住民を騙した期間が七、八年、あるいは十年に達し、その間、誰も虚偽を見破らなかったとする場合、再び「原住民」の愚かさが現出する。それゆえ、「五年」というのが妥当な数字で、ここからその前を推理すると、呉鳳が通事に就任したのは康熙五十一年だという説ができ上がるのである。しかし、最後の段でなぜ乾隆の時代に呉鳳が通事に就任したという補記があるのだろうか。まさに、ここに連雅堂の態度が現れている。彼が『雲林県采訪冊』を基にこの故事を書きなおした後に、新説を耳にしたとするのが妥当であろう。それゆえ、ついでに補記することで、後人への参考として提供したのだろう。しかし鄧孔昭はもっともらしく、書の中では同様の事象が随所に見受けられると「誤弁別」を行っており、そこには鄧氏自身の出しゃばりで粗雑な人間性が現れている。

四 「仁、義、智、武」の儒家思想とその文学性の表現

「呉鳳列伝」が表わす儒家思想は、文中で呉鳳が強調した「仁、義、智、武」の四つの概念でまとめることができる。しかし「列伝」は論説文でも語録でもない。劉知幾は『史通』「二体」の中で、「『史記』は、重要な事柄を全てまとめて紀にし、こと細かに詳しく記して伝にし、年代と身分階級を順に並べて表にし、遺漏を総括して志にした」と述べている。「伝」の意義は「こと細かに詳しく」伝えるところにあり、義理は人を中心とした故事の中に託して伝達しなくてはならなかった。「呉鳳列伝」は『雲林県采訪冊』を本源とするが、その中に書かれる義理は『雲林県采訪冊』よりもさらに深奥であり、「こと細かに詳しく」伝えた文学性もまた『雲林県采訪冊』を凌駕するものである。

「列伝」が記録する物語の第二段では、生き生きとした会話や動作というプロットを利用することで呉鳳を忠義に厚く正義感の強い男として描いている。呉鳳が就任した時、漢民族の男女二人が毎年原住民の祭で殺されていることを聞き、さらに原住民が祭事でなくても時には人を殺そうとしているにもかかわらず、朝廷軍は原住民らを討伐することがなかったため、彼は悲憤慷慨を禁じ得なかった。

呉鳳が任に就き、そのことを耳にして「彼らは原住民で、私は漢民族であるから、私は必ず彼らに我が漢民族の人間を殺すのを止めさせなくてはならない」と嘆いて言った。また、ある人が「協約があっても、彼らが背くならば仕方ない。毎年二人出せば、お前に不都合なことはあるまい」と言うと、呉鳳は憤って「なぜ遜る必要があろうか。罪のない者を殺すのは仁の道に背くことである。利益を優先して同胞を殺すのは、義に背くことである。彼らが私を殺したいからといって、それに従うのは、智に背くことである。さらに、我々は皆強靭な漢民族であるから、脅して制圧することはできない。もしそれを行えば男の沽券にかかわる。しかし、言いなりになって原住民に媚びへつらうのは、武に背くことである。このようなことを、私は認めることができない」。

この一段は、『雲林県采訪冊』の中に書かれる呉鳳の一言「人命を買って原住民に媚びて捧げることはできない」に肉づけをしたものであり、「仁、義、智、武」などの概念を示している。呉鳳は威勢よくこの言葉を発しており、そこには孟子が言うところの大丈夫が持つ「威武にも屈しない」（『孟子』「滕文公下」）という気概を確かに見ることができる。その次に、連雅堂はさらに具体的なプロットでもって呉鳳が「不仁」、「不義」、「不智」、「不武」をなさなかったことを証明した。その年、原住民が男女二名を渡す約束の履行を要求しに訪れた時、呉鳳は「今年は豊作で、人を買うことが難しい。ひとまず牛をその代用として、来年この償いをする」と言ったが、これは『雲林県采訪冊』の中の「口実を作って延期した」という一句をより詳しく書いたものである。このようにして「原住民」を騙した五年後、「原住民」はついに騙されたことに気づき、呉鳳を殺害して生贄とし祭祀を行うと主張した。呉鳳は犠牲になることを決心したが、死ぬには代償が必要であると、彼は死ぬ直前に布石を打ち、死を目前にしても揺るがない智と勇を見せた。

呉鳳は「……彼ら原住民は果敢にも私を殺す。私は死んだら悪鬼に化し、原住民らを跡形も残らないように消滅させなくてはならない」と言った。呉鳳は山の近くに居を構えていた。彼は木を伐採し、蔓で縄を編む生活を数百年に渡って続けてきた、逞しく腕っぷしに自信のある者たちを四隊に組み、険しい場所に潜んで待たせ、「原住民が逃げる時に、攻撃せよ」と命令した。さらに、紙で自分に似せて、弓型の眼をして髪を振りほどき、長刀を提げ、いきり立つ馬に乗り、山に向かって立つ姿を模した人形を作った。そして呉鳳は家人に、「原住民が来たら、私は必ず決闘する。もし私の叫ぶ声が聞こえたら、同じように叫び、火災と偽って迅速に煤竹を燃やし、彼らに加勢しなさい」と命じた。

呉鳳は家人と部下に、自分の死後に原住民を騙して驚かせるよう手配したが、このプロットもまた『雲林県采訪冊』をベースにしている。最も早い関連の記述として、劉家謀の『海音詩』に「月末の夕方の時刻に、社の原住民が、呉鳳が髪を振り乱して剣を持ち馬に跨って叫ぶ姿を見ると、社の中で疫病が流行り死者が出る[61]」という記述がある。これに比べると、劉家謀の悪霊説より倪賛元と連雅堂の虚偽説の方が科学的ではあるが、これは書かれた時代の相違によるものかもしれない。全ての準備を整えた後、呉鳳と原住民は議論を行った。連雅堂の記述では、呉鳳が死を目前にしても落着いて意気軒昂であり、そして死後に原住民が驚く様子からは、呉鳳が生前に行った準備が周到であったことを、より強調するように書かれている。

数日が過ぎて、原住民の首長が数十人を従えて呉鳳の家を訪れた。呉鳳は正装して堂上に座り、意気揚々としていた。原住民の首長は「生贄を渡すと私たちと約束をしたのに、なぜそれに背くのか。今日渡さなければ、私たちは帰らない！」と言った。そこで呉鳳は「馬鹿者が！　私は死んでも渡さない」と叱責した。原住民は怒って呉鳳に斬りつけ、呉鳳も抵抗したがついには討たれた。呉鳳は今はの際に大声で「呉鳳が原住民を殺しに行くぞ！」と叫んだ。それを聞いた者もまた「呉鳳が原住民を殺しに行くぞ！」と叫び、進撃の合図のように太鼓を打ち鳴らし、その声は山谷中に轟いた。原住民は驚き慌てて逃げたが、呉鳳が手配した部隊がこれを攻撃し、原住民らは死傷してほぼいなくなった。山に逃げ入った幾許かの原住民は、呉鳳が追いかけてくるのを見て、多くが心不全を起こして死んだ。原住民の婦女は、これを見て恐れ室内に閉じ籠って、食事もとらず飢え死にした。そのうちに疫病が流行り、四十八社の原住民全ての人々が呉鳳が山中を駆け回る姿を見た。

連雅堂は「序」（即ち第一段）の中で呉鳳の仁について強調し、「賛」（即ち第三段）のなかで呉鳳の武を強調した。「序」では以下のように述べている。

世のため人のために尽くした士がいる。第一は国のために、次は郷のために、そして友のために死んだ。荊軻や聶政のような人物がいれば、恩義に感謝し、激しく怒って命を捨てても義を取っただろう。またそれは臆病者の士気さえも奮い立たせ、侠客として何百年も途絶えることなく伝えられる。ああ！　この呉鳳という者は、漢民族のために死んだのだ。今日まで、阿里山を通る者の誰もがこのことを語った。呉鳳のような者が漢民族に必要だから、最敬礼をもってこれに祈り、祭器を用意してこれを祀って、後世の者たちが我が先民の徳に報いることができるようにする。

連雅堂は「成仁」とは国、郷や友のために死ぬ者であり、一族のために死んだ呉鳳の仁義は国のために死ぬよりも大きいと考えた。呉鳳が「漢民族のために死んだ」ということを強調し、また「先民の徳に報いる」ために彼を記念した。このようにして自覚された漢民族という意識は『海音詩』と『雲林県采訪冊』には表されていないものであり、また自然と連雅堂が自身の生きた時代に対する想いが反映されている。「賛」の中では、「呉鳳の威稜は今もなお、阿里山に残っている」とあり、呉鳳の武を強調している。日本版本の中では呉鳳の武は完全に消え、呉鳳は一人の慈愛溢れる老人として描かれている。そこに日本人が台湾人の武装を解除しようとした意図があったことは間違いなく、それによって植民統治の野心を成し遂げようとした。『雲林県采訪冊』と「呉鳳列伝」の中では、呉鳳の武は全て物語の中でプロットの発展、会話や語気と人物の精神状態を決める重要な要素に影響を与えている。連雅堂が「武」を物語の最も重要なものとしたのは、その時代の影響によるものである。連雅堂はかつて自らを「武公」と称し[62]、台湾を復興するために中国と日本は戦争せざるを得なかったという意味を込めて、孫に「戦」と名づけた[63]。これは連雅堂が、台湾割譲という大災難は中国の不武と戦闘不能によって引き起こされたという真実を忘れていなかったということを表している。

『台湾通史』の中で鄭氏政権について論じる際、「我が民族の武」について言及している。「軍備志」には、「オランダ人……我が延平郡王が駆逐した。英気を養い時機を窺い、中国の復興を企てる。そのために集まった者は、忠義に身を投じ仁義の道に従う者らであり、戦いの準備を怠らない士である。天が明徳を見捨てれば、世襲の天下は滅亡するが、威稜が及んだところは残っている。安平の砦、鉄砧の山などがそうである。夕日を見ても荒波を見ても明を懐かしく思うのである。これが我が民族の武である[64]」という記述がある。

「勇士列伝」の「序」で、連雅堂は「自由奔放にできる世では、公の仇を敵とし、個人的な諍いを恥じる。古人には武を尚んだ者が多く、国家を防衛しようとし、漢になってもその勇敢さを受け継いでいた[65]」と述べており、ここで「武」の表す本当の意味が語られている。即ち、個人的な争いを武とはせず、公の敵に立ち向かい、国を守ることこそが「武」なのである。これは儒家の「仁義」で「武」の理解を深めることだと言ってもよい。連雅堂はさらに、「台湾は海上に浮かぶ荒島である。海を渡り来て開拓し、定住した我が先民は、皆剛毅であり、必死であった。……そして我が延平郡王はこの者らを激励したことで、その遺風は盛り上がり、今に至るまで消えることはない[66]」と繰り返し強調しているが、ここで述べている「武」とは我が先王先民の徳である。そしてこのことが「勇士列伝」に記されたということも「武」とは儒家思想である「勇」を具体的に説明したものであるということを証明している。「上清史館書」で連雅堂はさらにはっきりと「武」の重要性を指摘している。「我が先民は勇猛果敢に、猛烈に前進し、荒波を渡り、伝染病を物ともせず、……有能な人物を登用してこの民族を繁栄させた。……それゆえ、子孫が武を放棄するなら、他人に自由を奪われることになる[67]」。そして最後に「社会全体が異族の奴隷[68]」となるのだと締めくくっている。

孔門は本来武を重視しており、弓術や騎馬は孔門の必修科目である。武の精神は孔子の「あくまで志を曲げず、身を辱めない」ことから始まり孟子の「大丈夫」の気概に至るまで、常に何も恐れない「勇」でもって「仁義」の要塞を守ってきたということとして表現している。「呉鳳列伝」は仁、義、智、武などの理念を台湾史の特殊状況と人物の物語を通じて語ることに成功した。ドラマチックな雰囲気に満ちた鮮やかな演出を作り出し、さらには呉鳳の武をストーリー全体で貫き、プロットを活性化させるための魂にまで仕立て上げた。「呉鳳列伝」の成果は中国史伝文学の精髄を発揚させ、また儒家の理念を生き生きとした歴史に変えた。「往事を述べ、未来を思う」という史学精神の下、「呉鳳列伝」を借りて連雅堂は日本統治時代の台湾儒者らの沈痛な心の声を伝えたのだ。これこそが、国が武を放棄すればその民は自由を奪われ、異族の奴隷となるということである。

＊本章は一九九七年「中国近代文化的解構与重建・連横」会議（政治大学文学院主催）にて発表した。

注

（1）林文月『青山青史――連雅堂伝』（台北、近代中国出版社、一九七七年）二頁。
（2）連雅堂『雅堂文集』（台北、台湾銀行経済研究室、台湾文献叢刊第二〇八種、一九六四年）八七頁。
（3）連雅堂『台湾通史』（修訂校正版）（台北、国立編訳館中華叢書編審会出版、黎明公司印行、一九八五年）九三二頁。
（4）連雅堂『台湾通史』九三二頁。
（5）連雅堂『台湾通史』九三二頁。
（6）林文月「記外祖父連雅堂先生」、『山水与古典』（台北、純文学出版社、一九七六年）二〇一頁。
（7）連雅堂『剣花室詩集』（台北、台湾銀行経済研究室、台湾文献叢刊第九四種、一九六〇年）五四頁。
（8）鄭氏政権時代から日本統治時代における台湾知識階層の原住民観の変化については、陳昭瑛「文学的原住民与原住民的文学――従『異己』到『主体』」、『台湾文学与本土化運動』（台北、正中書局、一九九八年）を参考。
（9）楊英『従征実録』（台北、台湾銀行経済研究室、台湾文献叢刊第三二種、一九五八年）一九四頁。
（10）阮蔡文の長詩「淡水」から引用する。陳夢林『諸羅県志』（台北、台湾銀行経済研究室、台湾文献叢刊第一四一種、一九六二年）二六八―二六九頁に収録されている。
（11）この詩の全文は、「愛恋曽無出里閭、同行更喜賦同車：手牽何事軽相放、黒歯雕題恐不如（村の外の世界に恋焦がれても出たことなどなかった。あなたと一緒に行くならもっと嬉しくて、同じ車に乗ることを題にして詩を詠む。繋いだ手は何があっても軽々しく放さない。原住民ならなおのことである）」。詩と自注の解釈は陳昭瑛『台湾詩選注』（台北、正中書局、一九九六年）一〇一頁を参照。
（12）連雅堂『台湾通史』「自序」。
（13）鄭成功は延平郡王に封じられ、没後、後人によって「先王」と呼ばれたと、鄭氏政権時代の文献に多く記載されている。例えば『閩海紀要』は、成功の死後、鄭経は廈門の諸臣に、「先王開国東都、草創未平、遽爾崩殂、余将東承遺緒。諸君苟能息兵安民、無堕先王一生孤貞苦節、甚善（先王は国を開き都を東にした。開拓したばかりでまだ全て安定していないが、突然崩御したため、私は残された事業を引き継いだ。諸君がもし停戦して人民の生活を安定させることができるなら、先王が生涯揺るがなかった苦節を壊すことはなく、理想的である)」と言ったと載せている(夏琳『閩海紀要』、台北、台湾銀行経済研究室、台湾文献叢刊第一一種、一九五八年、三一頁)

(14) 連雅堂『雅堂文集』四二頁。
(15) 司馬遷『史記』(台北、楽天書局、一九七四年)一五三八頁。
(16) 連雅堂『剣花室詩集』二三頁。
(17) 連雅堂『剣花室詩集』五三頁。
(18) 連雅堂『雅堂文集』一二五―一二六頁。
(19) 連雅堂『台湾通史』一六七頁。
(20) 連雅堂『台湾通史』一八二頁。
(21) 連雅堂『台湾通史』六五九頁。
(22) 連雅堂『台湾通史』六〇頁。
(23) 連雅堂『台湾通史』一一六頁。
(24) 連雅堂『台湾通史』三五八頁。
(25) 連雅堂『台湾通史』四三〇頁。
(26) 連雅堂『台湾通史』一頁。
(27) 連雅堂『台湾通史』四九三頁。
(28) 連雅堂『台湾通史』六五九頁。
(29) 連雅堂『台湾通史』七〇四頁。
(30) 連雅堂『台湾通史』七二四頁。
(31) 連雅堂『台湾通史』七六一頁。
(32) 連雅堂『台湾通史』八一一頁。
(33) 陳昭瑛「文学的原住民与原住民的文学――従『異己』到『主体』」。
(34) 陳昭瑛「文学的原住民与原住民的文学――従『異己』到『主体』」。

(35) 黄逢昶『台湾生熟番紀事』（台北、台湾銀行経済研究室、台湾献叢刊第五一種、一九六〇年）、五一―五三頁。
(36) 連雅堂『台湾通史』五三頁。
(37) 陳瓌の生涯と思想の簡単な紹介については本書第三章を参考。
(38) 連雅堂『台湾通史』四〇五頁。
(39) 連雅堂『台湾通史』四二五頁。
(40) 連雅堂『台湾通史』八一一頁。
(41) この問題については陳昭瑛「文学的原住民与原住民的文学――従『異己』到『主体』」を参照。
(42) 陳昭瑛『台湾詩選注』一〇七頁。
(43) 倪贊元『雲林県采訪冊』（台北、台湾銀行経済研究室、台湾文献叢刊第三七種、一九五九年）一頁。
(44) 倪贊元『雲林県采訪冊』一七九―一八〇頁。
(45) 例えば薛化元「呉鳳史事探析及評価」『台湾風物』第三二巻四（一九八二年）六五―八一頁。翁佳音「呉鳳伝説沿革考」『台湾風物』第三六巻第一期（一九八六年）三九―五六頁。
(46) 毛一波「呉鳳伝記之比較研究」『台湾文物論集』（南投、台湾省文献会、一九六六年）一八〇頁。
(47) 陳其南「一則捏造的神話――『呉鳳』」（台北、『民生報』、一九八〇年七月二八日）。
(48) 一九〇八年から一九一八年に書かれた。林文月「愛国保種為己任的連雅堂」『連雅堂先生全集』の中の『連雅堂先生相関論著選輯』下冊（南投、台湾省文献会、一九九二年）一七五頁に依拠する。
(49) 徐復観「論史記」『両漢思想史』（台北、台湾学生書局）巻三、三八三頁。
(50) 徐復観「論史記」『両漢思想史』巻三、三八三頁。
(51) 連雅堂『台湾通史』七一四頁。
(52) 翁佳音「呉鳳伝説沿革考」。
(53) 官鴻志「一座神像的崩解――民衆史的呉鳳論」『人間』第二二期（一九八七年八月）。
(54) 翁佳音「呉鳳伝説沿革考」、官鴻志「一座神像的崩解――民衆史的呉鳳論」を参照。
(55) 例えば陳其南「一則捏造的神話――『呉鳳』」。

(56) 官鴻志「一座神像的崩解――民衆史的呉鳳論」。
(57) 薛化元「呉鳳史事探析及評価」。
(58) 鄧孔昭『台湾通史弁誤』(台湾版)(台北、自立晩報出版公司、一九九一年)三三二頁。
(59) 連雅堂『台湾通史』七六五―七六六頁。
(60) 倪賛元『雲林県采訪冊』一八〇頁。
(61) 陳昭瑛『台湾詩選注』一〇七頁
(62) 連雅堂が「武公」と名乗ったのは孫文を尊敬していたからであると言われている(林文月『青山青史――連雅堂伝』三九頁)。しかし連雅堂の他の著述によると、他の理由もあったようである。
(63) 林文月『青山青史――連雅堂伝』二一〇頁。
(64) 連雅堂『台湾通史』二八二頁。
(65) 連雅堂『台湾通史』九四四頁。
(66) 連雅堂『台湾通史』九四四―九四五頁。
(67) 連雅堂『雅堂文集』一二五頁。
(68) 連雅堂『雅堂文集』一二六頁。

第六章　連雅堂の『台湾通史』と儒家の春秋史学

はじめに

連雅堂の『台湾通史』は日本統治時代の台湾で完成した。この書が生み出した特殊な時空と、文学歴史書としての成果には、おおよそいくつかの特色がある。（一）この書は中国における最後の史伝文学である。（二）この書は中国が異民族に割譲した土地で生み出され、つまり政治上、この書が生まれた地はすでに中国の領土ではない。（三）中国の歴代正史のほとんどは政府によって作られ、修史者も一人ではないことが多く、また莫大な官蔵史料を使用できた。しかしながら『台湾通史』は連雅堂一人の力で、さらに民間学者の身分でもって作られ、日本植民者の迫害による危険にさらされながらも十年で完成した。中国歴史学学術史の中でもこれは非常に特殊な例である。（四）この書が書かれた年代は民国成立の四年前から民国七年（一九〇八―一九一八）であり、[1]五・四新文化運動の直前に完成した。連雅堂は政治面では孫中山の国民革命を支持していたが、文化面では伝統を擁護していた。台湾の新文化運動は一九二〇年代初頭にようやく起こった。『台湾通史』は六十万字という堂々のページ数を誇り、明快かつ洗練され表情豊かな古文を用い、また伝統文学と史学の知識を存分に使って書き上げられ、新文化運動の挑戦の下で、旧文化を守る最も有力な堡塁となった。これにより、伝統的あるいは現代的のいずれの視点でも、また台湾あるいは中国のどちらから見ても、この書の価値が消えることは永遠にないだろう。

南明史と台湾史の研究者である楊雲萍は民国七十四年の新版で序文を書いており、その中で「『台湾通史』は日本人が台湾を占拠してから二十三年後に完成した。この時には山河はすでに変わり、事物の多くも本来の姿を失ってしまった。連氏はこの状況を悲しみ、また憤り、全ての希望を込めて、この大著を書き上げた。……古典は台湾の山河とともに存在し、永遠に朽ちることはない[2]」と述べている。『台湾通史』は、間違いなく台湾人が中国人文伝統に貢献した最も貴重な経典である。しかし一方で、『台湾通史』の業績を知るには、中国経典の角度から探求をせざるを得ない。当然、『台湾通史』は春秋史学の伝統に最も近く、連雅堂本人も自らを春秋史学の伝承者であると自覚し、自負していた。この自負は、楊雲萍が先の文章で指摘したように、日本統治時代という刺激によって生み出されことの他に、連雅堂一族に固有の民族精神伝統、及び春秋史学を主とした家学から生まれたのだった。

「過故居記」の中で、連雅堂は家学について「亡くなった父は春秋や戦国書、三国志演義をよく読んだ。それら書物には古の忠義の事柄が書かれており、私はこれらの書物から多くのことを学んだ[3]」と言及している。春秋史学は家学であっただけでなく、連家はさらに一貫して自民族愛の精神を一族の精神の表徴としており、それは七世代に渡って続いた。連雅堂は『台湾通史』諸老列伝の「賛」の中で次のように述べている。

私の祖先である興位公は永暦三十五年に生まれ、その二年後に明朝は滅亡した。若くして両親に先立たれ、長い間隠遁に憧れ、ついに龍渓に行った。遠い台湾に移り、鄭氏の古の要塞に住むこと、私に至って七世代となった。代々の祖先は純朴な心を保ち、美徳を内に秘めている。学問に励んでも科挙を受験しないのは、いまだ夷狄であるという悲しさを感じているからだ。位公から私の祖父、そして父まで、皆が明を弔うことを遺命とした。故国への思いは深遠である。(4)

「諸老列伝」はこの自伝式の告白で締めくくられている。ここから連雅堂が、一族の精神は鄭氏政権の目指した反清復明の民族精神に育まれたと考えていた、ということを説明できる。このような精神は、連雅堂に伝えられたことによってさらに高まった。なぜなら、日本統治時代における台湾人の境遇は明末の遺民の状況と似ていたからであり、それゆえ連雅堂はつねづね自らを「台湾遺民」と称していた。

連雅堂はその博識で中国文史の多種多ような領域で目覚ましい活躍を見せたが、しかし彼の家学と当時の時代背景から、最終的には史学を中心に据えた。本章は中国史学伝統の角度から、二十世紀に完成したこの経典がどの方面で伝統史学の基本精神を継承しているのかを探求しようとする。

一　「継絶存亡」と「復讐」の義

いわゆる春秋の史学は、孔子の編纂した『春秋』が始まりであり、途中『左伝』、『公羊伝』、『穀梁伝』

を経て発展し、『史記』に至って大成した。孔子が『春秋』を著したことの意義については、そのほとんどが後世の学者によって解釈されている。『孟子』の「滕文公章句下」には、「世は衰えて、正しい道は微かなものになってしまった。こうして邪説が蔓延し、残虐な行為が横行するようになった。君主を殺す家臣が現れ、父を殺す子が現れるようになった。孔子は世の混乱を恐れて『春秋』を作った。『春秋』に書かれていることは天子のなすべきことである。ゆえに孔子は、後世に私の真意が知られるとすれば、それはただこの『春秋』を通じてであろう。また、後世に私が非難されるとすれば、それもまたただこの『春秋』のためであろうと言った。……昔、禹は洪水を治めたので、天下は安定した。周公は夷狄を平定し猛獣を駆逐したので、人民は安心した。孔子は『春秋』を作ったので、乱臣賊子は恐れた」とある。この文中で孟子は、孔子が『春秋』を作ったことは「禹が大洪水を治めたこと」や「周公が夷狄を平定したこと」などの歴史的大事件に匹敵するほどの意義があるとはっきり述べており、また同時に『春秋』は「乱臣賊子が恐れる」ほどの効力を持っていたことも強調している。乱臣賊子は、春秋の学がもたらす作用の中に道徳を判断する強烈な作用が含まれていることを知ったために恐れたということが、非常に顕かである。

「春秋三伝」の一つである『左伝』でも『春秋』の持つ道徳判断の機能について論じている。『左伝』の「成公十四年」では「君子は、『春秋』は短い文章の中にも深い意味を持たせ、婉曲な表現でも趣旨は明確であり、事実を曲げることなくありのままに記述して、悪行を告発し、善行を称揚している。孔子のような聖人以外の誰にこのようなことができるだろうかと言った」とある。この話は『孟子』よりもさらに明確に『春秋』の「勧善懲悪」の道徳機能を述べている。

『公羊伝』「哀公十四年」の「西の方で狩りをしていた時に麒麟を捕らえた。孔子は私が追い求めてきた道はここで終わりだ、もう到達することはできないと言った」の後の一文、「君子はなぜ『春秋』を作るのか。乱れた世を治めて、正しい状態に戻すためには、『春秋』に比するものはないからでしょう」において春秋の道徳機能について論じている。これは前述の孟子による「世は衰えて、正しい道は微かなものになってしまった」や「孔子は『春秋』を作ったので、乱臣賊子は恐れた」から発展したものである。しかし、「乱れた世を治めて、正しい状態に戻す」という一句はより簡潔に『春秋』の精神を述べている。

しかし、春秋史学の基本的精神を最も具体的かつ最も体系的にまとめた人物は司馬遷である。『史記』の「自序」で次のように述べている。

上大夫の壺遂が質問した。「その昔、孔子は何のために『春秋』を作ったのでしょうか」と。太史公は答えて言った。「私は董仲舒先生から『周王朝の政道が衰廃した際、孔子は魯の司寇となり政治の刷新に乗り出した。しかし諸侯は魯が大国になるのを恐れて妨害しようとし、魯の大夫たちも邪魔をした。孔子は自分の言葉が用いられず、正しい道が行われないことを知ると、春秋を著して魯の隠公元年から哀公一四年までの二百四十二年にわたる歴史を是非、褒貶して、天下の模範を示そうとした。天子でさえも貶め、諸侯を叱責し、大夫を糾弾して、王者の事業の何たるかを知らしめようとした』というのを聞いたことがあります。また孔子も『私は是非善悪の判断を抽象的な理論として著述するよりも、為政者の実際の行ためについて毀誉褒貶した方が、より適切に道理を明らかにすることができる』と言っています。そもそも『春秋』は、上は夏・殷・周三代の聖王の政道を明らかにし、下は人事の規範を論じ、疑わしい事は事実と区別して扱い、正・不正を明らかにし、判断に迷う事柄に決着をつけ、善を好み、悪を憎み、賢人を尊び、愚者を卑しみ、滅亡した国を再建し、断絶した家を再び繋ぎ、疲弊したものを補修し、廃れたものを再興させるもので、これこそが王道の偉大さというものなのです」。

ここでは春秋史学の基本精神を一つ一つ明らかにしており、その中でも「継絶存亡」の精神は、日本統治時代に漢民族存亡の危機に直面していた連雅堂に大きな影響を与えた。『台湾通史』「自序」では「国は滅びても史は滅びない」と記述があり、また『台湾通史』作成の意図は「民族の発揚」にあると書いている。「継絶存亡」を果たすために、連雅堂は『台湾詩乘』と『台湾語典』も編纂した。『台湾詩乘』の「序」では「私の親戚について書かれた歴史書はない。歴史書を持たないという悲しみは、すでに言ったとおりである。十年余りに渡って、一生懸命に『台湾通史』を作成し、また時間の合間を縫って『詩乘』を書き上げた(5)」と述べている。『台湾考釈』の「序二」で連雅堂は「どうしてだろうか。私は、一国を滅ぼしたいならば、まずその国の歴史を破壊しなければならない。一民族を滅ぼしたいならば、まずその民族が持っている文化を消し去らなくてはならない。優秀な人材を絶やし、教育を断ちたいならば、まずその歴史文化を取り上げなければならないという先哲の言葉を知っている」と、より痛切に述べている。日本人によって禁止された台湾語について、「ああ！　我はこれを懐かしく思う。我はこれを思い慕う。この台湾語が消えることを恐れないことがあろうか！(6)」と嘆き悲しんでいる。継絶存亡は

『台湾通史』を作る際の動機となったが、『台湾詩乘』と『台湾語典』をも同じ継絶存亡の動機から生まれたものであった。

春秋史学の中で賛美され、「継絶存亡」の精神に通ずるものとして、「復讐」という概念がある。『公羊伝』の「荘公四年」には「九代に渡って積もった恨みでも晴らすことが許されようか。いや、百代でも許される」とあるが、これは斎襄の九代前の恨みを晴らす物語について語っている。この復習の義は孔子の『春秋』には記載されていないが、『論語』の「憲問」に孔子がある人に「怨みには徳で報いる」のはどうかと問われた際、「怨みには誠意で報いる」べきだと主張する場面の記載があり、「復讐」の概念はすでにあったようである。そして『春秋三伝』全体から見ると、『公羊伝』は特に「復讐」の意義を褒め称えている。この点について、董仲舒と太史公はさらに発展させ、董仲舒の『春秋繁露』「王道第六」では「『春秋』に書かれる義とは、臣にして国賊を討たないのは臣ではない、子にして復讐しないのは子ではないという事である」と述べられており、また司馬遷も伍子胥の復讐を称賛し立伝しており、『公羊伝』「定公四年」では、呉王の楚への侵攻について「父が法に基づいて処刑されたのでなければ（罪を犯して処刑されたのではないということを言っている）、子は敵討ちをしてもよい(7)」と評論している。『史記』は家仇に報いた事蹟を宣揚する他に、国仇に報いた史実を宣揚してもいる。例えば「項羽本紀」には、当時の預言である「楚の国の民家が三戸のみになっても将来六国の中で秦を滅ぼすものは必ず楚である」が記載されており、『集解』ではそれを「楚人は秦を怨んでおり、三戸のみになっても秦を滅ぼすのに十分である」と解釈している。「復讐」が国の復讐を遂げる意味で使われる時、「継絶存亡」の精神と繋がりができる。しかし「復讐」には仇を討つという意味だけでなく、「国を再興する」という意味もあった。

『公羊伝』や『史記』と比べて、復讐の意義は『台湾通史』の中でかつてないほど重要視されていた。家仇に報いることについて書く際にも、また国仇に報いることについて書く際にも、連雅堂は感動的な物語をもって復讐の意義を宣揚した。これは連雅堂が異民族の支配下に陥った台湾に身を置き、たえず故国の復興を思っていたためになし得たことである。辛亥革命成功後に書かれた「告延平郡王文」の中で、連雅堂は心が揺さぶられるような言葉で「復讐」を賛美している。

孔子以来の春秋の大義は、悠久の時間を経た後も、このように変わらない。楚国は一度滅亡したが、残された人民らによって復国できた。今日、異族は去り、大陸の南北は相和し、天から維新の命を受け、大いに宣伝して奮起する。延平王には神通力があるから、これからも我々は王に従おう。(8)

この文中で彼は自身を「台湾遺民」と称し、辛亥革命の成功を「中華復興」と称している。また国民革命を鄭成功の反清復明と関連づけ、最終的に「孔子以来の春秋の大義は、悠久の時間を経た後も、このように変わらない。楚国はすでに一度滅亡したが、残された人民によって復国できた」とまとめた。そしてこの文章には、異民族を駆逐して台湾を復興させる大きな期待が込められている。実際のところ日本統治時代、台湾人はたえず亡国の痛みを抱いており、楚国の三戸で自らを奮い立たせていたのは連雅堂一人だけではなかった。林幼春は一九一一年に梁啓超が台湾を訪問した際、名詩「奉和任公先生原韻之作」を作り、その七律の中に「三戸がまだ残っていると笑って戯れに言い、任公と互いの顔を見ると、二人とも涙が頬をつたっている。囚われの身となり屈辱に耐えて生きながらえることは意味のないことではないが、ついには楚の南冠を真似て、隠者の角巾を冠った」という句がある。(9)

楚国の三戸を自らの励みとしたのは、国家再興を目的とするためである。しかし連雅堂が『台湾通史』の中で称揚する「復讐」の概念には、国仇に報いる意味だけでなく、家仇に報いる意味も含まれていた。またその中でも特に、女性が家族の仇を討つ描写が多いということは非常に印象的である。

国仇に報いるという面においては鄭氏政権の反清政策が最も支持され、その次に朱一貴などの清代に反乱を起こした主謀者らが尊崇の対象となった。『台湾通史』では全体を通じて鄭氏政権の復国への志に対して繰り返し敬意を示し、高く評価している。『台湾通史』「軍備志」では、オランダの台湾統治について「三十八年を経て、我が延平郡王が駆逐した。英気を養い時機を窺い、中国の復興を企てる」と言及している。ここでもそうだが、復国者には必ず武を尚ぶイメージが付加され、連雅堂は「安平の要塞、鉄砧の山のように堅固である。夕日でも荒波でもなお明を懐かしく思う。これが我が民族の武である[10]」と続けて書いている。連雅堂は『台湾通史』「宗教志」の中で、鄭成功が死後、神として人民から崇拝されるようになったのは、一つには彼の開闢の功績、また一つには復興の志を人民が評価したことによると述べている。『志』では、「延平郡王は台湾に入った後、土地を開拓し、教育の機会を与え、明朝の正朔を保存し、満州人に抗し、大義に誠忠で、史上最も輝かしい存在である。それゆえ、亡くなると、民間では廟を建て祀った[11]」と述べている。『台湾通史』「芸文志」の中で、連雅堂は鄭氏政権時代に文学があまり発展しなかったのは、「我が延平郡王は故国が滅亡した悲しみの中、狭小な土地かつ非常に少ない人員で祖国の復興を志し、我が先民は謹んで一生懸命働いた。天の矛をともに振って虞淵に沈もうとする夕日を引きとどめようとした。我が先民はもちろん文芸で名を挙げることは願わず、また文芸で名を挙げる余裕もなかった[12]」とあるように、復国への思いが切実であったため、文芸を愉しむ余裕がなかったからだと指摘している。

施琅と清代に起きた反乱の主謀者の事績についてもまた、連雅堂はそれらに含まれる復讐の義に注目している。本来鄭成功軍の将軍であったが清朝に降伏した後、清軍を率いて台湾を攻めた施琅について、連雅堂はこれまで固持し続けた鄭氏政権の視点から非難する立場を崩し、かえって親の仇を討とうとしたという意味から同情を寄せている。『台湾通史』「施琅列伝」の賛文の中で、「施琅は鄭氏軍の将軍であったが、罪を犯して清に寝返り、満人の力を借りてついには明朝を転覆させた。耐え難いことである。施琅は呉の伍員と同じような怨みを持っていた。伍員が楚を滅ぼす計画を企てたように彼も企てたのだから、我々は一体如何して咎められるだろうか。私は、台湾には申胥のような人物がおらず、楚に復讐するために彼が行ったような行動を実行することができないのを惜しむ。嘆かわしいことである[13]」と言っている。連雅堂は伍子胥の復讐の物語で施琅を比喩しているが、これは深く豊かな歴史の想像力を持っているからこそできた表現である。また、賛文の最後は「楚への復讐」に対する期待で結ばれており、自分の本来の立場を再度述べている。この短い賛文の中で、自らの立場のバランスを保ち、また周密な論理の構築に成功している。

「施琅列伝」のすぐ後には「呉球、劉卻列伝」があるが、このような編成にもバランスを保つ作用がある。連雅堂が呉球、劉卻を立伝したことは、司馬遷が陳渉、呉広を立伝したことと非常によく似ており、それらは皆「初例」を尊重したという大きな意義がある。呉球は鄭氏政権が清に投降した後、初めに兵を起こして清に抵抗した者であり、劉卻はその五年後に武装蜂起をしている。「呉球、劉卻列伝」の中で連雅堂は、「台湾が清に帰属してから、人々は故国を思いしばしば故国の復興を謀り、民衆はおよそ十数回にわたって一揆を起こした。その始めとなるのが呉球である。球は明の遺民であり、諸羅の新港に居を構えていた。平素より志があり、平民で豪傑の人々とともに大事を起こすことを企てていたが、まだ行動に起こすことはなかった(14)」と簡潔に述べている。呉球は武装蜂起することを企んだが、行動を起こす前に殲滅されている。それにもかかわらず立伝していることからも、連雅堂が「初例」を重要視したということがわかり、これは司馬遷の史学の影響を受けたことによる。「初例」という功績の他に、連雅堂がさらに重視したのは平民の復国の志であった。それゆえ賛文の中で、彼は「呉球、劉卻は平民の身分でありながら、祖国滅亡の悲しみを抱え、奮起したが殺された。人々はこの行いを愚かだと笑うが、私はその勇に敬意を抱いている(15)」と記したのである。

「呉球、劉卻列伝」の後に続いて「朱一貴列伝」が配置されてあることから、連雅堂は呉球と劉卻を朱一貴の先駆者的存在であると見なしていたことがわかる。「朱一貴列伝」の描写は細やかで感動的であり、朱一貴のイメージが鮮明に書かれているだけでなく、ここに書かれる檄文は今もなお輝きを放ち続ける傑作となっている。この檄文は連雅堂によって書かれたものだと思われるが、ここから連雅堂が熱心に「復讐」の義を賛美する様子をより鮮明に見ることができる。「列伝」では朱一貴が中興王となった時のことが記載されており、彼はすでに滅びた明朝を尊び、天地の神と祖先、また延平郡王を祀り、それを内外に布告していた。檄文の中ではまず、「昔の胡元と猾夏では、中国の皇帝号を僭称し、……我が太祖である高皇帝が剣を掲げて兵を起こし、……境土を取り戻した」というように、明を建国することは、即ち故国を復興することだと強調している。これに続いて、「ついに神聖なる御子は、下賎なる身分に落としめられ、美しい国土は、異民族によって蹂躙された」というように、明末に清兵が入関し、華夏が再び領土を失ったことを描写している。その次に、「延平郡王は精忠大義であり、機運に乗じ開府して、明の再興を目指して閩と粤を統治した。……我が祖先を率いて、新しい城を造り、明の暦を用いて現王朝に推し戴き、英気を養って好機を待つ」というように延平の志業を書くことによって、朱一貴が行った明朝復興のイメージを一層深めている。また檄文の中で、「夏王朝はその子孫によって復興が成し遂げられたのだから、楚人の三戸は秦を滅亡させるに十分であった」と書かれているように、朱一貴は楚国の三戸でもって自らを評価している。檄文の文末ではより情熱的な文章で朱一貴事件における攘夷復夏の意義を浮き上がらせている。

この台湾は小さいが、もとより延平郡王が初めて開いた地であり、おおよそ丸めるとちょうど千里四方ある。山河は険しく、危険な強風や大波が襲う地であり、そして豊かな作物、充分な量の武器と兵を持っており、進軍すれば敵を打ち負かし、退けば己を守ることができる。皇道を広げ、漢の旧都を興すのは、まさに今この時である！……大軍を統率して大海を渡り、結集して長城まで北伐する。この少数民族の政権を攻略し、その醜悪なる敵を殲滅する。……江東の高徳の人、河朔の勇士、嶺表の孤忠、中原の旧曲、各地の義勇軍に思いを馳せることで諸夏を助ける。これにより桓公の攘夷の業、晋文公の労、赫々たる宗盟は、今この時に烈しくなっている。……(16)

この檄文のなかでも特に優れた作品は、台湾史学者たちの考察によって、連雅堂の「創作」であることが明らかにされている。(17) この文章からはそもそも朱一貴の志を窺い知ることはできないが、連雅堂が春秋史学における復讐の義を大いに発展させたことは理解することができる。そしてその言外の意にはもちろん、日本による統治を打ち倒し台湾を復興させるという深い意味があった。

連雅堂は「列伝」の中で家仇を討つ例を数多く描写しており、それらは男性による復讐と女性による復讐に分けて語られている。男性については「勇士列伝」の中で、客家人の阿蚌が四人の弟を「番」に斬首されたことから、「復讐せざるは男にあらず」として、山間に潜入し「番」を殺害してその首を狩り、さらに弟の首を取り返して帰ったという話が記されている。[18] これは弟のための復讐である。

「孝義列伝」には、林全籌兄弟が父の仇討ちをする物語の記載があり、その描写は非常に細やかである。父親が地方の悪代官に殺された時、林氏四兄弟のうち長男の林全籌は二十一歳、末子の林春生は十二歳であった。父が死んで間もない時、林全籌は復讐を計画するも果たすことができなかった。それから十一年後、林春生はすでに二十三歳となり、ある日仇敵を見つけると、「傍若無人に女と会話していた。大喜びで走って母に『復讐の時が来た！』と告げ」、刀を持ち出そうとしたところを、母親が「お前は若くてまだ弱いから、相手の敵ではない。仕留められなかったなら、お前はきっと殺されてしまう。兄が帰ってくるのを待ちなさい！」と引き留めたが、その言葉も聞かずに出て行った。道すがら、長兄の全籌と出会うと「復讐の時が来た！」と言い放ち、そして道を進んだ。母は追い縋って全籌に「お前の弟では老奴には敵わない、どうすればいいのだ」と言うと、全籌は「今となっては仕方ない、私も一緒に行ってみよう。成功すれば、それは父の霊が守ってくれたということだろう。もし成功しなければ、死をもってこの復讐を継続するのみである」と言った。林全籌が現場へ駆けつけると、仇敵はすでに林春生によって刺され、地に倒れていた。「兄弟は大いに喜び、帰って父の霊に報告し、そしてそれぞれ逃げた」。父親が亡くなった時林春生は僅か十二歳であったが、子供ながら人の子としての復讐の大義を理解しており、十一年後、ようやく復讐に成功したのであった。このような物語に対して連雅堂は喜びに舞い上がった心情で描写しているようであり、また賛文では、「私は台中に住んでいるが、林剛愍公の仇討の話を聞いて敬服した。そして林全籌という者が、悪人を刃で貫き父の怨みを晴らしたことを聞いたが、これほどまでに躍り上がりそうになったことはいまだかつてない。この復讐は大いに意味のあることであり、孝行や仁人であるものだけが行うことができる。しかし臆病者の多くは死を恐れるため、天下に勇者はいなくなった。私は君父の復讐を尊び、この世に生かしておけないと思うほど深い恨みを抱いているから、このような臆病者らと同じ地を踏みたくない」と語っている[19]。

女性の復讐については、「戴潮春列伝」の中で幾人か勇敢な女性の伝記が記載されており、その中には子供のために復讐する者や夫のために復讐する者がいる。例えば戴潮春陣営の武将王新婦の死後、その母は「子を将軍として、自らは一品夫人の印章を彫った。王新婦が戦死してから、自ら出資して決死の士を召募した。そして呂梓に帰順してからは旗に『子のために復讐する』と書いた」。王新婦の母親の他に、鄭大柴の妻謝氏も「また夫の復讐を誓い、ことを起こした」が、最終的には新婦の母親は殺され、謝氏のみが包囲を突破することができた。この二名の女性以外にも「列伝」の中には非常に度胸ある女性の伝記が描かれているが、それは復讐とは関係がないものなので、ここでは割愛する。

『台湾通史』に描かれている女性の報復の伝記の中で、最も感動的だが胸の痛む伝記は「列女列伝」に出てくる劉氏の女である。この女性の事績は「列女列伝」で最も優れた作品であり、連雅堂の賛文は特に素晴しい。劉氏は台湾鎮総兵である劉延斌の娘であり、父に随って任に就き、父の亡き後、十七人の眷属とともに道光八年に船を買って大陸に戻ろうとしたが、盗賊に出会い仲間は殺されてしまい、劉延斌の娘だけが捕虜として捕えられ、盗賊の妻にされた。「およそ十余年の間に、子を四人生んだが、知人はおらず、盗賊もまたこれを疑うことはなかった」。ある日、劉氏が寺に礼仏に行くと、一人の僧を見かけた。それは、いつかの日に乗船を希った人物であり、劉氏はこの人物に泉州へ行って貰うよう頼み、「知県にこのことを訴えた。また盗賊らが集まって宴会を開く時を告げると、役人を遣わし盗賊らを全て捕らえ、刑に服させた。盗賊らは処刑され、四人の子も縛り上げられた」。ある人が「四人の子はどうするつもりか」と問うと、劉氏は「私は十数年の間、仇を討つために屈辱に耐えてきました。子供の処遇などで悩むことなどありましょうか」と答え、四人の子を手にかけた後、自害してしまった。連雅堂は賛文の中で、「私はこれまで歴史を読んできて、復讐に関する記事に至ると、必ず心躍った。豫譲の義や聶政の武については多くの人が称賛したが、女傑を求めるとなると龐娥の後は数名挙げられるのみである。ああ！　劉氏の娘ならば賢く勇ましい勇者と言えるだろう。身は盗賊の生活に落としても、身を亡ぼすことなく悠々として、ついに自ら仇敵に復讐を果たし、不義の子も殺すとは、なんという勇猛さであろうか。世の臆病な男たちよ、さあ立ち上がれ[20]」と述べている。

『台湾通史』「列女列伝」序の中で連雅堂は、台湾女性が節義を固く守ることは、鄭氏政権時代の寧靖王の死に従死した五人の妃から始まったと見ており、また「その忠節は今に至るまで言い伝えられている」と述べている。彼はさらに「ああ！　台湾は小さな土地だが、賢婦、才媛、烈女、義妃が一堂に会している。神の采配でなくして、これほど多くの婦人らが集まるだろうか[21]」と褒め称えている。連雅堂の女性重視の態度は、女性の復讐を評価して描写した要因ともなっている。

復讐之義と継絶存亡の精神は主に復国というところで相通じている。連雅堂は復国について、政治のみならず文化にも目を向けていた。「文苑列伝」の序の中で、彼の時代は「子桓は文章は国を治めるための重大な事業であり、朽ちることのない盛大な仕事であると言った。この人でさえまだ志があるのだから、現代の理不尽な時代に生きる人たちにとってはなおさらではないか」と、故国の文化を復興する必要が最もある時代だと指摘している。彼は日本統治時代を、実に「文運の衰弱はここに極まった。倉頡の文字や孔子の書に人々は唾を吐いている」時代であると考えていた。そのため彼が「文苑列伝」を作った目的というのも、「世に二つとないものだからこそ大切に守るのに、数珠繋ぎに滅びていくのをただ見ていることしかできない[22]」というものだったのである。

家仇から国仇、また男性による復讐から女性による復讐、そして正しい政治が行われる国への復興から文化を持つ国への復興まで、『台湾通史』は生き生きとした人物や、慷慨で雅やかな文章、深く明晰な説理をもって、春秋史学における継絶存亡の精神と復讐の義を非常によく表現している。

二　華夷の弁と王覇の分

華夷の弁と王覇の分も春秋史学の重点である。これは孔子を始まりとし、『公羊伝』や『史記』で発揚され、『台湾通史』に継承された。『論語』には孔子の華夏の防を重んじる言論が数多く記載されている。たとえば「文化の進んだ中国に例え君主がいなくても、君主のいる夷狄よりは優れている」（『論語』八佾）や「もし管仲がいなければ、我々は被髪に左衽という野蛮人の風俗をさせられていただろう」（『論語』憲問）などがある。『公羊伝』以降、孔子が作った『春秋』の目的の一つは華夏の防への尊重にあると見なされていた。「春秋三伝」の中で最も徹底して華夷の弁を表現したのは『公羊伝』である。『公羊伝』〈隠公七年〉では「夷狄に与して中国を支配してはならない」。〈荘公十年〉では「夷狄に与して中国を乗っ取ってはならない」。また〈成公五年〉では「その国を内にして諸夏を外にし、諸夏を内にして夷狄を外にする」。そして〈昭公二十三年〉では「夷狄に与して中国を統治してはならない」とある。これらの記述は、中国と夷狄を厳格に分けようとする者が中国側に立っていることを示している。

事実、「中国」の名称は、四方にいる非華夏族人の相対的観念として使われた言葉であった。『礼記』の「王制」では、「東方を夷という。頭に冠を載せず、体に入れ墨をしていて、食材を火で調理せずに食べる者がいる。南方を蛮という。額に彫りものをして両足の指を向かいあわせて歩く習わしで、食材を火で調理せずに食べる者がいる。西方を戎という。頭に冠を載せず、動物の皮を衣服にしており、穀物を食べない者がいる。北方を狄という。羽毛を衣服にして穴蔵に住んでおり、穀物を食べない者がいる」と述べられている。そして華夏族の居住地である黄河流域も、このような「東夷」・「西戎」・「南蛮」・「北狄」に四方を取り囲まれた土地として「中国」と自称していた。しかし、華夏族はなぜ華夏と自称していたのだろうか。先達の学者林恵祥は華夏の名称の起源を考察しており、中国典籍の中で「夏」の字の初出は『尚書』「堯典」にあり、また「華」の字は春秋時代から使われ始めたと指摘している。『説文』では「夏」を「人」と解釈しており、「原始民族は自分たちの部族を『人』と自称していた」とある。林恵祥は「『華』とはトーテムの意味を表わす言葉で、つまり『花族』のことである。『夏』は自分を称する語、つまり『人』である」と結論づけている。[23] 字形から見ると、蛮狄は虫偏と犬偏で構成されており、どれも人の意味ではない。そして夷戎の夷という字は弓を背負うという意味で、また戎は矛を担ぐという意味であり、どれも文化的ではないことを意味している。相対的に言えば、華夏とは燦爛たる文明をもつ人類の意味を指す。比較的進んだ文明を持つと自称する立場から考えてみると、華夏が華夷の弁を厳しくしたことも理解することができる。

華夷の弁は文化の分野に属する問題であり、種族の分野の問題ではない。これについては、『史記』「趙世家」に最も詳しく説明されている「中国は、聡明にして徇智の人のいる所であり、万物財貨の集まるところであり、賢人聖人の教化するところであり、仁義の行われるところであり、詩・書・礼・楽の用いられるところであり、優れた技術才能が実践されるところであり、遠方の国々が見習おうとするところであり、蛮夷が模範として行うところである」。『史記』は基本的に孔子の『春秋』や『春秋公羊伝』の民族思想を継承している。『史記』の研究者である陳桐生は、『史記』の中の少数民族伝記は、華夏民族の立場で書かれており、その民族思想の主な内容は「王者一統」と「用夏変夷」だと述べている。また各民族に平等にある前提とは、夷狄は必ず華夏文化を受け入れなくてはならないということであり、これは現代中国が主張する領土内の各民族平等の意味と大きく異なると考えている。(24)

『台湾通史』は新旧文化が融合する時代に完成した。しかし、日本統治時代の台湾という時代要素の影響を受けていたため、その民族思想はやや伝統的であり、華夷の防を厳格に志向していた。司馬遷と異なるところは、司馬遷は華夏が四夷よりも強い立場であった漢代に身を置いていたのに対し、連雅堂は華夏が異族統治に陥ってしまった台湾に身を置いているという点である。強い立場に立っていたから、司馬遷は「用夏変夷」を強く主張することができたが、弱い地位にあっては、連雅堂は「蛮夷猾夏[25]」（『尚書』舜典）によって台湾から中国文化が消失するのを避けるため、華夏の保存に力を注ぐことしかできなかった。華夏を保存することに対して、『台湾通史』には『史記』にはない強い悲願が込められており、この悲願も『台湾通史』が中国史伝文学史において非常に際立った存在となる要因となっている。

『台湾通史』の「凡例」には「この書は隋大業元年を始まりとし清光緒二十一年を終わりとする[26]」とあるが、材料が限られていたため、全書にわたって鄭氏政権以降の歴史に重点が置かれている。それゆえ「自序」の中で連雅堂は「台湾の三百年来の歴史であり、もしこれを後世の人々にはっきりと示すことができなくなるとすれば、それは今の時代に生きている私の罪ではないのではないだろうか[27]」とも述べている。鄭氏政権以降に重点が置かれているため、華夷の弁の対象は、台湾史の変遷に伴い複数存在する。鄭氏政権時代の「夷」は満人・オランダ人・「番」人であり、清代初期の「夷」は満人・「番」人、後期はさらに日本人・イギリス人・フランス人などの東西列強も加わっている。また日本統治時代の「夷」は日本人に集中していた。これらの異族に対し、『台湾通史』において歴史の主体と歴史を綴る者の立場は皆漢民族であり、即ち華夏族、中国人である。

『台湾通史』「自序」では「我々の祖先はかつて大海を渡り、荒れた辺鄙な土地に入って、この土地を開墾してきた……我らが賢能の志士らよ、我が朋友とともに、仁愛と孝順を行い、正義に基づいて勇敢に公務を行って、我々の民族性を発揚しよう。これこそが私の目標である。この怒涛逆巻く海、美しい島、まさしく我が先王先民の偉大な使命の拠り所となる場所である！[28]」と述べている。この文章中の「我々の祖先」・「我らが賢能の志士」・「我が朋友」・「我が先王先民」とは全て我が民族、つまり漢民族を指している。そして全書にわたって、このような漢民族的視点の記述を到る所に見ることができる。以下にいくつか例を挙げる。

1　連横曰く、台湾という名はいつから使われ始めたのか、史書には詳しく語られておらず、名称もそれぞれ異なっている。我々の民族はこの地に生まれ、この地で育ち、この地でともに生活しているのに台湾の名義を知らず、自国の歴史に無知ではないか！[29]（「開闢紀」）

2　また言うには、台湾の原名は「埋冤」であり……鄭成功が台湾へ来た後、ここを東都と呼んだ。息子の鄭経が即位してから、またもや名を東寧と改めた。ここは我が民族が創建した土地であり、廃れることなく永遠に守り続けるべき場所である[30]（「開闢紀」）。

3　我が先祖が開拓した土地である。我が先祖は手に鋤を持ち、腰には刀銃を提げて、生番や猛獣と戦って駆逐し、大変な苦労をして、この山林を開いた。この民族は有能で偉大である[31]（「芸文志」）。

4　この埔里社はそもそも我が民族のための沃壌であり、我が民族によって管理されてきた。それゆえ関を設け番をなだめるのは容易なことである[32]（「鄭勒先列伝」）。

1と2から連雅堂が「開闢紀」の中で、鄭氏政権を領導した漢民族が台湾を開いたという功績を特に強調していることがわかり、3と4からは、開闢の途中で漢民族と対立した「夷狄」とはその当時のいわゆる「生番」だったことが見て取れる。台湾割譲の前、漢民族は「番」よりも強い立場にあったため、「用夏変夷」は主要な戦術であった。鄭氏政権に関する重要な資料である楊英の『従征実録』には、鄭氏政権がかつて台湾への上陸に成功した際、「土民」から歓迎を受けていたことが描かれている。また、鄭氏政権による原住民統治の際、農業生産関連という非常に実際的な問題に重点を置いていたことも記載されている。[33]農業生産を上げることに重点が置かれてはいたが、原住民の教化もすでに開始されていた。そのため鄭氏政権が清に投降した七年後（一七〇〇年）に台湾へやってきた郁永河が記した『裨海紀遊』には、鄭氏政権の原住民漢化の状況が書かれており、彼は「新港、嘉溜湾、殴王、麻豆は鄭氏政権時代の四大社である。原住民の子供らは郷塾で学ぶことができ、その兵役を免除して教化した[34]」と記している。しかし郁永河は鄭氏政権による原住民の漢化効果は顕著に現れてはいないと考えている。それは鄭氏政権が台湾で実権を握っていたのは僅か二十三年の間であったから、台湾を二百十二年に及ぶ期間統治した清政府と並べて論じることなどはもちろんできないからである。連雅堂が「民変」を処理した時は、漢民族の立場から反清復明の大義を宣揚したが、清政府の「用夏変夷」（「番」）に関する政策は擁護した。しかし、これも漢民族本位に基づいたものであって、清朝廷の立場には立っていないという点にも注意すべきである。

そこで、我々は『台湾通史』の多くの場面で「用夏変夷」の成果が書かれているのを見ることができるが、それは例えば「列女列伝」に書かれているようなものである。ここでは漢化した一人の原住民女性について記載されている。

大南蛮は諸羅県の目加溜湾社の番民、大治の妻である。彼女は大治に嫁いだ後、よく家を治め、また勤倹であり、姑に孝行し夫を助け、力の限りを尽くして自らの責務を全うした。二十歳の時、夫が亡くなった。社の原住民らは大南蛮が美しいことを聞いて、我がものにしようと争った。大南蛮はこの野蛮な習俗を変えたいと思って、二度と人に嫁がないことを誓い、刀を取り出し手に持って「私の髪を切ることはできても、私の腕を断つことはできても、節操を揺るがすことはできない」と言った。大南蛮は自ら畑仕事をし、貧しく苦しい生活ながら、子供を育て、三十七年間貞操を守り通した。官吏がこのことを上奏すると、天子は彼女を表彰した。連横は、「ああ！　大南蛮は番民の婦人であるにもかかわらず、貞節を守り誰にも嫁ぐことなく、その身を全うし、なんと淑やかな人であろうか。その志は清浄で、その行いは立派である……夷の身ながら自ら積極的に道に達している」と述べている[35]（『台湾通史』「列女列伝」大南蛮）。

この記録の文末に加えられた「夷の身ながら自ら積極的に道に達している」という論評からは、連雅堂が司馬遷の「用夏変夷」論を継承していることが非常に明らかに示されている。『台湾通史』に描かれる清代一代の重点は、初期は「反清復明」や「用夏変夷」、後期になると列強からの侵攻下での「攘夷」へと変化しており、連雅堂は全体を通して我が民族という立場を明確なものとし、それを貫いている。異なることといえば、二百年間の共存を経て、十九世紀後半に列強からの侵攻を受けた際、「我が民族」とはすでに漢民族のみを指すのではなく、満人と原住民も含むものとなっていたことである。

『台湾通史』「経営紀」には「道光二十一年の秋七月、イギリス艦が基隆を密かに偵察する」、「二十二年、イギリス船が大安港に再び侵入した[36]」という記載がある。「密かに」や「侵入」という言葉を使用することで、自民族中心主義を表している。「経営紀」にはまた原住民が列強船の撃退に成功した記録を載せている。「(同治)五年、イギリス艦のルウが琅嶠(現在の恒春に当たる)に至り、これを生番が攻撃する」、「(同治)六年、イギリス艦のナウェーが琅嶠に至り、これを生番が攻撃する」[37]。また、十九世紀に入ると列強が台湾獲得の野望を抱き始め、『台湾通史』で強調される華夷の弁にも変化が起こり始め、「夷」は列強国、例えば日本やイギリス、アメリカ、フランスを指すようになった。連雅堂は大量の紙幅を割き、情熱的な文章で台湾官民が勇敢に「夷」と戦った事績を描いており、その興奮と賛美が言葉に溢れ出ている。

一八四〇年、東南沿海部にてアヘン戦争が勃発し、台湾の外海も戦場となり、しかもこの戦争の中で唯一勝利を収めた戦場となった。台湾人の勝ち取ったこの名誉ある勝利について、連雅堂も特筆大書している。一には台湾人の尊厳のため、また一には華夷の弁を強調するためである。「経営紀」には「道光二十一年(一八四一)秋七月、イギリス艦が基隆を密かに偵察するため沿海を遊弋した。総兵の達洪阿、兵備道の姚瑩はともに防戦を企て、イギリス軍を撃退した」とあり、「二十二年春二月、イギリス船が大安港を再び侵犯したが、退却させた[38]」とも記載されている。「外交志」にある「英人之役」の一節にはイギリスに抗戦した功績のある姚瑩と、防夷の論を著した徐宗幹についてより詳しい説明があり、連雅堂も「姚徐列伝」として彼らの功績を褒め称えている。

「外交志」から、当時兵備道であった姚瑩と台湾士民は、戦いの準備をいつでも怠らず、厳重な防衛態勢を作っていたことがわかる。連雅堂は「兵備道の姚瑩は有能で民心を得ており、総兵の達洪阿とともに防戦を企て、砲台を増やし、海防を強化していたので、イギリス人は野望を果たすことができなかった。二十年(一八四〇)夏五月、イギリス艦が鹿耳門をひそかに偵察していたところ、官兵がこれを撃つ。……すでに廈門を占領され、頻繁に警報が響くようになり、官民は再び海外からの侵攻に必死に抵抗し、姚瑩は南北へ赴き、地方有力者や有識者を集め、義勇軍を作り、その半分を兵として派遣したが、その数およそ四万七千百人を超えた。また、侵略者の手先となった売国奴はすぐに捕えて処刑したため、内患はなかった」[39]と記している。このような警戒下において、姚瑩は北部領外海でイギリス艦の撃退を幾度も成功させている。姚瑩は桐城派の古文の名家であったことから、この戦争について描写した詩があり、例えば「たくさんの雲が戦陣遥か高くに厚く積もっている。長大な蛟を退治することができなければ、台湾に顔向けできない」などの詩句では、激しい海戦の様子を表現し、また台湾を守る決心も表している[40]。

しかし、福建省・浙江省・広東省が攻略されたことにより、清朝廷はついに和平交渉を求めた。イギリス側は姚瑩が俘虜を「無暗矢鱈に殺害」したことに深い恨みを持ち、彼の行為を糾弾した。そして、「江蘇の管理者と福建の官員は、台湾の功績を妬み、陥れようとした。このことが欽差大臣である耆英の耳に入ると、姚瑩と達洪阿を捕えて都へ連れて来て訊問しようとしたが、兵民は抗議を申し立ててストライキを起こした。姚瑩と達洪阿は彼らを慰めたが、終に職位を剥奪され台湾を去った」[41](「姚徐列伝」)。

これに似たような描写が「外交志」にもあり、連雅堂がこの事件を重要視していたことがわかる。姚瑩が台湾を離れた後も、台湾人は依然としてその無実の罪を強く訴えた(「外交志」[42])。また海峡両岸の詩作ではどれも力を込めて無実の罪を着せられた姚瑩と達洪阿について書いた者が非常に多かったため、姚瑩と達洪阿は職を失うだけで済んだ。

道光二十八年(一八四八)兵備道に任命された徐宗幹は、「防夷之書」を著わして人民に与えたため、連雅堂から重視された。「外交志」の中で、台湾人はこの時に「禁煙公約」を立てたと連雅堂は書いている[43]。連雅堂はこの二つの文書を「姚徐列伝」と「郷治志」に分けて載せている。徐宗幹の防夷の論では、台湾の官・兵・民・「番」がいかに力を合わせて「夷」に対抗するかを力説しており、この文章によって、この時原住民はすでに「夷」に含まれていないことが証明されている。「夷狄の災いは昔からよくあることである。和平交渉を求めて弱みを示すことは、国の方策のためにならない」と彼は記録している。徐宗幹は台湾の防夷には「塞ぐ」ことが必要で「なだめる」必要はなく、しかも民と「番」によって行われなくてはならないと考え、「現在防衛の要害としては、淡水から基隆一帯の海域がまず挙げられる。防衛のためには封鎖の法が必要なのであって、慰撫の法は必要ないのではないかと愚考する次第である。政府の軍隊をもって防衛すると、実際には前約に背いたことになり、国が開かれてから不和の元となる。そこで民や番を使って防衛すると、言い逃れはできない。防衛するには必ずしも大勢の兵と陣は必要ではなく、敵が上陸するのを阻むだけでよい。民や番に紀律がないなら、官兵が間を取り持てばよい。兵は民を装い、民は番を装って、見分けることなど全くできない。裏切り者を防ごうとしても官の耳目は、民の耳目に及ばず、官の号令は民の号令に及ばない。つまり、民が民を守ることで裏切り者はいなくなり、外から敵が侵入することもできないのである[44]」と述べている。文中では徐宗幹が防夷の大計を民と「番」に委ねており、また民と「番」は官兵よりもはるかに適任だと述べている。

そして台湾人民もいつまでも徐宗幹らが寄せる期待に背くことはしなかった。連雅堂は「郷治志」の中で、台湾人がどのように「攘夷」論を提唱し、また郷約を立てているかについて記載している。「道光末期アヘン戦争の最中、イギリス艦が頻繁に港へ偵察にきたことから、台湾人は大いに怒り、イギリスと開戦に至った。和平協定締結後、五口通商によって港を開く命令が下され、ついに攘夷論が提唱されるようになった。また公約では……[45]」。「郷治志」には公約の全文が収録されており、文中には華夷の防が存分に論じられている。「台湾はイギリス人が来て許される場所ではない。我らが朝廷は寛大であり、この条約の合意を承知した。拒まなかったのは、イギリスを恐れているからではない。彼らが礼儀正しく我らに接するなら、我らはどうしてことを起こすことなどできようか。またいわゆる和平というものは、見かけても殺さないということであって、イギリス人の命令を聞く義務はない。彼らが先に我らを侮ったというのに、どうして譲ることなどできようか[46]」。公約では強硬な防夷の立場を表わしているだけでなく、さらに数々の防夷の方法について微に入り細を穿った解説をしている。

台湾は絶海の孤島であるから、逃げ場などない。そのため、急いでかつ早く以下の計画を進めなくてはならない。一つ、高台に見張りをたてる。沿海に住んでいる民はいつも高台から遠くを見渡して、外国船の影が見えたなら急いで軍事官庁に報告し、その船がどの港に入港するかを探って、入港を阻止し、……一つ、民衆の気勢を集める。外国船がもし停泊に来て、なおかつ攻撃しようとするのでなければ、我々一般の民衆が少なくとも百人、多ければ千人集まって刀や棍棒を隠し持ち、港に横並びで立って、彼らが深くまで侵入するのを阻み、……一つ、敵の回し者を見つける。外国人を心配するほどのことではない。匪賊が外国人と手を組むことが心配の種になり、もし密かに外国人と接触する人がいれば、双方ともに軍事官庁へと引っ立てる。……一つ、兵役に就く青年を選ぶ。戦いのないときは、身寄りのない人及び次子のいない家を除く、各町全ての家から一軒につき一人徴兵し、……一つ、経費を工面する。防衛軍で必要な費用は、国費から出るが、我々一般人民もやはり備蓄をしてともに国を守らなくてはならない。……一つ、器械を揃える。刀や銃や護身用の盾を各家庭に用意することで、人民一人一人が皆武器を持てば、強力な軍隊となり、……。[47]

この郷約を見れば、清仏戦争の際フランス軍は目論見を実現することができず、そして台湾割譲に抵抗する日中戦争の際も、台湾人民が日本軍を幾度も破ったということ、また彼らの戦闘力が日清戦争で日本に敗北した北洋軍隊さえもはるかに凌ぐものだったことは想像に難くない。またこの郷約から、台湾人民の自衛は主に「攘夷」の認識からきているものだったこともわかる。公約の中には、「風の噂によると、イギリス人は台湾と貿易をしたいと考えているらしい。もしこのことが成功すれば、災いが次々と降りかかるだろう。彼らは異文化や異宗教で民衆を惑わし、我が子弟らはこれによって害を受け、土地を占領して家を建てて、この土地に住む者は損害を被るだろう。また品物から税金を巻き上げて、我が国の商人たちは生計を立てることができなくなり、男や女を使用人として買い、我が民は非常な悲しみや苦しみを味わうことになる[48]」と書かれており、イギリス人が台湾へ来ることで起り得るさまざまな災い一つ一つに考慮を払っている。ここから、台湾人の華夷の防に対する警戒心がいかに高いかを見ることができる。このような理由からこの郷約も連雅堂から重要視されたのであった。

清仏戦争で台湾防衛の功労のある劉銘伝と劉璈は『台湾通史』において単独で立伝され、連雅堂は、二人がフランスへ立ち向かう姿を記載する他に、二人の台湾統治に対する透徹した言論までも詳細に記録している。これらの言論は列強が台湾を手に入れようと虎視眈々と狙っている危機的状況が反映されている。「劉銘伝列伝」には劉銘伝の奏書が載っており、その中に、「台湾は七省の要衝であり、各国が垂涎の的とした。そのため争いが起こるたびに、みな台湾を自分の領土にしようとした。……防衛組織の設置・軍隊の訓練・清賦[49]・原住民の慰撫などの重要な面で、それら全てを順に整える必要がある[50]」という話が書かれている。劉璈はフランス艦が台湾へ偵察にきた際、督撫に上書し、台湾の地勢を「台湾地区は四方を海で囲まれ、周囲三千数里、防塞となる険しい場所がなくどこからでも上陸することができる。」と論じた。しかし、地理的に非常に重要な位置にあるから台湾は死守しなければならず、「万一台湾が襲撃されたなら、……南北の海上防衛は危機的状態に陥り、不安はいつまでも消えず安心して眠れる日はないだろう。台湾を失うことは国を失うことに繋がる[51]」(「劉璈列伝」)とも述べている。当時の防務は、劉銘伝が北部を管理し、南部は劉璈の管轄であった。「外交志」の「法軍一役」では、連雅堂は紙幅を大きく割いて細かく出来事の過程を書いており、イギリスとの抗戦に関する描写と同様、一般民衆が参加したことに重点が置かれている。たとえば張李成という者は、兵に志願した勇士三百人を自ら率いて滬尾(淡水)でフランス軍を阻止したことが記載されており、また劉璈の奏書でも台湾人民の勇敢な様子が書かれている。

現在、台湾の兵は精鋭が集まり食糧も十分にあり、兵器の数も余裕があるため、フランス軍は侵攻できない。直ちに再び兵を集め、全台湾義民百万人が刀や銃を扱うことに慣れておき、一度君父の仇敵を討つ報せを聞いたら、呼びかけ合って食糧を準備し鎧を身に付け、仇である侵略者を殺すことを誓う[52]。

台湾が外国からの侵略者に直面してもなお、このような民衆の気概が各地で繰り広げられたことは、上述した抗英戦争の際の攘言論及び郷約と関係がある。

この民衆の気概は台湾割譲の時まで続き、感動的に伝えられる歴史となった。『台湾通史』におけるこの部分の歴史は「独立紀」と、「呉湯興列伝」・「徐驤列伝」・「林崑岡列伝」・「呉彭年列伝」を含むいくつかの殉難烈士の列伝に分けて記載されている。列伝の中には呉・徐・林・呉らの人物だけでなく、関連する人士も含まれている。

連雅堂の記述から、彼が描写の際重要とするポイントがわかる。まず、彼は儒生が武装して抗日行動することを重要視しており、それゆえ彼は多くの儒生の戦いを記している。呉湯興・徐驤・林崑岡らの儒生以外にも、姜紹祖・簡精華・邱国霖・呉鎮洸・沈芳徽らもまた儒生であった。

その次に、連雅堂は抗日と抗清の関連に注目しており、中部地方の地主について、「国姓会を設立し、子弟を千人集め、頭家暦荘において抗戦する」[53]ということを記載している。

また本土の儒生以外に、彼は台湾のために犠牲になったたくさんの外省人にも注目し、さらに呉彭年を代表として「呉彭年列伝」を作った。これらの人物の中で、呉彭年と呉湯興は八卦山で肩を並べて戦い、ともに殉難している。呉湯興は挙兵する際に「聞道」を書いており、「清朝が大敗したことを聞いた。北方を望みながら涙が絶えず頬を流れる。書生らは敵を殺して無事に帰り、また再び台湾を攻め来る倭人と一戦交えなくてはならない[54]」。また呉彭年が死ぬ前に書いた詩に、「天はなぜこの民を見捨てたのか」、「夷に寝返り、宋はついに割譲された」等の詩句もある。[55]抗「倭」と抗「夷」はその作戦の動力源となっていることがわかる。連雅堂は台湾防衛のために亡くなった外省人の呉彭年に特に注目しており、「賛文」の中で「彭年のような者こそが義士ではないだろうか！　危急存亡の際には天命を受け、死んでも心を動かさないことを誓い、その志の固さは雲を晴らし太陽や月の光を輝かせるほどのものである。……私は八卦山の山頂を望んだ時、馬に跨った勇ましい姿の青年が、刀を手に持ち天に向かって笑っているのを見た。ああ、なんと勇壮なことだろうか！[56]」と書いている。ここまで見ると、八卦山の山頂に呉彭年の彫像が立っているかのようである。

連雅堂の華夷の弁に対する固執は、『台湾通史』で台湾と外夷の往来をどのように描写し、また攘夷の功績ある者や犠牲となった儒生官民に至るまでをどのように称えているかという箇所から見ることができる。

華夷の弁と関連する王覇の分も『台湾通史』の中で繰り返し細かく論じられている。第一節で、『史記』自序から、孔子が『春秋』を作った意図について述べている一段落を引用したが、その中に春秋史学における重要な思想の一つである王覇の分が現れている。例えば、「孔子は自分の言葉が用いられず、正しい道が行われないことを知ると、春秋を著して魯の隠公元年から哀公十四年までの二百四十二年にわたる歴史を是非、褒貶して、天下の模範を示そうとした。天子でさえも貶め、諸侯を叱責し、大夫を糾弾して、王者の事業の何たるかを知らしめようとした。……そもそも『春秋』は、上は夏・殷・周三代の聖王の道を明らかにし、……滅亡した国を再建し、断絶した家を再び繋ぎ、疲弊したものを補修し、廃れたものを再興させるもので、これこそが王道の偉大さというものなのです」とある。王覇の分に対して、最も具体的に検討したのが孟子である。『孟子』「公孫丑上」で孟子は、「仁者のふりをして実際には武力で威圧するのが覇者である。……徳で仁政を行うのが、王者である」。また「昔の王は憐れみの心があったからこそ、自然に温かい血の通った政治が行われたのだ」。そして「これほど長い間王者が現れなかった時代はこれまでにない。人民が虐政に憔悴しているのがこんなに甚だしかった時代はこれまでにない」と述べている。ここから、儒家は王覇の区別を、人民を中心とするか否か、また仁政を行うか否かで判断していることが見て取れる。

「春秋三伝」でも同じ基準で王霸を区別している記述がある。たとえば『左伝』荘公三十二年には、「国が盛んになろうとする時には、民の心を聞いてそれに従う」という記載があり、『左伝』襄公四年では晋国の魏絳の話を引用し、春秋の時代における多くの諸侯の滅亡は「立派な人物を起用しなかったことによるものだった」と説明している。歴史を記録することを通じて、専制で暴虐的な統治者を明るみに出し、苦しみ不当な扱いを受けていた一般民衆のために正義を広めた。それによって、儒家が堯舜禹が行った制度を模範とする政治理想としていることを明らかにしている。それは、孔子以降春秋史学精神の薫陶を受けた史家の使命であり、この伝統の下では、連雅堂のような二十世紀の人物もまた例外ではない。

『台湾通史』の「凡例」では、「そもそも国の基本は民であり、民がいなければどうして国が成立するだろうか？　それゆえ、この書の各志では、郷志以下は民に関する記述が特に多い[57]」というように民本思想が語られており、また連雅堂は、先人らが書いた史書よりもさらに民に関する記事を重要視していると主張している。「教育志」において、連雅堂はたびたび王霸の分を論じているが、先王の制度に対する郷愁がより満ちている。彼は「ああ！　井田制が廃止されてから、学校は開かれなくなり、人材は少なくなった。それゆえ朝廷は科挙の結果のみで士を採用している。……学校の建設は公の事業だが、科挙制度は私に属するものである。私が公を害すのは、覇者が行う方法である」と述べている。また台湾も王制が欠けており、「台湾は海上に浮かぶ荒れた島であり、先王の制度はなかった。オランダが統治してから初めて原住民に教育を施したが、奴隷になるための教えでしかなかった[58]」。このように、オランダ人が民を教育したのは奴隷にするためであったから王道ではなく、鄭氏政権時代になって初めて台湾に学校が建てられ、連雅堂はこの時になってやっと先王に習った制度ができたと見ている。「避難した地方に住む紳士の多くは学識の深い士であった。彼らは書籍を抱えて役所に集い、経学を講じ、先王の制度を学ぶことを訴えた。そして人が大勢集まり一世を風靡した[59]」。清代になると教育はさらに普及したものの、連雅堂はやはり異民族政権の本質は人材や言論を抑圧することにあると批判している。彼は嘆きながら次のように述べている。

古では、士は直接君主を諫めることができないので大夫に自分の意見を託し、庶人は君政の過ちを陰で謗り、商人は市場で語り合い、百工はそれぞれの芸技に託し君主を諫めた。正月の初春に、遒人の官が木鐸の鈴を鳴らし道にふれまわって、民間に伝わる歌を採集して天子に申し上げた。そのため、王は朝廷の外に出なくても天下の状況を把握することができた。しかし三代以降は、天下で起こった物事の是非の判断は、全て朝廷で決められ、学校で判断しなくなった。そのため、天子が素晴らしいと褒めれば衆人はそれを是だと言い、天子が恥ずべきことだと貶せば衆人はそれを非だと言うようになった。悪い教育を受ければ、心が利益を貪る欲望でいっぱいになり、道義は消滅してしまうのである[60]。

上述の「三代後」から「衆人は良くないことだと思う」までは黄宗羲の『明夷待訪録』を引用しており、連雅堂のこの評論から、彼が儒家の王者の制度に憧れを持っていたことがはっきりとわかる。王覇の分は民が主体となって判断するものであり、王道を支持する連雅堂は、民の意思を讃えることを務めとした。台湾官員を務めた人物の政績に対しても多くは人民の視線から評価・分析を行っている。人民は自らと密接に関係している物質的生活に最も重きを置くため、為政者は必ず人民の生活に重きを置かなければならない。「虞衡志」の冒頭で、連雅堂は「天下が豊かになるかどうかは、土着の民によって決まる」と主旨を明らかにしており、さらにまた先王之道を立論の指標としており、『周礼』の職方氏は、天下の物と土に相応しいものを判断し、九種類の穀物を蓄え、六種類の家畜をそれぞれに識別し、それによって自然を認識して自然とうまく協調することができた。そのため高い木や地に生える草などの草木や鳥獣がそれぞれ自分に割り振られた場に満足して生きることができた。後世の王は道を失い、たびたび課税を繰り返したため、民の利は奪い取られ生活は干上がった。さらに酷い人は民と利を争い、粟の中を探ってでも金を見つけようとして、私腹を肥やした[61]」と述べている。「農業志」の末尾でも、「国の頼りは民であり、民が重視しているのは農業である。そのため田の区画整理をし、税の徴収を軽くして、平等に待遇し、勤労を励まし、民が農業に一生懸命に取り組むようにさせ、それを奪い取ることをしなければ、これによって民は強くなる[62]」と述べている。

連雅堂は誠実に政を行い民を愛護した官員の言行を記録し、彼らが民本主義であったことを褒め称えている。例えば康熙年間の陳璸については、「慈恵があり民を愛している」、「夜に自ら見まわっては民衆の苦しみを尋ねる。誰かが勉学に励んでいる、あるいは仕事に励んでいると聞けば、すぐに家に行き励んでいる様子を見て褒美を与えた[63]」（「循吏列伝」）。また、自分で食料を準備して頻繁に淡水まで北巡し、「夜、村舎に泊まって、原住民らの苦しみに耳を傾ける。陳璸のこの姿を見た人はため息をついた[64]」（「撫墾志」）と記している。連雅堂は「撫墾志」でも、謝金鑾の王道の論について「仁者が思索するのは、己一人にのみ都合のよいことをしようとしているのではなく、国家経済と人民の生活の利益を求めるものである。もし真剣に政治を行い、人民を守ろうとするなら、蛤仔難の人民、つまり堯舜の人民は、どうして禍の元凶となるだろうか？」(65)というように記載している。ここで主張されていることは、為政者に必要なのは「真剣に政治を行い、人民を守る」ことのみであり、原住民も同じ堯舜の民だということである。謝金鑾が「謝鄭列伝」に書き入れられたのは、この王道の論を述べるためであった。

民本思想を強調するために、連雅堂は特別に「工芸志」を作り、その「序」の中で執筆動機を述べている。「古は聖人が天下を治めていた。人民に農具を与えて土地を耕し作物を植えさせ、魚網を編んで与え人民が漁を行えるようにし、……人民の生活を豊かにし、邪悪な心が芽生えないようにしており、道理は完全なものであった。後世の学者はこれに気づくことができず、形而上のものを道と呼び、形而下のものを器と考え、内容がない論議を繰り返し、信用のおけないことばかりを述べた。そのため、国家に福をもたらし人民を助けるというような言論は脇に置かれ、このような道理も捨て去られた。秦、漢以来、歴史学者は連綿として絶えることがなかったが、工芸のために『志』を作らなかった。私はこれを非常に遺憾に思う」(66)。この内容から、連雅堂の儒学に対する考えは実学であって理学ではないこともわかる。その原因として、彼は理学は国に福をもたらし人民を助けることができないものだと考えていたことが挙げられる。伝統史学が民間の工芸を重視しなかったことに対して、彼は大いに批判していた。そこからも彼が一心に努力して春秋史学の民本思想を広めようとしたことが見て取れる。

＊本章は二〇〇〇年六月に行われた第二十二回『中国哲学』にて発表した。

注

（1）鄭喜夫編『民国連雅堂先生横年譜』（台北、台湾商務印書館、一九八〇年）六三頁、一一七頁を参考。
（2）楊雲萍「新序」、『台湾通史』（修訂校正版）（台北：国立編訳館中華叢書、黎明出版公司印行、一九八五年）に収録。
（3）連雅堂「過故居記」、『雅堂文集』（台北、台湾銀行経済研究室、台湾文献叢刊第二〇八種、一九六四年）八七頁に収録。
（4）連雅堂『台湾通史』七二一頁。
（5）連雅堂『雅堂文集』三三頁。
（6）連雅堂『雅堂文集』三七頁。
（7）上述の司馬遷が伍子胥の伝を立てたという内容は、『公羊伝』の記述を基にしている。徐復観「先秦儒家思想発展中的転折及天的哲学大系統的建立：董仲舒『春秋繁露』的研究」『両漢思想史』（台北、台湾学生書局、一九七六年）、巻二、三六二頁を参考。引用した「父が法に基づいて処刑されたのでなければ」という句の解釈もこの論文に基づいている。
（8）連雅堂『雅堂文集』一一五頁。
（9）林幼春の生涯とこの詩の分析、及び梁啓超の唱和の作については、陳昭瑛選注『台湾詩選注』（台北、正中書局、一九九六年）を参考のこと。
（10）連雅堂『台湾通史』二八二頁。連雅堂が儒家の中で落ちぶれた尚武精を発揚したことについては、本書第五章を参考のこと。
（11）連雅堂『台湾通史』五四八頁。
（12）連雅堂『台湾通史』五八八頁。
（13）連雅堂『台湾通史』七三八頁。
（14）連雅堂『台湾通史』七三九頁。
（15）連雅堂『台湾通史』七四〇頁。

(16) 連雅堂『台湾通史』七四三頁。
(17) 楊雲萍『台湾史上的人物』(台北、成文出版社、一九八一年)八二頁を参照。また、劉𡉏玲は朱一貴事件に関係する資料に基づいており、この檄文はまだ見たことがないと述べている。さらに「連横創作説」を主張としているが、『台湾通史』には限られた範囲でしか民変の記載がない、と指摘すると同時に、連雅堂の史識、史観の価値は損なわれていないということも指摘している。劉𡉏玲「連横民族史観的価値与限制——以清代台湾民変為例説明」『台北文献』第六一期至六四期合刊本(一九八三年)を参考。
(18) 以上の故事は連雅堂『台湾通史』九四九頁を参照。
(19) 以上の故事は連雅堂『台湾通史』九四三—九四四頁を参照。
(20) この故事は連雅堂『台湾通史』九七〇頁を参照。
(21) 連雅堂『台湾通史』九五四頁。
(22) 連雅堂『台湾通史』九一二頁。
(23) 林恵祥『中国民族史』(台北、台湾商務印書館、一九八三年)四五—四九頁(一九三六年に成立、作者「序」を参照)。
(24) 陳桐生「重評司馬遷的民族思想」、『司馬遷与史記論文集』に収録。第一輯、秦始皇兵馬俑博物館、陝西省司馬遷研究会編(西安、陝西人民出版社、一九九四年)一四六—一五九頁。
(25) 訳者注:野蛮な夷と狡猾な夏。
(26) 連雅堂『台湾通史』一七頁。
(27) 連雅堂『台湾通史』一六頁。
(28) 連雅堂『台湾通史』一六頁。
(29) 連雅堂『台湾通史』二〇頁。
(30) 連雅堂『台湾通史』二一頁。
(31) 連雅堂『台湾通史』五八七頁。
(32) 連雅堂『台湾通史』八二八頁。
(33) 上述した明鄭の原住民政策については、陳昭瑛「文学的原住民与原住民的文学——従『異己』到『主体』」『台

湾文学与本土化運動』（台北、正中書局、一九九八年）を参考。
(34) 郁永河『裨海紀遊』（台北、台湾銀行経済研究室、台湾文献叢刊第四四種、一九五九年）一七頁。
(35) 連雅堂『台湾通史』九五九頁。
(36) 連雅堂『台湾通史』七三頁。
(37) 連雅堂『台湾通史』七六頁。
(38) 連雅堂『台湾通史』七三頁。
(39) 連雅堂『台湾通史』三八五頁。
(40) 姚瑩のこの詩の鑑賞については陳昭瑛『台湾詩選注』九四―九五頁を参考。
(41) 連雅堂『台湾通史』八一六頁。
(42) 連雅堂『台湾通史』三八六頁。
(43) 連雅堂『台湾通史』三八六頁。
(44) 連雅堂『台湾通史』八一九頁。
(45) 連雅堂『台湾通史』五三四―五三七頁。
(46) 連雅堂『台湾通史』五三五頁。
(47) 連雅堂『台湾通史』五三五―五三六頁。
(48) 連雅堂『台湾通史』五三五頁。
(49) 訳者注：田の面積を測り、土地税を定めること。
(50) 連雅堂『台湾通史』八六七頁。
(51) 連雅堂『台湾通史』八七一頁。
(52) 連雅堂『台湾通史』三九六―三九七頁。
(53) 連雅堂『台湾通史』九七四頁。
(54) 陳昭瑛『台湾詩選注』一三七頁を引用。
(55) 陳昭瑛『台湾詩選注』一四〇頁を引用。

(56) 連雅堂『台湾通史』九七九頁。
(57) 連雅堂『台湾通史』一七頁。
(58) 連雅堂『台湾通史』二六一頁。
(59) 連雅堂『台湾通史』二六二—二六三頁。
(60) 連雅堂『台湾通史』二六八頁。
(61) 連雅堂『台湾通史』六五九頁。
(62) 連雅堂『台湾通史』六二六頁。
(63) 連雅堂『台湾通史』八七九頁。
(64) 連雅堂『台湾通史』四〇五頁。
(65) 連雅堂『台湾通史』四一三頁。
(66) 連雅堂『台湾通史』六一一頁。

第七章　儒家詩学と日本統治時代の台湾
――経典注釈の背景

はじめに

儒家詩学は孔子、孟子、荀子から「詩大序」に至るまで、『詩経』に対して多くの貴重な見解を提出し、ある程度の土台を築き、また主要な解釈を定めた。これより後、鄭玄『詩譜』「序」、劉勰『文心雕龍』、朱熹『詩集伝』「序」から宋元以降の多くの詩話作品中の儒家詩学の見解は、自然と一つの儒家詩学の伝統を形成していった。たとえば孔子、孟子、荀子と「詩大序」の詩学は儒家詩学の経典と見なすことができる。これより後の各家各派の見解の中でも、儒家と関係する部分については、多かれ少なかれ皆この経典に対して異なる反応を示している。

本章では「日本統治時代の台湾」という特殊な歴史的・地理的な背景の中で、儒家詩学がどのような異なる解釈を獲得したかについて検討したい。漢民族の伝統文化の一つとして、儒家詩学は日本統治時代にも他の伝統文化と同じように二重の厳しい試練に直面した。一つは異民族によって植民地化された後に同化政策が行われたため、歴史が滅び伝統文化が消滅するという危機的状況であり、もう一つは新文化運動という挑戦の下で「近代化」の機縁を得たことである。この二つの大きな要素が日本統治時代の台湾における儒家詩学の特殊な風貌を形成した。

国が滅亡し乱離する苦痛と異族同化のプレッシャーに晒されたことで、詩評家は特に「変風変雅」の価値を強調するようになった。これは、「正経」の価値を「変風変雅」の上に置く伝統的な評価とは一線を画しており、儒家の全体的精神から見ると、清代朱子学の影響が徐々に消え去り、似たような亡国の経験をすることで、日本統治時代の儒学を南明儒学の経世精神へと回帰させたということになる。また詩学方面では、詩歌の徳教化及び経世へ働きかける機能がより一層強調されている。宋元以来の詩話伝統において儒・釈（禅宗を主とする）が対等している形勢と比べると、この時期の台湾の詩学は、儒家が最も傑出している状況にあった。また亡国の痛み、故国への思いが強烈な悲情を引き起こしたため、この時期の台湾の詩評家は「情」を特に重んじ、「情」の多重境界を切り開くことに力を注ぎ、「情」の美学的内包を掘り下げたが、それは伝統儒家詩学が「情」の倫理価値の面を偏重した（あるいは「マイナスの価値」）こととは異なる。

「近代化」の方面では、新旧文学は論難することで儒家詩学と西洋詩学の対話を促した。また文学の基本原理の方面では、「真の詩」、「真の詩人」とは何かということについて、双方ともに同じような答えを出した。詩歌発生学、詩歌社会学の方面では、儒家が二千年前に形成した見解が、近代西洋文学理論の試練を乗り越えた。一九二〇年代台湾の知識人は、偶然にも儒家詩学が新文学運動の普及を阻害するだけでなく、助ける力までも有していることを発見したのであった。また儒家の立場から言えば、新文学運動が始動した近代性、西洋性への挑戦は、その詩学に新たな思想の高みへと登りつめる出発点を提供したのである。

一　伝統詩学の二重の試練——植民地の経験と新文学運動

中国古典詩歌は南明の時代に沈光文が台湾に上陸すると同時に伝えられた。それは、鄭成功が台湾へやってくるよりも九年早い一六五二年のことであった。沈光文や鄭成功本人、そして鄭氏政権とともに台湾へ来た詩人らに至るまで、彼らにとって亡国の恨みや故国の思いこそが作品の主要な精神となっていた。[1]連雅堂は『台湾通史』の芸文志の中で、「鄭氏政権時代、太僕寺卿であった沈光文はその詩で有名になった。彼はこの時に避難してきた士と故国を懐かしみ、国土を思って、感じたことを詩に詠み込み唱酬しており、その言葉には激しい怒りと悲痛が満ちていた。君子は彼らの詩を読んで故国を思い悲しんだ」と述べ、また鄭成功が遺した「北伐の際の檄文や、父が敵に降伏するのを拒否した書簡には激しい怒りと悲壮感に充ち、熱い想いが胸に溢れている。これを読むと躍り上がりそうである[2]」とも語っている。これらは、鄭氏政権時代の台湾詩歌では民族精神や感情を主要な情とし、激しい怒りと悲壮感を主要なスタイルとしていたことを説明している。儒家詩学の経典「詩大序」の角度から見ると、これらの作品は「変風、変雅」の作品に属する。「詩大序」には、「王道が衰え、礼義が廃れ、政治と教化に秩序が失われ、国ごとに異なった方針の政治が行われ、諸侯や卿大夫の家のそれぞれが、自分勝手に振る舞うようになり、変風と変雅が作られた」とある。

異民族統治に陥るという似たような境遇から、日本統治時代の古典詩歌と鄭氏政権時代の詩歌の間には高い同質性が認められる。連雅堂は『台湾詩乗』の「序」で、「台湾が日本に割譲されたことで、民心は揺れ動き、文士は異民族に政権を取られたことで憤懣やるかたなく、慷慨して悲歌を歌った。その様子は意気軒昂で、先人を超えている。台湾の詩が当時全盛期にあったのは、まさにこの時代の趨勢ゆえである(3)」と述べ、またこの時期の詩歌も「変風、変雅」に属していることを指摘している。近代の学者である李漁叔の著した『三台詩伝』は、日本統治時代の古典詩歌を専門に論じる書であるが、その中でも似た観察がなされており、「すぐさま台湾割譲が起こり、台北・台中・台南など台湾全土の人民が亡国の苦痛を味わった。当時詞苑で名声を得た世代である、丘滄海や林幼春などは、その時の事物を感じ取り、苦心して言葉で表現した(4)」と指摘している。また彼は、その淵源は鄭氏政権時代まで遡るであろうと見ている(5)。

日本統治時代に被支配者になるという特殊な経験は、台湾詩人に鄭氏政権時代の詩歌の生命を再現させた。この時期の詩歌の解釈として、連雅堂と李漁叔は、亡国の苦しみこそがこの時期の詩歌における精神の奥義である、と言い合わせたかのように指摘しており、また連雅堂は「変風、変雅」の伝統に入るものだと一層明確に指摘した。さらには、連雅堂だけでなく洪棄生までもが、この特殊な時代の変化のため、『詩話』の中で「変風、変雅」の詳細な解釈に心血を注いだことを我々は見なくてはならない。

植民地の経験は伝統詩学が日本統治時代において初めて経験した試練だとすると、新文学運動は二番目にもたらされた強烈な衝撃だといえる。台湾は一九二〇年に新文化運動期に突入し、一九二一年の台湾文化協会の成立は啓蒙時代の到来と抗日運動の変化を表している。中国大陸の五・四新文化運動と同じ発展の推移を経るように、台湾でも一九二三年に黄呈総、黄朝琴によって白話文運動がおこり、一九二四年には張我軍によって新旧文学論争が起こった[6]。一九二四年から一九二五年まで張我軍は『台湾民報』に立て続けに文章を発表し、旧文学に対して強烈な批判を展開した。その理論の基礎は胡適や陳独秀などが提唱した白話文、新文学の言論であった。しかし注目すべきは、彼が当時の台湾旧詩壇にあった、日本に媚びへつらう風潮について行った批評である。「遺老のように尊大な態度をした老詩人たちは、そこで癇癪をおこして騒いで、出任せを言っては中身の空っぽな数句の詩で遊んでいる。それどころか、総督閣下が彼らをちらりと横目で見たものだから、いっそう嬉しくなったようだ[7]」。この引用から、張我軍が旧文学を反対したもう一つの原因は、旧文学の中に日本に媚を売る文人が出現したことにあることがわかる。また一方で、被支配者という特殊な経験は台湾詩人の民族意識の中に、反日を掲げる民族精神と日本当局を褒め讃えるという二極化の現象を生み出したということも見て取れる。

張我軍の旧文学に対する批評は、偏った視点から全体を論じる傾向を帯びていたことから、旧文人らの猛反撃を受けた。連雅堂は、自身が中心となって編集した『台湾詩薈』の第十号で林小眉の「台湾詠史」に跋文を書き、その中で新文学を攻撃している。

> 今の知識人は、六芸の書を口に出して読んだことがなく、百家の論を見たこともなく、離騒や楽府の調べを聞いたこともないのに、騒々しく漢文は滅びるべし漢文は滅びるべしと言う。さらに新文学を主張し新体詩を鼓吹し古典を軽視して、自らを時代の寵児だと言う[8]。

張我軍はこの批評を受けて書いた文章の中で、新文学と伝統文学の関係を明確にし、新旧文学は決裂しておらず、むしろ深い繋がりがあることを認めた。それのみならず、論戦後、張我軍は伝統的な儒家詩学に戻ろうとしていたことを見ることができる(9)。

新文化運動家の砲火は凄まじかったとはいえ、最終的に文学の舞台から旧文学を脇役の座へと引きずり下ろしたことは、新文学創作がもたらした素晴らしい成果であり、またこれらの文学実践と台湾実社会の間に強烈な共鳴が起こったからである。張我軍が一九二五年に出版した台湾における初めての新詩集『乱都之恋』は、「台湾の胡適」の名に恥じない素晴らしいものであった。小説の方面での成果はさらに驚くべきもので、新文学に加わった作家の人数や完成した作品の品質及び量はどれも相当なものである。さらに旧文学と同様、植民地社会の特殊な条件から民族意識に二極化現象が起こり、一方では抗日文学が創られ、また一方では皇民文学が創られた。この似たような分化の軌道は、反対に文学論弁が文学の本質の思考に立ち戻る機縁を与えた。新文人であろうと旧文人であろうと、全ての文人が日本の植民地統治下では何が真の文学で、何が真の詩なのかを考えなくてはならなかったのである。

伝統詩学は、伝統詩歌の実践における理論の総括、あるいは伝統詩歌の創作精神の指針としても、伝統詩人や詩社の思想の基礎であった。異族統治の現実に面したことで、伝統詩学は「変風、変雅」の詩風を特に重視しており、これは詩人が作品の中で表現する、忘れられた土地の遺老の感傷や亡秦必楚の悲願と呼応している。また一方で、新文学運動の挑戦により、伝統詩学が文学の基本原理において西洋詩学と繋がったことで、儒家詩学が高い普遍性を含んでいることを証明した。これは張我軍が連雅堂の反撃を受けた後に熟考した賜物であることの他に、旧詩人出身ながら新文学創作に加わった大勢の文人が努力した賜物でもある。

二 「真の詩」——新旧詩学の対話

詩歌の本質に回帰した時、新旧詩学は対話の場と話題を見つけた。「絶無僅有的撃鉢吟的意義（撃鉢吟の意義は少しもない）」という文章の一節、「人為什麼要做詩？（人はなぜ詩を作るのか？）」、及び「詩体的解放（詩体の解放）」という文章の一節、「詩的本質（詩の本質）」において、張我軍は大量に儒家詩学の代表的な作品を引用している。たとえば『尚書』「虞書」の舜典の「詩は人の志を言葉に言い表すものであり、歌は言葉を詠うものである」を引用し、また「詩大序」の「詩は人間の志が動いてできるものだ。心の中にあるときは志だが、言葉に言い表されると詩となる。心の中に感情が沸き起こると、自然と言葉となって表現される。言葉に表しただけでは足りないと嘆きの声を上げる、嘆きの声では足りなくなると、さらに永く声を引いて歌う。永く声を引いて歌っても足りず、知らず知らずに、歌に合わせて手が舞い、足がリズムを踏むようになる」。さらに朱熹の『詩集伝』序を引用し、「人の心は生まれつきは静かで無欲であり、それが天性である。それから、物を見たり感じたりすると心が動いて情欲が生まれる。それが天性の本能である。人に情欲が芽生え始めると、心に留めておくことができなくなり、話したくなる。そうすると言葉では表しきれない感情が出てくるため、咨嗟詠嘆することでその不足を補うが、このような咨嗟詠嘆も恐らく自然の響きやリズムで表現されたのであり、また自分の意識では制御することのできない感情もそのようにして表現した。これこそが詩歌が生まれた由来である」。張我軍はこれらの詩学の作者を「中国の聖人」と呼び、これらの文学思想をドイツ詩人であるゲーテの「詩が私を作ったのであって、私が詩を作ったのではない」という名言に繋げ、また創作の過程を「心に感ずるところがあり、自分を抑えることができず、自然と言葉を紡いだのだ」とまとめた。張我軍は詩の原理を真に理解しており、彼の比較を通じて、儒家詩学は西洋詩学との交渉の窓を見つけることができたのだ。これらの見解は後世の新文学運動者に非常に大きな影響を与えた。

「絶無僅有的撃鉢吟的意義（撃鉢吟の意義は少しもない）」を発表した九か月後、[11]『台湾民報』の社説に「詩学的流行価値如何（詩学の流行に価値はあるのか）」という文章が掲載された。張我軍の意見を繰り返し述べているかのような内容で、撃鉢吟に反対することの他に、「真の詩とは、……『心画心声（心の中で思い描いていること）』が表現されたものに他ならない[12]」とも指摘している。詩とは詩人の心の表現であり、これは本来は伝統詩学の共通認識であったが、新旧文学論争の後も、依然として新文化運動家から重要視されており、これによりこれらの伝統が新文化の挑戦に耐えることができたことがわかる。

一九二六年、応社の詩人で書法家でありまた小説家でもある陳虚谷は、「駁北報的無腔笛」の中で日本に媚を売る詩人を痛烈に批判しているが、その理論の基礎もまた張我軍の見解に由来する。彼は「結局、詩とは何なのか。詩とは我々の心であり、熱い感情が芽生えたとき、その感情を音節を持つ文字で表現する。これを詩と呼ぶ。ワーズワースはそのように言っており、……あの宋朝の偉大な理学家である朱熹でさえもそのように言っていた[13]」と述べている。また、彼も『尚書』の舜典及び「詩大序」の中の話を引用して、詩とはどのようにして生み出されたのかを説明している。

陳虚谷のこの文章にはあと二つ重要なポイントがある。一つは詩と人格が呼応関係にあることを主張していることで、彼は「杜甫の人格があるから杜甫の詩があり、陶潜の人格があるから、陶潜の詩がある」と述べている。もう一つは詩の人民性を強調していることであり、彼は「詩人は民衆の先駆者であるべきで、時代の精神と民心の向かう先を指示しなくてはならない。そのため詩人は必ず哲学者や思想家の才能がなくてはならない」と述べている。この二つのポイントはともに伝統詩学の中に呼応する理論を見つけることができる。孟子の「人を知り世を論ず」という説は、上述した陳虚谷の二点の見解を言い表しているものであり、「詩大序」の「よく治まった時代の音楽は安らかで楽しい、それは社会や政治が平和だからである。乱世の音楽に恨みと怒りの声があふれているのは、その政治が捻じれてしまっているからである。亡国の音楽に哀婉で憂いが多いのは、その民が困窮しているからだ」も、詩が「時代精神」の反映であることを指摘している。陳虚谷は伝統詩学がこの方面で影響を与えていることについては述べていないものの、伝統詩学の影響は張我軍が指摘した「詩歌発生学」(genetics of poetry)に関する部分にとどまらず、「詩歌社会学」の層にまで伸びている可能性があることを暗示している。そして陳虚谷はこれらの文学理論を踏まえ、「詩作の趣旨に背くことは、芸術を大いに侮辱している！そして自分の人格を大いに虐げているのだ！」と日本に媚びへつらう詩人を痛烈に批判している。

続いて一九二九年、櫟社の詩人で台湾文化協会(文協)の啓蒙家である葉栄鐘は、「堕落的詩人(堕落した詩人)」の中で一部の旧詩人を批判し、彼らの詩には内容がなく、単なる挨拶の代わりになっていると批判しただけではなく、彼らが日本当局を褒めたたえていることについても批判した。また彼も同ように詩の本質を「詩を作ることとは、……真のインスピレーションが必須で、それは『心の中に感情が沸き起こると、自然と言葉となって表現される』ということである[14]」と訴えている。彼は、詩人には「絶対的自由の心境に立つ」、「心の感触に忠実である」ことが必須であり、「真のインスピレーションがなく作りだされた詩には生命がなく、個性もない」と強調した。彼は、詩を他の目的の「手段」とすることは「『神聖なる芸術』を冒涜している」ことになるとして反対している。一九三二年、葉栄鐘は「作詩的態度（詩を作る態度）」において「詩大序」中の「心の中に感情が沸き起こる」という理論を再度強調し、「『詩』とは生み出されるものであり、『心の中に感情が沸き起こる』ような内容でなくてはならない[15]」と述べている。

同じく一九三二年、旧詩人で経済学者でもある文協啓蒙家の陳逢源は、「対於台湾旧詩壇投下一巨大的炸弾（台湾旧詩壇に巨大な爆弾を落とす）」という長文を発表して一部の旧詩人を攻撃した。詩社が「アヘン窟」に成り下がり、詩人たちが「詩を接待や称賛するための道具としており、先輩らが有していた遺民の風格は失われてしまった[16]」と痛烈に批判している。また彼は、これらの変化はまるでヘーゲルが言った「『反対物への転化』という社会現象の過程」のようであるとも指摘している。陳逢源は旧詩壇に「詩の異化」が現れたと卓見を述べ、ヘーゲル哲学をうまく活用した。「詩是什麼？（詩とは何か？）」の冒頭部分で、彼は「詩大序」の「詩は人間の志が動いてできるものだ」の段落をそっくり引用して「詩の定義」を説明し、「真の詩」とはこれらの方面と「偽りの詩」とを区別するものであると強調した。「什麼是新時代的詩？（新時代の詩とは何か？）」において、彼は依然として伝統詩学を攻撃したが、五・四新文化運動の際に活躍した人物らが伝統文学を貴族文学と批判したこととは違い、彼は「新時代的」「平民詩」そして「民族の気概を鼓舞する詩」は伝統の中に根源を見い出すことができると考えていた。彼は鄭板橋の「貧士詩」、杜甫の「石壕吏」、梁任公が台湾に来た時に書いた「斗六吏」の全てが「時代性と社会性」を持っており、「最も良い代表的作品」であると指摘している。このような社会的感情は詩人にとっては自然と沸き起こるもので、彼は「真の詩人は繊細な神経と鋭敏な感情を持っており、自然と一時代一地方の社会情勢と民生の苦痛を、それに相応しい素晴らしい詩を作ることで詠み出す」と述べている。ここから彼は、一部の旧詩人に対して真の感情が欠如しており、「時代の先駆者であるべき詩人が、かえって台湾に社会の進歩を妨げる反動陣営を作り出した」と批判している。

陳逢源の意見は非常に貴重である。初め、陳虚谷の文章の中で彼の触角が詩の社会的内包へ向かって伸びていることを見ることができたが、陳逢源の文章では、詩人の社会感情もまた、詩は感情によって自然に生まれて来るものだとする「詩大序」の「詩歌発生学」から解釈していることを見ることができる。彼はオルガノンの観点から、つまり文学の社会性を「文学は社会実践のための道具である」とは解釈せず、さらに伝統詩学から「文学社会学」の資源を発見している。

張我軍と連雅堂の論争により起こった文学思想は一九二〇、三〇年代に進展を見せた。これらの思想は新旧文化の争い、交流、対話ひいては交渉といった努力であったと言うことができる。儒家詩学の中の詩歌発生学、社会学に関連する洞察は、新文人の挑戦と転化の中で、西洋詩学との接触を始めただけでなく、引き続き新文人の文学実践の精神力と理論の基礎となった。

三　「観詩知人（詩を観て人を知る）」――王松

王松は日本統治時代の新竹出身の詩人、詩話家であり、台湾割譲から十年後の一九〇五年に『台陽詩話』を出版した。この書には台湾割譲の影響及び作者の儒家詩学に対する態度が映し出されている。「序文」では、「戦災に遭っても幸運にも生き残ったが、詩については他人の真似をしてもうまくいかず、かえって自分の本来の良さまで失ってしまった。師や友人がいないため切磋琢磨できないことに苦しみ、優れた技術や秘訣を教えてくれる人もいない。本来は巾箱に入れ吟詠して鑑賞するものであるが、張説の持っていた、撫でると記憶がよみがえるという記事珠のようなものである。ましてや古今の詩話に関する著作は汗牛充棟の如くあり、人々が人間というものを知り、世を論じるのに十分な選択肢はすでに提供されている。それなのに、どうして今さらこれを必要とするのだろうか」と記されており、またこの書の苦境は「辺地に身を隠し、辛うじて命を長らえている時にあっては、書くべきものはもはや何もない[17]」とも述べている。これらの言葉は台湾割譲に対する王松の思いを暗示したものであり、また詩話に自分の考えを託す意図もあり、さらに孟子の「知人論世（人を知り世を論じる）」を詩話制作の理論としている。また王松の「観詩知人（詩を観て人を知る）」の見解は、孟子の「知人論世」の説に基づいている。同じ角度から、王松という人物を知れば、彼の詩話をより深く理解できるようになるだろう。友人の鄭如蘭は「序」の中で、王松は不当な待遇に遭うとすぐに抗議をするような人で、「その歌にも、その涙にも思いがこもっている」タイプの人間の典型だと指摘している。またその人となりを「瀟洒で人より抜きんでており、大酒のみ」で、友と集まっては「酒を飲んで酔っ払い、一人思うままに天下で起きたことを話して、気前よく話し続ける」[18]とも語っている。王松の人となりから、なぜ彼が内容の深い気迫ある詩風を偏愛したのかを理解するのは難しいことではない。邱菽園は「序」の中で、彼が「学ぶのは、経世を務めとしているためである」と称賛している。また王松本人の言葉、「志を持たない者は立派な人間になることができず、また自分の心を欺く者は身を立てることができない。世の中に、もし自分に居場所を与え、自分の志を伸ばすことのできる人がいるなら、私はその人に従おう」[19]を引用している。ここから王松の思想は儒家に傾いていることがわかり、彼の詩話が儒家詩学に依拠していたのも非常に自然なことであった。

台湾割譲が王松の詩話作成の心理的背景に与えた決定的な影響について、彼は文中で、「詩話の作品について、先人らはすでに詳しく評論してきた。私のような取るに足らない者がどうしていい加減に異論を唱えることができるだろうか。日清戦争以来、至る所に戦争の爪痕が遺されており、怒りで胸が一杯になる。退屈な時に中途半端に他人の真似をすることで憂鬱を晴らし、何もせず無ために時を過ごしているという誹りを免れようとした。これもまた、先人の言った『書が一冊でも伝われば、公卿と同じくらい貴くなることができる』ということだろう」[20]とさらに詳しく述べている。この説明は「序文」と比べ、日清戦争と台湾割譲が彼の詩話執筆の動機となったことをより明白に示している。

王松の詩学には二つのポイントがある。一つ目は、詩が個人の修身及び社会、国家など多方面に与える影響を強調していることである。これは「詩大序」の伝統を継承しており、彼は次のように述べている。

詩は、人心の邪正、風俗の厚薄、時政の得失、国家の盛衰を知ることができ、称賛や諷刺をすることは、決して無駄なことではない。これを聞いた者は気づくことができ、これを言う者に罪はない。それゆえ古には使臣が民間に伝わる歌を集める制度があり、その詩の内容は優しく温かいものが主であった。称賛することで励まし、諷刺することで早く改善されるように望む。詞は違っても、そこに込められている心は同じである。(21)

この文中の「人心の邪正、……を知る」の「知る」とは、孔子の「興、観、群、怨」の「観」と似ている。詩から「人心の邪正」などの現象を見ることができ、これは詩がこれらの現象を「反映」する機能を持っていることを表している。また、「称賛や諷刺をする」は「群」と「怨」の意味と近く、この点については「詩大序」に、「為政者は詩を以て民衆を教化し、民衆は詩を以て為政者を諫める。あくまでも詩文を通して批判したり諫めたりする。従って、これを言う者が罪に問われることはないが、これを聞いた者を戒める力は十分に持っている」とより詳しく述べられている。注目すべきは、王松の説明の中には「為政者は詩を以て民衆を教化する」という観点が省略されていることである。これは、王松が日本の植民地政府という存在に教化機能を与えたくないと考えていたことと関連があるだろう。

王松の詩学の二つ目のポイントは、「観詩知人」である。これは詩と詩人との間に必然的繋がりがあると主張するもので、詩人の性格や人格は作品の風格に反映するというものである。この観点は孟子の「知人論世」の説にまで遡ることができ、『礼記』の楽記でも、音楽学に「哀しいと感じれば、切迫して沈んだ声になり、楽しいと感じればゆったりとして伸びやかな声になる。喜びを感じれば弾んで広がる声になり、怒りを感じれば荒々しく厳しい声になる。尊敬の念を抱けば落ち着いて真っ直ぐな声になり、また愛を感じれば穏やかで優しい声になる」という、似たような解釈があることを述べている。ここで出てくる「哀」、「楽」、「喜」、「怒」、「敬」、「愛」の六つの心から発する声は異なる六種類の作風を生み出す。王松の「観詩知人」はその逆で、作品に現れる風格や気質から詩人の人柄や気質を推断するものであり、彼はこのことについて次のように滔々と述べている。

観詩知人。この言葉も私は当初深く信じることができなかったが、今では先人らは私を騙してはいなかったと理解できるようになった。僧侶が詠んだような味わいに欠ける詩は、その作者もしみったれた人であり、なよなよとした詩を詠む作者は必ず締まりのない人物である。土臭い詩の作者は必ず俗っぽい人であり……警句がないならば、その作者は平凡な人物であり、巧みに句を練る人は控えめな人である。豪快な人は詩も大雑把であり、不遇な人は詩も重苦しい。高い気概に満ちた詩の作者は大いなる大志を抱いており、詩に風骨のある人は、人よりも遥かに高い志を持ち、美しい言葉で内容は深く、完璧な詩を詠む人は、非常に高い気概を持っている。……忠臣や孝子の言葉は整っており、美しい情を持っている。志ある非常に勇ましい人の志は大きく、言葉は正気に満ちている。……観詩知人、この言葉は偽りではない。(22)

もし『礼記』の楽記で詳しく述べられていることが、「心」が「声」に表れるという音楽発生学の問題であれば、王松が主張しているのは「詩」が「人」を表すという文学批評の原則であった。王松は単に「観詩知人」の原則を述べたのではなく、詩の品格及び人の品格への価値判断を行ったのであり、この点は孟子の「知人論世」説よりもさらに道徳主義的色彩が濃い。先の引用文から、王松が肯定しているのは「大いなる大志を抱き」、「非常に高い気概を持っている」人物、特に「忠臣や孝子」や「志ある非常に勇ましい人」であることがわかる。さらに、「名」について集中的に論じている他の段落では、「聖賢の名と、忠孝の名がある。聖の名は借りることができるため、荘子や列御寇の弟子はこれを借りてつけた。……それよりも劣り、才能ある詩人の名でさえも、また然りである[23]」というように、聖賢は詩人の遥か上に存在するものとして述べている。「それよりも劣る」という表現は、王松が自分の専門である詩文において、聖賢の域にある人物を敬仰していることを表しており、恐らくこれは歴代詩話家の中でも非常に珍しい事例である。詩文の価値は主にその精神を伝播する機能にあり、これは「文以載道（文章は儒教的な思想や道理を説明するものであるべきである）」という儒学の古くからの伝統である。王松は「文には文の精神があり、詩には詩の精神がある。百年続くことのできる精神は、百年先まで伝わり、十世代や五世代続くことのできる精神は、十世代や五世代先まで伝わる。どのような試練に遭ってもすり減ることのない精神は、たとえどのような試練に遭ったとしても、すり減ることなく伝わる[24]」と述べており、詩文は伝播するものであって、長く伝わるかどうかは、全てそこに詠まれる精神次第だということが語られている。

『台陽詩話』では台湾の清代から日本統治時代の詩について論じられており、王松の個々の詩人や詩に対する評価から彼の詩観を知ることができる。この本の中では全書を通して鄭氏政権時代の詩歌の収録はないが、鄭成功を褒め称える詩を初めに配置して、「延平王である鄭成功は台湾を開いた第一の偉人であり、三十年余りの間、明王朝は彼のおかげで台湾に存続し続けることができた。この最高の徳業によって世界中から尊敬され、世の文人らによって長い間変わることなく歌われた[25]」というように、全書の主旨を明らかにしている。また蔡醒甫や沈葆楨などの詩人の詩を選録しており、ここから王松が鄭氏政権に対して非常に肯定的な態度を取っていたことがわかる。

清代の詩人の中で最も高い評価を得たのは、新竹出身の詩人林占梅であった。王松は幾度も彼の人となりや詩について論じており、「林雪邨方伯（占梅）は、号を巣松道人といい、意気軒昂として大志を抱いていた。戴逆之乱では自ら義勇軍を募り、正義の名のもとに討伐を助けた。また潜園を手ずから建てて、この邑の八景の一つとした。台湾の知名な士を招いてここで歌会を催し、客人と主人でその文才と風雅を競いあった。彼が書いた『琴余草』に収められた作品は、どの文体の作品も優れている[26]」と述べている。また一方で王松は林占梅のことを「意気軒昂な侠士」とも呼んでおり、「その詩風は晩宋の詩人と近い。各地を遊覧して心の中の思いを書き、その文章は素直な心から自然と溢れ出たものであり、他人を模倣せず、独自の作風を生み出している。その厚い愛国心は時を経ても変わらず作品に溢れている。どんなに遠く離れていても、君王を忘れることなどない[27]」と述べている。

日本統治時代の詩人では邱逢甲が最も評判がよく、王松は邱逢甲に「傾倒」しているとまで述べている。彼は邱逢甲を「文才があり学問の造詣が深く、同輩らをはるかに凌ぐほどであった。乙未戦争の時に広東省に戻ると、総督は潮州韓山書院までも管理するようになり、大きな成果を上げ、一時は人民から泰山や北斗などと尊ばれた。杜甫のように豊かな詩の才能を持ち、その作品は悲壮感に溢れ、さまざまな詩情が絡まり合い、その人となりを形作っている」と述べている。また彼の書いた「題潘蘭史『説剣堂集』七古長篇」には、「自分の傾倒した思いを文章にした。文集の名前は蟄庵存稿といい、全て乙未戦争の後に作られたものである。まさに杜甫が秦州に、陸游が蜀にいた頃に作った作品と同じように、絶望感に満ちており、杜甫の作品にも引けをとらないほど素晴らしい[28]」と述べている。また他の箇所でも、邱逢甲の古体詩を「力量は互角で、古の大家も満足する品質である[29]」と述べている。

これらの評論から、王松は寂寞感に満ち、悲壮感溢れる詩風を最も高く評価していたことがわかる。林占梅を論じた際にはその人となりと事蹟に重きを置き、彼の詩には真情が吐露され、また熱い愛国心を持っていることを称賛した。また邱逢甲については、彼の詩には「人となりが表れて」おり、「観詩知人」という理論をまさに体現していると論じた。乙未戦争より後の作品は、まるで杜甫が秦州に、陸游が蜀にいた頃に作った作品のようであり、邱逢甲を力強く淀みのない風格を持つ愛国詩人に分類している。また議論の対象が彼の詩の技巧に偏っていたため、彼が台湾を棄てて内地に渡ったという行ためについては一言も触れなかった。王松の儒学的立場と、彼が気迫溢れる詩風や愛国詩人を偏愛したこととは必然的関係にある。異民族に統治されているという現実によって、王松の詩学は道徳判断の色彩をさらに強めた。「詩は人心の邪正を知ることができる」という見解の大元は、朱熹の『詩集伝』序に書かれている見解にある。「正」の概念は「詩大序」や鄭玄の『詩譜』序にすでに出ているが、「正」と「邪」を対照させ、また「人心」と結びつけたのは朱熹が初めてである（次の節に詳細を記す）。しかし、王松の「美しい情を持つ」という見解は、「詩大序」の伝統の中では「変風変雅」の類に属しており、詩の「正経」ではない（「正経」の説は鄭玄によって始められた。詳細は次に記す）。「情」に対する重視は日本統治時代の儒家詩学の一大特色であり、このことと台湾が割譲され世情が大きく変わったことは、詩人の心の中で、悲情が決壊した河の水の如く激しい勢いで沸き起こったことと非常に密接な関係にある。

四　『詩経』は情理を具えているため経典となった――洪棄生

洪棄生は日本統治時代の鹿港に暮らしていた儒者であり、旧学の素養が高かったことから、新文化を全般的に排除するに近い態度を取った。彼は一生を通じて頭髪を切らず、西洋の服も着ず、近代化に反対し、また子供らに日本語や西洋語を習わせることに反対した。台湾割譲の後、故国が滅亡した悲しみを込めて「棄生」と改名した。彼の著作は非常に多く、その範囲も多岐にわたり、各詩体、古文、駢文、論説、紀、史、さらには詩話に至るまで、全てが素晴らしいできばえである。その中で『寄鶴斎詩話』は日本統治時代に書かれたもので、[30] 論述の範囲は『三百篇』や『楚辞』から清代及び割譲前後に至るまでの歴代詩歌に渡っており非常に範囲が広い。論述と分析が非常に鋭くまた緻密であり、それは『台陽詩話』をも凌ぐほどである。

『寄鶴斎詩話』で述べられている儒家詩学には二つの大きい特徴がある。一つは「変風変雅」を非常に重視していること、そしてもう一つは「情理が具わっていること」を『詩経』が経典とされた理由としていることである。この二点はどちらも鄭玄や朱熹が代表するような正統的な観点とは大きく異なる。この差異についても、洪棄生が身を置いた特殊な時代背景から、合理的で納得のゆく解釈を見つけることができる。

「変風変雅」の説は「詩大序」の「王道が衰え、礼義が廃れ、政治と教化に秩序が失われ、国ごとに異なった方針の政治が行われ、家ごとの風習が異なるようになったため、変風と変雅が作られた」の一文で初めて取り上げられた。ここから、変風変雅は乱世の作であり、多くは「哀」や「傷」の感情を表現していることが読み取れる。「詩大序」では、「人倫が廃れたことに心を痛め、法と政治が厳しいことを嘆き悲しみ、詩を作って心中の思いを詠うのは、それを以て上を風刺し、世の移り変わりを洞察し、旧時代の風俗を懐かしむためである。だから変風の作は、思いを語っても礼を失してはいない。思いを語ることは人民の性であるが、礼を失していないのは、先王が行った教化を民が忘れなかったからである」と書かれているが、この「上を諷刺すること」とは即ち「下々の者が皇帝を諷刺する」という意味であり、これは、乱世とは統治者の圧政によって始まるということを意味する。そのため詩人は嘆き悲しみ、また懸命に政策を批評するのである。

「正経」を「変風変雅」と対照させたのは鄭玄である。「詩大序」には「正」の記述が見られるが、「正経」についての説明はない。鄭玄は『詩譜』の序の中で、「正経」を先王時代の作品、「変風変雅」を後王時代の作品としている。鄭玄は周の文王と武王「の時代、『詩』には『周南』、『召南』の風があり、『鹿鳴』、『文王』などの雅があった。成王に及んで、周公は太平を実現した。礼を制定し楽を作ると称賛の声が興り、ついに隆盛を極めた。このようにして風と雅が生まれ、全て記録された。これが『詩』が正経といわれる所以である」。変風変雅については、後王の時代になって政教が徐々に衰退した後に生まれた作品だと考えられている。鄭玄は、「後王の時代になると衰退はさらに勢いを増して進み、周の懿王は批判され、反対に斎の哀公が時勢を掴み始めた。夷王が礼を失してから、邶は賢者を尊敬しなくなった。これより後が厲王や幽王の時代であり、政教は最も衰退し、周室は大壊して、『十月之交』、『民労』、『板』、『蕩』

が作られるようになった。多くの国は紛然として、風刺や怨嗟の作を詠いあうようになった。五覇の結末、……紀綱は絶えた！　そのため、孔子が懿王や夷王の時代の詩を記録し、陳霊公が淫乱であった記事を最後とした。これが変風と変雅である」。『詩譜』「序」では主に歴史背景や政教の盛衰という角度から、『詩経』の「正経」から「変風変雅」に至るまでの変遷について論じており、「詩大序」の中で大きく論じられた詩歌発生学の見解については、ここでは特段論を展開することはなかった。

朱熹の『詩集伝』「序」は「詩大序」と『詩譜』「序」を継承し、さらに彼の儒学思想が溶け込んでおり、非常に高い理趣を表現している。彼は鄭玄の「正経」の説を「人心」や「正情」が示すところの正と繋ぎ合わせた。彼は「詩とは人心の感じたものが言葉として形を取ったものである。心が感じるものには正邪があり、それゆえ言葉として表れるものには是非がある。ただ聖人のみがその上にあるから、彼らが感じるもの全てが正であり、発される言葉の全てが人を教えるに足るものである。……昔、周の全盛期には、上は郊廟や朝廷から、下は郷や村や町に至るまで、人々の言葉は純粋で全て正から発されたものであった」と述べている。また『国風』について論じる中で「風に収められている作品の多くは、もともとは村里で人々に謡われていた歌である。いわゆる男女の相聞の歌であり、互いの感情を言葉で表現したものである。ただ『周南』と『召南』のみが直々に文王の教化を受け、徳を成し遂げ、そして人々は皆その性情の正を得ることができた。……この二篇のみを風詩の正経とした」と述べている。この文章では人心が感じる正や、性情の正を「正経」が内包するものとしており、鄭玄が王朝の盛衰から論を始めたのとは異なっている。さらに「哀しくとも心は痛めない」（これも孔子を基とする）ことができたら、「哀」を表現することは正経が正であることを損なわないと朱熹は考えていた。「詩大序」は「哀」

と「傷」を分けず、乱世の詩風だとした。例えば「詩大序」には「亡国の詩に哀婉で憂いが多いのは、その民が困窮しているからだ」（この句は『礼記』楽記に初出が見える）と書いている。変風変雅を「人倫が廃れたことに心を痛め、法と政治が厳しいことを嘆き悲しむ」という言葉で述べた。それに対し、朱熹は「正経」により多くの風格変化の余地を与えたということができる。

「変風」が生まれたことも、人心が感じる正邪と関係している。朱熹は、「『邶』より後、その国によって治乱は異なり、また人の賢愚も異なり、心で感じ言葉として表れるものにも、正邪是非はさまざまである。だからいわゆる先王の風というものは、ここにおいて変化したのである」と述べている。朱熹は「詩大序」や『詩譜』「序」よりもさらに明確に、「変風」とは先王の風を変化させたものだと定義づけた。また変風は心の「正邪是非はさまざまである」ことに由来し、全てが「邪」と「非」なのではなく、変風の中にも「性情の正を得る」作品もあると認め、鄭玄よりも寛容な態度をとっている。「雅の変じたものは、皆その当時の賢人君子が書いたものであり、時代を憐れみ習俗を憂うために行われ、聖人がこれを採用したのだ」というように、雅頌の作品には及ばないが「その言葉は穏やかで厳かであり、その義は広くまた緻密」であるが、やはり「忠実で悲しみ痛む心とは、正しい意見を述べて、間違った発言をする者を批判するという意味である」を持っており、ここでも変雅のプラス面の価値を肯定している。

さらに理趣を持っているのは、朱熹は『詩経』が経となった理由を、正経と変風変雅を含んでいたからだと認識していた。彼は「『詩』はこのために経となった。つまり、人事が下に浸透し、天道が上に備わっており、理が全てに具わっているためである」と述べている。正経と変風変雅がともに存在するからこそ『詩経』は万事万物の理を含むようになったのだ。この話は同時に真の「経」は「経」と「変」

を含んでいるということを定義している。「経」にいくらか「変」が含まれていることは、まさに「経」がそうあるべきだからであり、「変」を通すことで「経」は人事天道の衆理を含むことができるのである。これにより、「経」のもう一つの定義とは衆理を含むということであり、つまり「理が全てに具わっている」ということである。それゆえ変風変雅で詠われる哀傷と風刺は、その時その場の人事の理を体現しているため、「経」に属する。この問題についての朱熹の説が表す哲学的意味は「詩大序」、『詩譜』「序」を遥かに超えている。

洪棄生の詩話が及ぼした二つの大きなポイントは、どれも朱熹の見解と関係がある。朱熹は変風変雅にプラス面の価値があることを認めているが、やはりその価値は「正経」の下にあると考えている。洪棄生は「正経」については論じず、「変風変雅」が『楚辞』や『楽府』、また例えば杜甫や陸游など後世の重要な詩人に与えた影響についてのみ称賛している。朱熹は、『詩経』が経となったのは「理が全てに具わっている」からであるとしか述べておらず、「情」には触れていない。しかし洪棄生は「情」を顕彰し、情理を具えているからこそ経となったのだと主張した。

先に「変風変雅」の問題について述べよう。洪棄生は、朱熹と同ように、ただ「真の性情」から出ていれば変風変雅も「経」であると考えていた。洪棄生は変雅の気象及びその「真の性情」を高く評価し、変雅には「高く険しい泰山のような雰囲気を持っており、豊かな川の流れのような伸びやかさがあり、後世になると漢の班固と張衡、司馬遷と揚雄、韓愈と柳宗元らが賦を作った。生涯を通して彼らを手本にして才知と学識を極めても、ただその詞の厳かな様子に似せるしかなく、その雰囲気の洋々たる様子を得ることはできない。つまり後学の優れた作品も、詞を学ぶことはできているが、詞の伸びやかさまでも得ることはできない。真の性情に至っては、なおさら得られないため、それが『詩』が経となった所以である」[31]と指摘している。洪棄生は、変雅の自然な言葉遣いの学習が難しいだけでなく、その真の性情も容易に学べるものではないと考えていた。

　変雅だけでなく変風についても、洪棄生の批評が後世の作品制作の際の規準となった。『楚辞』から清代までの、変風変雅の遺音と称される作品は、最も素晴らしい作品だとされている。彼は、屈原を「類まれな逸才をもって三百篇に神理を巡らせ、三百篇の詩のスタイルを変えた。古賦の祖のみならず古詩の祖でもある」[32]と認識していた。また彼は「九章」の源は変雅にあると考えていた[33]。しかし洪棄生は、『楚辞』が経典の精神を取り入れてはいるが、「『楚辞』なりの素晴らしい文章を創作した」（『文心雕龍』弁騒）という方面でも成果を挙げたことを軽視したことはなかった。彼は「九章」で「文章の優劣は執筆時のインスピレーションと関わるのであって、風雅とは関わらない[34]」と述べている。彼は「九歌」湘君の「自君不得兮夷猶、蹇誰留兮中洲（かの君はまだ行かずに躊躇っている。ああ、誰が中州に取り残されているのだろう）」の句については、「読み進めて行くと、意味の深い言葉が続々と出てきて、さらに悲しくても紛らわすことができない」と述べ、詩の中ほどに、「采薜荔兮水中、蹇芙蓉兮木末、心不同兮媒労、恩不甚兮軽絶（山に咲く木蓮を水の中に採り、水中に咲く蓮を陸上の木の梢に摘み取るのにも似ている。二人の心が通じ合わなければ、仲人も無駄な苦労をすることになり、恩愛の情が厚く深くなければ、すぐに関係は絶えてしまう）」の句を入れることについては「奇想天外にして、文章のスタイルは千変万化」と称賛している。また、「山鬼」の「若有人兮山之阿、被薜荔兮帯女蘿。既含睇兮又宜笑、子慕予兮善窈窕（ここに山の隅に住む人がいる。私は木蓮の衣を着て蘿衣の帯を締めている。流し目に情が込められていて、さらには笑顔も素敵である。あなたは私の淑やかで美しいさまを慕っている）」の句については、「新しいスタイルを確立しており、世に並ぶもののない価値を有している[35]」と述べている。彼は「『離騒』は非常に奇妙ではあるが、賦、比、興の三法が変じて表わされたものである[36]」と強調している。これは一方では『楚辞』が「『楚辞』なりの素晴らしい文章を創作した」という成果を認めているが、また一方では『詩経』の賦、比、興の三法から出るものではないと強調しており、つまり「経」と「権」との間の均衡を保つことを重視しているのである。この解釈は、『楚辞』に対する「経典の精神を取り入れてはいるが、『楚辞』なりの素晴らしい文章を創作した」という劉勰の評価と近い。

『楚辞』以降の作品は、その多くが変風変雅の天秤にかけられた。洪棄生は「孔北海雑詩一首にも変雅の遺音があり、中間に位置する句は『孤墳在西北、常念君来遅。褰裳上邱墟、但見蒿与薇（墓が一つだけひっそりと西北に立っている。なかなか来ないあなたを常に思い続けていた。私は衣服の裾をたくし上げて墓に登ったが、ただ蒿や薇が見えるだけであった）』であり、当時、国が乱れて人々が離散した状況を書いており、読んでいてとても悲しくなる[37]」や、「陳仲璋の飲馬長城窟や王仲宣の七哀詩に至っては、どちらも変風の遺音がある[38]」と述べており、ここから、「変雅の遺音」と「変風の遺音」はプラスの評語であり、離乱の描写や哀感の表現はどれも変風変雅の特色であることがわかる。

その後、変風変雅の遺音を持っていたことから極めて高く評価されたのは杜甫である。洪棄生は、さらに数か所にわたって「正」や「変」の観点から比較対照することで李白と杜甫の差異を論じた。彼は、「杜甫の北征や出塞等の詩に詠まれている情は比較的変雅に近く、李白の古風六十首などに詠まれる情は国風に近い[39]」、「李白の詩はその才に学が隠されてしまっているが、杜甫の詩はその学に才が隠されてしまっている。李白は正調であるが、杜甫は変調を展開した[40]」、「李白の古風五十九首は国風を淵源とし、漢魏の詩から学んだ五七言古今体もまた皆、大雅の音である。杜甫は変雅を淵源とした[41]」と述べている。洪棄生は、李白と杜甫を『詩経』の「正」と「変」を淵源とするものに分けて一つずつ述べ、また二人の風格の差異についても丁寧に説明している。

李白と杜甫の歌行は、一方は優俊で一方は沈鬱の作風であり、楽府では一方は奥ゆかしく、また一方は凄切の作風であり、それぞれが素晴らしく甲乙つけ難い。ただ古風五十九首の青蓮は国風を淵源とし、作者は人に贈り物をするように情をもって物と接し、そのお返しのように景物は作者の創作意欲を湧き上がらせており、これは杜甫には見えない事象である。北征七十韻は小雅を淵源とし、詳しく物事を叙述し、国に対する愛執の念が詠まれており、これは李白には見ることができない。私は二人の詩篇をつらつら見比べて思うに、李白は韋太守の一篇だけが筆力豊かであり、杜甫の北征に匹敵できる。杜甫では前後出塞のみが綿々たる情感を真摯に詠んでおり、李白の古風に匹敵できる。

李白と杜甫は一般的に、どちらも「古人にも前例がなく、後世にも超える者が出なかったほどの逸材[42]」と見られているが、洪棄生の天秤の上では、李白と杜甫の間には若干の格差がある。彼は、杜甫を「変雅を淵源とし漢魏に至るまでの古歌謡を併せ、また性質の異なるスタイルを兼ね備えず、自らの詩作に取り込み、血肉となして外に表したために、遂に詩の集大成をなした[43]」と称賛し、さらに「李杜を大家と称するのは、あたかも孔子が聖人の道を集大成したかのようである。韓愈、白居易、蘇軾、陸遊を大家と称する時は、あたかも曽子や孟子が聖人の道を発展継承させたかのようである」と述べている。しかし杜甫は孔子だけでなく、周公にも形容されている。「杜甫の七古は周公の作だと言われても信じることができるほど、素晴らしく、崇高である。李白は彼に一歩譲るべきであろう(44)」。この洪棄生の評価は、彼の「詩人の心は、森羅万象に通ず(45)」という言葉を思い起こさせる。洪棄生が変風変雅を肯定することは、彼の杜甫に対する評価から知ることができる。彼は明らかに「変」は「正」よりもさらに人情事理の概括性を持っていると考えており、また彼が高く評価する「詩人」の位格も、王松のそれより遥かに重い意味を持っている。

「詩人」の位格に対する高い評価と、『詩経』の「経典」という地位の認識は非常に密接した関係にある。洪棄生はこの一点について朱熹とは全く異なる見解を表わしている。朱熹は「一理が全てに具わっている」ことが『詩』の「経」たる所以であると強調している。しかし洪棄生は「情」を特出させ、「情理が具わっている」からこそ『詩』は「経」となったのだと主張している。彼は「毛詩は情も理も充分にあるが、理に入っても卑俗に陥ることはなく、情に入っても卑近ではない。まさにこのようであるから経典なのである(46)」と考えており、これは彼が「情」を重視し、変風変雅を肯定したこととも非常に密接に関係している。「情」の表現については、「正経」は優しく穏やかだが、変風変雅は変化が激しくまた深く強い。洪棄生の「情」に対する執着は、他の作品の評論の上にも表れ、例えば『楚辞』九歌を「情が独創的かつ言葉遣いが変幻自在で巧み(47)」だと称賛し、また「孔雀東南飛」を「情は極限に達し、渾然一体となり、自然の発する響きのごとく自ずから鳴り響き、情は哀切真摯にして、気は伸びやかなのである(48)」。「楽府第一要旨」を「言葉遣いが穏やかで美しく、言葉は真摯で情感はありのままに表れている(49)」。

白居易が元微に送った詩を「言葉遣いは美しく穏やかだが真摯であるから、自分の感情を抑えきれないほど夢中になる」[50]。そして呉梅村の詩を「沈鬱頓挫の中にも真の情が溢れ出している」[51]と称賛している。

朱熹の語る「情」は、「正」と「不正」の問題（いわゆる「性情の正」）でしかなかったが、洪棄生の語る「情」は表情豊かで、「情奇（情が独創的）」、「情至（情が極限に達す）」、「情苦（情は哀切真摯）」、「情真（情感がありのままに表れる）」、「情深（感情が深まる）」というさまざまな情が生み出されるとは、理学家である朱熹は夢にも思わなかっただろう。朱熹に言わせれば、倫理学の範囲に入る「情正」の問題だが、洪棄生の詩学では美学の影響を受けて深化した。しかし変風変雅を高く評価しようと、あるいは「情」の地位を目立たせようと、どちらにせよ、洪棄生が日本統治時代という時代背景に身を置いていることと切り離して考えることはできない。

五 「詩人は天地を心とする」――連雅堂

連雅堂は洪棄生と同じく、詩人に極めて高い位格を与えていた。思想傾向の上では二人とも儒学を宗とするが、連雅堂は少し様相が異なり、禅宗詩学の影響を受け[52]、また詩の社会的機能をより一層重視している。次に、いくつかの点に分けて連雅堂詩学の主旨を論じる。

1 詩と史

連雅堂は詩人であり、また史学家でもあった。それゆえ詩と史の思想は他を超越していた。彼は『台湾詩乗』序で、「『台湾通史』を既刊した後、古今の詩を集め、台湾と関係のあるものを選んで編纂した。その名を『詩乗』という。孟子の言葉に、周王朝が衰退し礼が廃れると『詩』が滅んだが、孔子は世の中が乱れたことを危惧し、乱世を治めて正常な世に戻そうとして『春秋』を作ったというものがある。つまり詩とは史なのであり、史が詩なのである。私がこの書を記すのも、そのためである[53]」と述べている。この孟子の言葉に対する連雅堂の解釈は、詩は史の働きを持っており、『詩経』は周王朝の礼を記録するものであったが、周王朝の礼が滅びると、その代わりに諸侯の歴史を記録する『春秋』が生まれたというものである。連雅堂は、台湾詩歌史を記すにあたり、自身の動機を孟子と結びつけた。それは、「文学史」の概念に儒学的な源流を付与するものに他ならない。

彼は「序」の末尾で、「私が脅威に感じているのは、史がないということである。史がない悲しみはすでに言ったとおりであり、十年の間たゆまず努力してきた。通史を作ることを自らの務めとし、さらに時間の余裕を見つけて詩乗を作った。……詩は史であり、興となり、群となる。この書を読む者は、変風変雅の集いに感銘を受けることであろう！」ここでは再び詩は史の作用を持っていることを強調しているだけでなく、さらに台湾詩史が表現するのは「変風変雅の集い」であることを指摘している。これは台湾という国が二度滅んだ（一度は鄭氏政権が満清に降伏し滅んだこと、もう一度は日本に割譲されたこと）経験と関係している。連雅堂が最も重視するのは二度目の亡国の経験である。なぜなら、これは彼が身をもって経験したことであり、彼は「台湾が日本に割譲され、民心は揺れ動き、文士は異民族に政権を取られたことで憤懣やるかたなく、慷慨して悲歌を歌い、その様子は意気軒昂で、先人を超えている。台湾の詩が当時全盛期にあったのは、まさに時勢のなりゆきである」と述べている。この話は、彼が洪棄生と同じく変風変雅を重視し、彼が異民族統治の時代に身を置いていたことと関係があることを説明している。彼の詩学がこのように主張するだけでなく、連雅堂本人の詩にもこの風があり、彼の友人、櫟社の創始者である林朝崧は「贈連君雅堂」の中で、「詩に哀情が巻き込まれる時、変風が生まれる」(54)と書いており、連雅堂の風格をよく掴んでいる。詩は歴史を記録し、時代を反映する機能を持つものであるから、日本統治時代の詩歌には変風変雅の遺音が現れたのも、当然の次第である。

2 詩教

連雅堂の詩教に対する考えから、彼が朱熹の影響を深く受けたことがわかる。「毛詩序」では、詩教について「風、諷刺であり、教化でもある。諷刺することで、人を感動させ、教化する」。また「先王は詩歌をもって夫婦の関係を矯正し、孝敬の行為を育て、人倫の綱常に誠実にし、教育の風気を純美にし、風俗を改善する」と述べており、これは「移風易俗」をもって詩の教化とするということである。朱熹は詩教を「大学」の修身哲学に融け込ませた。朱熹が「大学」を重視したことは、「大学」を「四書」の地位にまで高めたことに現れており、『論語』、『孟子』と並べ「大学」の思想を『詩経』の解釈に引き込んだことは、非常に納得できる。彼は『詩集伝』の序「情性が微かになった時を察知し、言行の枢機の始まりをよく調べれば、修身と斎家は天下を平らかに治める道であり、他に求めずとも詩経にあるのである」と述べており、連雅堂の「詩教」の概念は「詩大序」から出たものであり、また詩の移風易俗の作用を強調しているのは間違いないが、最も注意すべきは、彼が朱熹の見解を展開させて、詩が物事を表すためにあると考えていることである。

小さいものでは詩文を品評する文章、大きいものでは道徳をもって経綸するための道具である。内面への働きとしては正しい心で修身する学問となり、外面では斎家治国平天下の道となる。私の詩人としての能力は、言うまでもなく他に抜きん出ている。[55]

たとえ個人の詩歌実践の上であっても、連雅堂は儒家の詩教をもって自らを戒めており、彼は詩集の自序で「我が生涯をかけて詩を作る意義」をざっくばらんに話している。

故国を懐かしみ、国土を思い、人を感動させる詩は多く詠んだが、道を失い貧を嘆くような詩は作らなかった。そのため十年間は憂鬱にならず、また病を得ることもなかった。天が私だけを慈しんだのであろうか。そうではあるまい。私の能力は全て天から授かったのであろう。孟子は、「天は重大な使命をある人に課すとき、必ず先に彼の意志に試練を与え、彼の筋骨に疲労を与え、彼の体が飢えに耐えるようにし、貧困の苦しみを深く味あわせ、やることなすこと全て上手くいかなくする。このようにして彼の志を奮い立たせ、性情を強靭にし、才能を伸ばすのだ」と言っている。私は聖賢ではないが、この言葉をもって自らを励まし、いつの日か徳を養うための糧とするのであり、また我が生涯をかけて詩を作る意義とする。[56]

この引用文から、連雅堂にとって詩教とはほとんど「大学」を詩歌理論上で体現したようなものであり、朱熹の『詩集伝』序の論と比べると、より徹底した内容になっている。

3　詩歌発生学（genetics of poetry）

連雅堂の詩歌発生学の見解は「詩大序」及び『礼記』楽記以来の伝統を継承している。彼は、「詩言志、歌詠言（詩は志を言うものであり、歌は言葉を詠じるものである）」は今も昔も詩学の定論であると考えていた。[57] 彼自身も、『礼記』楽記を引いて音楽とは人が心で感じたものが表現されたものだと論じている。[58] 普遍的原理に属する部分について、連雅堂は特に自らの論を展開することはなかったが、変風変雅の類に属す詩歌の発生について注目した。それゆえ彼は「詩大序」などの作者のように、心と物の関係から詩の発生について論じることはなく、屈原式の「不遇だからこそ詩ができる」という理論を展開した。彼は、「古の人に想いを馳せるたびに、文の匠が実に多いことに気づく。孔子は魯に戻り、春秋を筆削し、左丘は失明したことで発奮して『国語』を著わした。また屈原は放逐されて離騒を詠み、文信は失権した後、『呂覧』を世に伝えた[59]」と述べている。これを台湾詩史のコンテクストに当てはめてみると、連雅堂は「不当な待遇に声を上げる」という詩歌発生学も重視しており、「三百年の間、戦争の影響で台湾の士人の徳は失墜し、農民の田畑は荒廃した。この時、吟詠の楽しみが始まったことで、その抑えこまれながらも度量の広い気風は消えた[60]」と述べている。また「『海桑』以降、その時代で志を得ることのできない士は、競うようにして詩の制作に逃げ、志を失い、索然とした心持を皆が付和雷同して詠んだ[61]」とも述べている。台湾割譲は詩人を不遇に遭わせ、そして不遇は詩の繁栄をもたらした。連雅堂の詩の発生に対する見解は、彼の変風変雅に対する重視と呼応しているのである。

4　詩の民族性と民間性

詩とは一民族の命脈が繋ぐものであるがために、連雅堂は『台湾通史』を制作した態度をもって『台湾詩乗』を制作した。日本統治時代の詩人の「斯文の灯を絶やさない」という苦心も、詩の民族性の認知を基にしている。連雅堂は「文章は国家を輝かせる道具であり、歴史は民族の魂である」[62]と言っているが、詩とは即ち史であるとも主張しており、それゆえに詩も「民族の魂」であると見做している。また彼は、「国の魂を呼び覚まし、詩人の身分でできる範囲のことをなす」[63]とも言っている。彼は多くの文章の中で鄭氏政権時代の詩歌を高く評価しており、また故国を懐かしむ精神が内包されている作品にも注目している。

連雅堂はまた詩の民間性についても重視しており、「歌謡は文章の始まりである」[64]と述べている。「台北の茶摘み歌は独特な民謡で、竹の枝や柳の枝のようである。そこに謡われる内容は美しく、言葉は柔らかく、音色はしなやかに流れる。多くは男女贈答の詩ではあるが、風景に情感が込められ、物に譬えて面白く書かれており、これも国風の遺音である」[65]と書いているように、彼は台湾の民間歌謡は国風の遺音だと考えている。彼は、民間文学収集家である李献璋に宛てた手紙の中で、「たまたま新民報を詠むと、台湾の方言についての大作及びその歌謡についての漫談が掲載されているのを見て、深く安堵した。我ら台湾人が、台湾の歴史、言語、文学を全て保存し、宣伝し、より一層輝かしいものとすれば、我が先人に顔向けできるのだ」と述べており、さらに自ら方言を研究する目的はそこにあると述べている。[66]彼は、漢文化を保存するためには、士大夫階級の文化と庶民文化とにかかわらず、皆が全力を尽くして保存をしなくてはならないとわかっていた。連雅堂の民族詩学にはやはり日本統治時代に身を置いた体験が非常に顕著に反映されているのである。

5　「詩人は天地を心とする」

先に引用した連雅堂の「我が詩人の本領は、言うまでもなく他に抜きん出ている」という話から、連雅堂は、詩人が「仁者」であることを期待していることが明確である。彼はまたそれとは別に、「今日の台湾の詩人は、先に自らが自立してから人が自立する手伝いをし、先に自らが自覚してから人が自覚するのを助けるべきである」[67]とも述べている。さらに、「詩人とは天地を心とする者である。それゆえ、その抱負は大きく、視野は広く、思想は素晴らしく、情感は正しくあるべきである」[68]というように、詩人は天地を心とする人だと考えており、「情感は正しい」という言い方は朱熹の「性情の正」を基にしている。連雅堂は、董仲舒が言った「正其誼不謀其利、明其道不計其功（何かを行うときは、何をしなくてはならないかのみを知り行うのであって、個人の利益を求めることは絶対にない。皆に物事の道理を理解させ、功労を独占することを企まない）」は、学者のみがそうでなくてはならないのではなく、詩人もまたそうでなければならないと考えていた。[69]ここから、連雅堂は「天地を心とする」ことで「性情の正を得ることができる」と考えていたことが明らかである。

彼はまた「作詩の要として、虚心である方がよく、また落ち着いているに越したことはない。謙虚であれば非凡の才能を得ることができ、落ち着いていれば高い目標に達することができる」[70]と主張しているが、この言葉は、劉勰の「陶鈞文思、貴在虚静（文学的想像力を鍛えるには、虚静が肝要である）」（『文心雕龍』

「神思」）とほとんど同じである。これは、作者の精神情操の養成と想像力の育成について書かれている。それゆえ、「天地を心とする」ということは、倫理学的意味を持っているだけでなく、美学的な意味も含んでいる。美学の面から言えば、天地を心とすることで「神与物遊（精神と外物との接触から生じる）」、「思接千載（思考は千年の遠い過去にも及ぶ）」（『文心雕龍』「神思」）ができるということであり、想像の空間を開拓し、万事万物を心の内にとりこんで詩に詠み込むのである。倫理学の面から言えば、詩の教えは浩然の気を養成することができ、人格を修養することは、何者にも臆さず、また頼らず、天地の化育を助けることの典型である。(71)連雅堂は文天祥の「正気歌」を「天地さえ感動する」と称賛して、この詩の「留取丹心照汗青（この誠心をこの世に留めておいて、歴史書を輝かせたいものだ）」の「丹心」とは孔子の言うところの「匹夫不可奪志（どんなに卑しい者でも、誰もその者の志を変えることはできない）」の「志」だと述べている。(72)天地の心とは、不死の丹心であり、また奪うことのできない志である。連雅堂の詩歌の価値と詩人の位格に対する高評価は、この言葉に尽きるだろう。『礼記』楽記の「作者之謂聖（作る者とは聖という）」という言葉は、遠い昔に遡ると、文章とは本来は聖人が作ったものであるという意味である。連雅堂の説は彼の中国文学の起源に対する認知から出たものであり、またそこには少なからず張載のような宋儒の「天地のために心を立てる」という思想の影響が反映している。

＊本章は作者が参加した台湾大学「中国文化的経典詮釈伝統研究」計画の成果報告である。二〇〇〇年一月、脱稿。

注

（1）鄭氏政権時代の台湾文学にもまた帰らぬ思いが込められており、台湾の熱い思いを見つけることができる。この時期の詩歌についての分析は、陳昭瑛「明鄭時期台湾文学的民族性」『台湾文学与本土化運動』（台北、正中書局、一九九八年）、及び『台湾詩選』（台北、正中書局、一九九六年）の中の「導論——台湾詩史三階段的特色」と、鄭氏政権時期の部分を参考にされたし。
（2）連雅堂『台湾通史』（修訂校正版）（台北、国立編訳館中華叢書編審会出版、黎明公司印行、一九八五年）。
（3）連雅堂『台湾詩乗』（台北、台湾銀行経済研究室、台湾文献叢刊第六四種、一九六〇年）。
（4）李漁叔『三台詩伝』（台北、学海出版社、一九七六年）一頁。
（5）李漁叔『三台詩伝』一頁。
（6）新文化運動、白話文運動については、陳昭瑛「啓蒙、解放与伝統——論二〇年代台湾知識份子的文化省思」『台湾与伝統文化』（台北、中山学術文化基金会、一九九九年）を参考にした。この書の増訂版が台湾大学出版センター（二〇〇五年）から出ている。
（7）張我軍「糟∏的台湾文学界」『張我軍詩文集』張光直編（台北、純文学出版社、一九八九年）六四頁。
（8）『台湾詩薈』第一〇号、一九二四年十一月、『連雅堂先生全集』（南投、台湾省文献会、一九九二年）に収録。
（9）これについては陳昭瑛「啓蒙、解放与伝統——論二〇年代台湾知識份子的文化省思」、「対儒家詩学的回帰」の一節を参考にした。
（10）二つの文章は一九二五年の『台湾民報』に発表したものである。『張我軍詩文集』に収録。
（11）この文章は『台湾民報』第三巻第二号（一九二五年一月十一日）に発表された。
（12）『台湾民報』第七三号（一九二五年一〇月四日）。「心画心声」は揚雄の『法言』問神「故言、心声也。書、心画也」が典故である
（13）この文章は『台湾民報』第一三二号（一九二六年十一月二十一日）に掲載された。陳逸雄主編『陳虚谷選集』（台北、鴻蒙出版公司、一九八五年）三四六—三五二頁にも収録されている。

(14) この文章は『台湾民報』第二四二号（一九二九年一月八日）に掲載された。また葉栄鐘『台湾人物群像』（台北、時報出版公司、一九九五年）にも収録されている。
(15) この文章は『南音』第一巻第六号（一九三二年四月二日）に「巻頭の言葉」として掲載された。また李南衡編『日拠下台湾新文学――文献資料選集』（台北、明潭出版社、一九七九年）にも収録されている。
(16) この文章は『南音』第一巻第二号、第三号（一九三二年一月一七日、二月一日）に掲載された。また李南衡編『日拠下台湾新文学――文献資料選集』にも収録されている。
(17) 王松『台陽詩話』（台北、台湾銀行経済研究室、台湾文献叢刊第三四種、一九五九年）。
(18) 王松『台陽詩話』三頁。
(19) 王松『台陽詩話』五頁。
(20) 王松『台陽詩話』八頁。
(21) 王松『台陽詩話』一四頁。
(22) 王松『台陽詩話』一五―一六頁。
(23) 王松『台陽詩話』六一頁。
(24) 王松『台陽詩話』六一頁。
(25) 王松『台陽詩話』一頁。
(26) 王松『台陽詩話』四七頁。
(27) 王松『台陽詩話』四六頁。
(28) 王松『台陽詩話』五一―五二頁。
(29) 王松『台陽詩話』五六頁。
(30) 程玉凰『洪棄生及其作品考述』（台北、国史館、一九九七年）三〇二頁に基づく。
(31) 洪棄生『寄鶴斎詩話』（南投、台湾省文献会、一九九三年）三頁。
(32) 洪棄生『寄鶴斎詩話』四頁。
(33) 洪棄生『寄鶴斎詩話』六頁。『楚辞』を変風変雅とすることは、朱熹『楚辞集注』ですでに論じられている。序、及び「離騒」の「序」を参照。
(34) 洪棄生『寄鶴斎詩話』六頁。
(35) 洪棄生『寄鶴斎詩話』四―五頁。
(36) 洪棄生『寄鶴斎詩話』五頁。
(37) 洪棄生『寄鶴斎詩話』四頁。
(38) 洪棄生『寄鶴斎詩話』三頁。
(39) 洪棄生『寄鶴斎詩話』三頁。
(40) 洪棄生『寄鶴斎詩話』九七頁。
(41) 洪棄生『寄鶴斎詩話』一一頁。
(42) 洪棄生『寄鶴斎詩話』四五頁。
(43) 洪棄生『寄鶴斎詩話』一一頁。
(44) 洪棄生『寄鶴斎詩話』六四頁。
(45) 洪棄生『寄鶴斎詩話』九五頁。
(46) 洪棄生『寄鶴斎詩話』七頁。
(47) 洪棄生『寄鶴斎詩話』四頁。
(48) 洪棄生『寄鶴斎詩話』七頁。
(49) 洪棄生『寄鶴斎詩話』三八頁。
(50) 洪棄生『寄鶴斎詩話』四六頁。
(51) 洪棄生『寄鶴斎詩話』六〇頁。
(52) 洪棄生は詩だけでなく、詩話も批評している。彼は、厳羽の『滄浪詩話』について「清浄で不正がないのは宋元詩話では、ただ禅言詩のみであった。王士禎が大きな波潤を巻き起こしたが、偏りはあるが風雅を損なうものではなかった」(『寄鶴斎詩話』、一〇五頁)と述べ、王士禎が厳羽の禅学的色彩を高く評価したことに同意はしなかったが、受け入れはした。しかし『随園詩話』、『甌北詩話』、『雨村詩話』については「禅家の小乗は、拙劣な模造品ばかりを選び、あまつさえ野狐禅より魔道に落ちる者がいて、取捨選択をしなければ、弊害は百出するばかりだろう」(『寄鶴斎詩話』、一〇六頁)と切り捨てた。だが、彼も禅を以て詩を語ることは、司空図の「詩を作るには含蓄が必要とされ、技巧を使って具象的な言葉で表現するのであり、作者は直接その詩の意味を解釈したり道理を評論する必要はなく、読者に詩情を悟らせなくてはならない」という趣旨に沿うことができれば、言外の意を得ることができると考えていた(『寄鶴斎詩話』、一一三頁)。連雅堂は詩と禅の関係性について、さらに開放的な態度を取った。彼は「詩人とは俗世を超越することを心とする者である。心情が淡白で、全てが空虚である。……詩にとっての禅とは違うように見えて実は同じである。詩人は自然と味得し、禅家は無我の間に解脱する。これが自然であり、無我であり、上乗である。そのため詩人の多くは禅の趣に惑溺し、禅家は詩情を含んでいるのである」(「詩薈余墨」、『雅堂文集』台北、台湾銀行経済研究室、台湾文献叢刊第二〇八種、一九六四年、二七六頁)と述べており、またさらに、「不可思議という四文字は仏法における第一の真諦であり、詩を作る者もまたこれを求め、それによって究極に素晴らしくなることができるのである」(「詩薈余墨」、『雅堂文集』二八一頁)とも述べている。

(53)　連雅堂『台湾詩乗』。

(54)　詩の全文は「伊川被髪久為戎、望絶英雄草莽中。革命空談華盛頓、招魂難起鄭成功。覇才無主誰青眼、詩巻哀時有変風。撃砕唾壺歌当哭、知君応不為途窮」である。この詩の分析は陳昭瑛『台湾詩選注』一八五―一八八頁を参考にされたし。

(55)　「台湾詩薈発刊序」『雅堂文集』四〇頁。

(56)　「寧南詩草自序二」『雅堂文集』三四―三五頁。

(57)　「詩薈余墨」『雅堂文集』二六一頁。

(58)　「詩薈余墨」『雅堂文集』二七八―二七九頁。

(59)　「台湾稗乗序」『雅堂文集』三八頁。

(60)　「櫟社同人集序」『雅堂文集』四〇頁。

(61)　「櫟社同人集序」『雅堂文集』四六頁。

(62)「詩薈余墨」『雅堂文集』二七一頁。
(63)「詩薈余墨」『雅堂文集』二八二頁。
(64)「詩薈余墨」『雅堂文集』二八八頁。
(65)「詩薈余墨」『雅堂文集』二七二頁。
(66)「与李献璋書」『雅堂文集』一三〇頁。
(67)「詩薈余墨」『雅堂文集』二八〇頁。
(68)「詩薈余墨」『雅堂文集』二七三頁。
(69)「詩薈余墨」『雅堂文集』二七三頁。
(70)「詩薈余墨」『雅堂文集』二六九頁。
(71)「鰲峰詩草序」『雅堂文集』四五頁。
(72)「詩薈余墨」『雅堂文集』二七九頁。

第八章　呉濁流『亜細亜的孤児』における儒学思想

はじめに

呉濁流は漢詩人であり、小説家であり、また散文家であり、一生を台湾文学に捧げた作家である。彼は自ら儒家あるいは儒学者だと称することはなかったが、中国古典文学に深く傾倒していたことで、図らずも儒家詩学の影響を受けていたのであった。彼は儒家思想の影響を強く受けていると評価されることもあり、またさらには「儒家を信仰している」とさえ目されることもあった。例えば葉石濤は「懐念呉老（呉先生を懐かしむ）」の中で、呉濁流は「儒家思想を信仰する旧自由主義者」（葉石濤は「旧自由主義とはまだ社会主義と結合されていない自由主義のことである」と解釈している）[1]だと述べている。葉石濤は呉濁流の「儒家信仰」をマイナスの意味で理解することはなかったが、この「儒家信仰」を呉濁流の「『植民者』に対する根源的な反抗精神」、「強烈な民族意識」、「愛郷保土の精神」、「台湾文学のために命を捧げる揺るがない決心」、「風骨凛然として、ある時は真理のために徹底的に反対する恐れを知らない精神」、「妥協をしない気魄」と繋げている。彼は儒家思想の影響を強く受けていると思われることもあり、さらには「儒家を信仰している」と目されることさえあった。

復興後の日本語作家、黄霊芝は負の側面から呉濁流の「儒家信仰」を理解した。「彼は唐詩の信奉者であり、また唐詩の追随者でもあると言える。しかし私は唐詩の詩性はそれほど高くないのではないかと考えている……呉さんは詩人あるいは文芸家というよりもむしろ、儒家思想に薫陶を受けた読書人というべきであろう(2)」。陳映真も負の角度から『亜細亜的孤児』の主人公である胡太明に対する儒家思想の影響を見ている。彼は「儒家の『中庸思想』……動乱の時代の中で長い間翻弄され、また苦悶する『優柔不断』な役柄を彼の一生のほとんどの時間で与えた(3)」と考えており、陳映真の儒家思想に対する理解不足が顕になっている。彼は『亜細亜的孤児』の中で掲示される「歴史教訓」は「孤児意識の克服」だと鋭い指摘をしてはいるが、儒家思想が最終的に胡太明に「孤児意識」を克服させる最大の精神的原動力となったことに気づくことはできなかった。

本章では、一つは主題思想の方面から儒家思想と孤児意識及び台湾人意識の関係を分析し、またもう一つは小説芸術の方面から、呉濁流の記述のなかで儒家思想はどのようにして人物を形作り、ストーリーを展開し、雰囲気を作り出したのか。また建築空間の描写など、小説を形作る要素の中で、有機的に組み立てられている部分について説明を行う。この二方面から『亜細亜的孤児』における儒家思想について検討しようとする。

一　呉濁流の漢学人生

呉濁流は、一九〇〇年に新竹の新埔の裕福な客家人地主の家に生まれた。彼はかつて「私の家は大廟形の建築をしており、村の中で、廟宇を除いてこのような民家は我が家の他には一つもなかった。私が生まれた時、メインホールの三部屋はすでに日本軍によって焼かれてなかった。この三部屋は祖先を祀る場所であったが、廃墟となっていた(4)」と回想している。この大広間は後に再建され、また呉濁流が作り出した『亜細亜的孤児』における最も重要な精神空間となった——これが「胡家の大広間」の原型である。また一方で、新埔の南方にある北埔は台湾割譲の初期に非常に激烈な抗日運動を行った客家人のいる地区であり、当時、この地の大きな集落の族長である姜家の息子、姜紹祖は抗日義軍を率いた。彼が殉死したのは二十一歳の時であった。呉濁流は新竹客家人の抗日運動の歴史に非常に関心を持ち、死ぬまで彼らの功績を忘れることはなかった。彼は回顧録『無花果』第一章で、先人らの抗日物語を記し、死ぬ一か月前にも「北埔事件抗日烈士蔡清琳」を記していた。呉濁流はその一生の最後にあたっても、客家人として儒教を継承していく精神、そして客家人としての抗日伝統から抜け出すことができなかったと言うことができるだろう。

父親が漢方医で日々診療に忙しかったことから、母が農事を切り盛りし、さらに家事や呉濁流の兄弟たちの世話をしなくてはならなかったので、彼は四歳から祖父と一緒に住むこととなった。祖父は読書人で素晴らしい漢学の教養を持っており、若い時には一族全滅の危機を救うために敢然と日本軍に面会に行ったこともある。[5] 呉濁流は、当時祖父は「殺身成仁」の憂いを抱いていたと語っている。[6] しかし祖父の余生は、「秘かに陶淵明を師と仰ぎ、余生を楽しむ」[7]というように、道家の無為自然という生の境地に傾倒していた。この祖父は『亜細亜的孤児』における胡太明の祖父、胡老人の原型となった人物である。

呉濁流は十一歳（一九一〇年）の時、新埔公学校に入学した。当時の学級担任の教師は林煥文（作家林海音の父）で、彼は書法に親しく、いつも昼の時間には人に字を書いてやり、呉濁流に書道を教えた。彼が練習帳に王勃の詩「滕王高閣臨江渚、佩玉鳴鸞罷歌舞；画棟朝飛南浦雲、朱簾暮捲西山雨；閒雲潭影日悠悠、物換星移幾度秋；閣中帝子今何在、檻外長江空自流（滕王の楼閣は渚のほとりに建てられ、そこで佩玉や鸞を鳴らして貴族たちが歌い踊ったのも今は昔のこととなった。毎朝、美しく色づけられた柱の間から南浦の雲が浮かぶのが見え、夕方には朱色の簾を巻き上げて西山に降る雨を眺めることができた。静かに流れる雲や、悠久の水を湛えた深い淵に映える光は日々ゆっくりと流れてゆき、万物は移ろい幾多の星霜を経て何度の秋が過ぎていったことだろうか。この楼閣にいた滕王は何処へ行ったのか。ただ手摺りの向こうに見える長江だけが空しく流れ続けるばかりである）」を書いていたときのことを、呉濁流は「私が家に持ち帰ると、祖父はこれを見てしきりに褒めそやし、天才詩人である王勃が幼いころに「滕王閣序」を作った物語を私に語り聞かせたが、私の幼稚な頭ではまだこの詩の意を理解できず、ただこの詩が非常に壮麗であるとだけ感じた」[8]と回顧している。「壮麗」とは恐らく、中国古詩が呉濁流に与えた初めての印象であっただろう。

呉濁流が新埔公学校で出会った二人目の漢学教師は詹際清である。彼は秀才であり、呉濁流の「漢文」科目を担任した。呉濁流は「詹秀才は書院での教育法を取り入れ、非常に厳格であり、手には教鞭を持ち鉄仮面をつけたような表情で、暗誦出来ない学生に容赦なく接し、間違いの大小にかかわらず、間違えれば必ず一回鞭を打った」と回顧しており、さらに教科書の他にも『朱子家訓』、『昔時賢文』、『指南尺牘』を教えた。この時間が、呉濁流の漢学の基礎を築き上げたのである。(9)

二十歳前後に新埔分校で教職の機会を得た時、呉濁流が「最も好きなのは老荘哲学(10)」であったが、ほどなくして新文化運動の衝撃を受けて、呉濁流は「老荘哲学は一時的なアヘンに過ぎない」と反省し、彼は「これによって安心立命を得たのではない」と述べている。三十二歳（一九三二年）の時、「学校と自治」という文章を書いたことで、思想が過激だと指摘され、辺鄙な四湖公学校に異動させられた。彼は当時の「やりきれない寂しさ」と、日本による植民支配から受けた「憤慨」という感情を一首の「詠緑鸚鵡」という詩にしている。「性慧多機振緑衣、能言識主羽禽稀：挙頭宮闕重重鎖、回首隴山事事非(11)（聡明で生き生きとして緑衣を振い、主の言葉を理解できる鳥は稀である。顔を上げて宮殿を見ても鎖が何重にも足にかけられており、首を回して隴山を見ても全てが違う）」。この詩の後半二聯は『無花果』には収録されていないが、他の文章の中に見ることができる。最後の二聯は「旧侶飄零難独舞、翠襟捐尽欲孤飛、時来幸有開籠日、莫作尋常青鳥帰（長い間寄り添ったつがいは片方が亡くなって一羽だけで舞い飛ぶのは難しく、胸元に生えた羽毛を抜き捨て尽くして独り飛ぼうとする。時至って幸いにも籠が開いても、平凡な青鳥になって自然に帰るな）」と詠まれており、彼は詠物で「苦悶の内心」を表現したと解釈している。(12)

一九二七年、苗栗一帯に住む旧詩人らは栗社を設立した。百四十名を超える旧詩人が加入し、呉濁流もその中の一人であった。このことは、彼の回顧性を帯びた文章の中でも取り上げられており、詩社は漢民族としてのアイデンティティと節操を鍛え上げる作用があったと認めている。彼は「私は栗社に入ってから、旧読書人には別の気節があり、彼らの骨子の中に漢民族としてのアイデンティティと節操が厳然としてあることが徐々にわかった[13]」。詩社には、一九一四年に羅福星とともに苗栗革命に参加したことで日本人より九年の刑を受けた呉雅斎がおり、また「夷斎餓死原甘餓、恥把周家粟療饑（伯夷と叔斉が餓死したのは甘んじて飢えを受け入れたからであり、周家の粟を食べて飢えを凌ぐのを恥としたからである）」という詩句を書いた劉雲石がいた。彼らは呉濁流の敬愛する先輩であった[14]。

芸術性の鍛錬に関して、呉濁流の作詩態度は非常に真面目で、常に一字一句の言葉を慎重に選び、推敲を重ねた。彼はかつて詩「玄武湖即景」中の「妬」の字について丸三か月も考えたことがあると述べている。この詩は後に『亜細亜的孤児』に収められ、胡太明とその妻の淑春が婚前旅行に出掛けた際に詠んだ即興詩として使われた。詩はこのようである。「万楼千糸浅緑宜、長堤湖畔立多時。那知姉妹談何事、顧影相憐『妬』柳枝[15]（数限りない柳の枝葉には、浅緑が似つかわしい。長い堤、湖のほとりに長い間佇む。姉妹が何を話しているのかを知ることがあろうか。私達はお互いを見つめあい、憐れみあって、柳を嫉妬させている）」。呉濁流は作詩について、彼自身「この道に耽溺している」と言ったように、惑溺のレベルにまで達していると言うことができる[16]。

呉濁流の漢学人生は漢詩を帰着点としており[17]、彼の詩観は儒家に傾いている。基本的に、彼は漢詩が「養浩然之気（浩然の気を養う）」ことができ、民族精神と民族の特性を体現しなければならないと考えていた。

呉濁流は「漢詩須要革新（漢詩には革新が必要である）」という文章の中で、日本人が漢詩を重んじるのは、日本の詩詞には「漢詩の気魄」が欠けているからであり、「そのため、彼らは狂歌、剣舞、悲憤、慷慨などの時に漢詩を詠うのである」と指摘している。ここから、彼は漢詩を用いて青年らを鼓舞し、「養浩然之気（浩然の気を養う）」べきなのだと主張する。彼は、日本人が漢詩によって国民精神を養っていた時に、「我らが本国では反対に、漢詩を作るのは破滅への一途を辿る行為であると罵る者がいる[18]」と、痛烈に批判している。「養浩然之気」という言葉は、詩を学び、詩を詠むという点についての用語であり、つまり詩の教化の効用に着目したものである。もし詩人の創作や作品の構成から見るなら、呉濁流は「詩魂」と「民族性」を特に強調している。

「詩魂醒吧！　再論中国的詩（詩魂よ目覚めよ！　中国の詩を再び論じる）」という文章の中で、呉濁流は「現在の漢詩人は詩魂がなく、絶対的自由の心境が欠落しており、名誉と利益を追い求める考えから脱することができず、真の霊感も持っておらず、生命力がない」と批評しただけでなく、「功徳を褒め称え」、「死者に胡麻を摺っている[19]」とも批判している。ここから詩人の言う「詩魂」とは、詩人の人格を指すものであることがわかり、呉濁流は「人格を重んじ個性を重んじる、この漢詩の優美な伝統を抹殺してはならない[20]」と述べている。この言葉では、漢詩には儒家の「為己之学（自分自身のための学問）」の風格があるということを強調している。漢詩全体から言えば、「詩魂」とは漢民族が詩歌の中に表現する民族精神である。呉濁流は、「中国文学は中国民族が創り出したものであり、その貴さはここにあり、その特質もここにある[21]」。また「漢詩は中国文学の結晶である。伝統があり、精義があり、霊魂を持ち、血液が流れ、骨髄があり、民族と栄光をともにすることができる[22]」と言う。彼はさらに「漢詩は固有の文化の特色を具えており、漢民族の崇高な智恵が表現されているものであるから、近代文明がやすやすと肩をならべられるものではない[23]」とも述べている。

呉濁流は漢詩の非常に重要な特色は「文字の形式を介する感覚」であると考えていた。なぜなら、漢字は文字一つ一つに音と意味があるが、外国の文字はいくつかの音が連結してやっと一つの字義を表出するからである。両者を比べると、漢詩は音律や対句の配置が比較的便利であるから、「簡潔であればあるほど深い意味を持ち、また味わい深い趣があるのである」[24]。呉濁流は漢詩と漢字の関係について理解が非常に深い。呉濁流は生涯で二千首の漢詩を作った。『台湾文芸』が新詩賞の他に漢詩賞を設立したにもかかわらず、彼は、終始若者が漢詩を学ばず、「漢詩が日に日に落ちぶれていく」ことに「心を痛め」ていた[25]。しかし、彼は新詩が古い形式や律格を守らなくてはならないとは思っておらず、「文化律格」という新しい概念を世に出した。彼は新詩がもし「中国固有の文化律格」を欠いているとするなら、それは外国文学の模倣に堕すると考えていた。「固有の文化律格」とは何か。それは「固有の形式や固有の定型を指すのではない」。「固有の文化が持つ伝統と風格、詳しく言うならば、漢詩の魂と哲学の深妙な境地及び典雅な言葉遣いを捨て去ってはならず、また人格を重んじ、個性を重んじる漢詩の優美な伝統を消し去ってはならない[26]」ということである。彼は再三に渡って「中国人には中国人の詩がある[27]」と強調している。

彼は漢詩が軽視され否定されてきたことを反省した。それは「五四運動の副作用」である。彼が五四運動の掲げた「打倒孔家店」という主張を批判した理由は、孔子の政治思想は今の時代にそぐわないかもしれないが、「孔子の個人倫理及び個人道徳は、いつの時代も矛盾するものではないし、何年経っても変わるものではない。保存するべきである[28]」と考えていたからである。呉濁流の観念の中では、孔子の「為己之学（自分自身のための学問）」及び孟子の「養浩然之気（浩然の気を養う）」という思想は、まさに彼が言う「人格を重んじ、個性を重んじる漢詩の伝統」の精神の源であった。このような個人の人格を重んじる思想は、彼の生涯で変わることのなかった創作信念だけでなく、彼が「胡太明」という典型的人物を形作る時の最も重要な拠り所となっている。それゆえ、呉濁流の漢学人生の探求を通さずして、彼の儒学理解を理解することはできず、また「胡太明」という人物の創造過程を深く知ることはできない。

二　胡太明の啓蒙指導者――彭秀才と胡老人

胡太明の漢学人生において、彼に最も深い影響を与えたのは、書院の教師彭秀才と祖父である胡老人である。小説は、胡老人が九歳の胡太明の手をひいて、胡秀才のいる雲梯書院に教えを受けに行くところから始まる。呉濁流は、「センダンの花が開いた三月のある暖かい春の日」という句をもって胡太明の漢学人生の夜明けを引き立たせている。また日本人の統治を認めなかったために、蟄居生活をしていた彭秀才は、教育と阿片、そして蘭と菊の花を育てることで余生を過ごしていたというように、彼は彭秀才の儒生イメージをより生き生きと描いている。彼の部屋に入って正面の壁には「孔子の肖像画が掛かり、線香の煙が一筋立ち昇って」（五頁）おり、これには彼が毎日孔子に線香をあげ、礼拝していることが表わされている。彼と胡老人は同じ書院の出身であり、談話の中で彼は「斯文掃地（文化や文人が尊重されず地に打ち捨てられる）」、「吾道衰微（我が道は衰微した）」の話をよく使い、「その聖学が没落してしまったことを大いに嘆いた」（六頁）が、九歳の胡太明が故郷の唐山の住所を暗誦しているのを聞いたとき、非常に嬉しくなった（六頁）。才能はあるが不遇の人生を送った儒生として、彭秀才は「彭さんは阿片を吸っている関係で、朝起きるのが極端に早く、空がまだ暗いうちに、彼が水煙草を吸う『フルフル』という音が聞こえてくる。その音が止まると、続いて部屋の戸を『ヤー』という一声とともに開け放つ。寄宿生はその合図を聞くと、起き出して彼が草花を植えるのを手伝う。彭さんはそうすると、やっと蚊帳のような長袍の前身頃の下の部分をたくし上げて腰のあたりに挟み込み、降りてくる」（八頁）というように、リアルかつ真に迫った造型がされており、「蚊帳のような長袍」からは、九歳の子供の、先生の長袍に対する印象が生き生きと伝わってくる。

彭秀才の思想も彼の春聯に表れている。胡家に新年の挨拶に来た時、彭秀才と胡老人は互いに相手の春聯を褒め合ったが、二人の書いた春聯は儒道の二種の異なる観点から書かれたものであると分類することができる。胡老人の書いた春聯は「一庭鶏犬繞仙境、満径煙霞淡俗縁」というもので、彭秀才はその内容が「脱俗」及び「達観」していることを称賛している。彭秀才の春聯を次に挙げる。

大樹不沾新雨露、雲梯仍守旧家風。

大樹は新たに雨露に濡れず、雲梯は変わらず家風を守る。

というものであり、胡老人は「伯夷と叔斉の風格を超える」と称賛したが、雲梯書院の旧家風を守り切れるか心配した。彭秀才は暗然として、もし書院が閉鎖されることになったなら、「漢学は滅びることになる！」（一一一―一一二頁）と述べる。この段落は、「志を表明する」だけでなく、新年の楽しい気分を悲しい雰囲気に染め上げる作用があることを描写している。しかし「大樹」と「新雨露」が象徴する意味は非常に豊かで、玩味に値する。「大樹」とは根が深くまで張り巡らされている中国文化を意味し、「新雨露」は日本人が台湾の旧読書人を籠絡する施策を意味する。例えば、書院で日本語を教えるようにすれば、補助や公学校の漢文教師の職を与えるというものである。しかし、協力に同意しない読書人に対しては高圧的な手段を採った。公学校を広く設立し、読書人の家庭に、その子女を入学させるよう説得し、また書院には学生の父兄名簿を提出するよう要求して、漢学を尊んだ父母を抑え込んだ。胡太明が入学した時、雲梯書院には僅か三、四十名の学生しか在籍しておらず、さらには徐々に減っていく状況であったが、彭秀才は「それを聞いても平然として、慌てた表情もなく……依然として自らの信念を貫いて陶淵明の「帰去来辞」を吟詠した」（一六頁）。彼は公学校の漢文教師への招聘を拒否し、雲梯書院の存続が危ぶまれた時に「番界付近のある書房の招聘を受けた」（一六頁）。この時から胡太明は祖父に迎えに来てもらい帰宅する道すがら、祖父から「四書五経を教え」て貰うよりほかなくなった（一六頁）。しかし最後は時代の潮流に逆らえず、公学校に入学した。

それから数年後、胡太明が師範学校を卒業し公学校の教師になった時、胡老人は彭秀才の訃報を受けた。胡老人はすでに年老いており、太明を自分の代理として書院に弔問に行かせた。彭秀才のいた「番界」に近い書院の名も「雲梯」であった。呉濁流は感傷的な筆調で、胡太明と彭秀才の最後の面会の場面を描いている。

太明が、あのよく知った筆跡で『雲梯書院』と書かれた扁額が掛けられているあばら屋に着いた時、すでに黄昏時に差し掛かっていた。このような荒涼として、ひっそりとした場所を礼教に生涯を捧げた彭秀才の安息の地とするのは、いささか寂しすぎると言わずにおれないだろう。

しかし葬礼はとても賑やかであった。葬送に参加した人には彭秀才の遺族と門下生がいた。彼は彭秀才の死を「もしかしたら、これは時代が幻となって消え去ったという象徴なのかもしれない」と考えたが、「しかし私にも私の時代がある」とも考えていたように、この時胡太明は彭秀才の人生の志業に感動はしていたが、自分が中心となる新しい時代を迎えられることに、より希望を抱いていた。葬儀を後にした胡太明は、「まるで一つの古代の死者の魂がミイラの形骸から抜け出してきたようだ。……彼が瞑想から目覚めたとき、ガラガラと走る車の音だけが聞こえ、板車はすでに牛門口を通過していた。車は通りを一本突き抜け、両側の景色は風か雷のように、どんどん後ろに流れて行った」（五六―五七頁）。呉濁流は心情の独白と景物の描写を織り交えることで、胡太明が旧時代に別れを告げたことを描いた。あの太明の後ろに流れて行った両側の景色は、まさに彭秀才を精神的支柱とした、旧時代の象徴であったのだ。

もし彭秀才の死が書院教育の滅亡の象徴であったとするなら、胡老人の死は家族倫理の衰微の隠喩である。胡老人のキャラクターは当時の道家に傾く知識分子の典型を代表するものであっただけでなく、客家人の家庭倫理を重視する伝統の象徴でもあった。彼の生活態度は道家的であったが、胡太明の教育には儒家を重要としていた。儒道をともに重視する彼の姿勢は、まさに伝統的読書人がいつも儒道の間を自由に行き来していたことを説明している。胡太明が冬休みに書院から家に帰っていた時、胡老人は、

「得意げに『大学の道は明徳を明らかにするにあり』について彼に説明し、さらに自分の経歴も太明に話聞かせた」（一〇頁）。彼は太明を日本人の建てた公学校に入学させるのを拒絶した。その理由は、「時勢がどうであるかは関係ない。学校で四書五経が学べなくなる！」というものであった（一三頁）。彼は西洋文化を排斥し、日本文化は西洋文化の一つの支流に過ぎないと考えていた。「胡老人が心の中で信奉していたのは、春秋の大義と孔子の遺教、そして漢唐文章と宋明理学等の輝かしい中国古代の文化であり、それゆえ、これらの文化を子孫に残さなければと、いつも考えていた」（一四頁）。しかし、胡太明は「胡老人がどうして経書を勉強させたいのかわからない（一七頁）」と、幼いながらも時代の変化を感じ取っていた。後に、漢学の修養を具えた学校の教員に諭され、胡老人はついに太明を公学校で勉強させることに同意した。

胡太明にとっては、胡老人は最も身近な漢学の教師であり、胡家にとっては、胡老人は一家の大黒柱で、一族から敬愛され、信頼されており、胡一族の祭祀公業の管理を担う存在であった。一族の中に、親日派で法律事務所で翻訳を任された胡志達がおり、一族の人員を扇動して胡老人に祭祀公業の分配を要求したことで、胡老人は病に倒れてしまった。胡老人は一族の人々の要求に面し、「徳が浅かった」と自らを責め、再び管理人を引き受けることはなかった。胡家はこのために一度祭祀儀式を行い、「この長い年月をかけて祖先がともに残してきた一族の財産を一瞬にして棄て去ろうとした」。皆、儀式の間も悲しまずにおれなかった。「胡老人に至っては、祖先の前で自分に徳がないことを深く詫びた」、「しかし儀式が終わり、皆が散り散りに出て来る時、胡老人は悲しみのあまり、歩くことさえできなかった」。この不幸な事件はすぐさま村中に伝わり、ほどなくして胡老人は小さな病に罹ったのが元となり、起き上がることができなくなった。祖父である胡老人の死は胡太明を「果てしない空虚感に陥」らせた（八六―八九頁）。

胡老人は家族倫理が解体してしまったことを感じ、その悲しみのあまり死にいたった。彼の死は儒家家庭の柱が倒壊したことをも象徴している。幼い頃から育ててくれ、朝も夜も一緒にいた胡老人の死は、胡太明の心の中に胡老人から得た漢学教育の記憶を呼び覚まし。また漢学に対する賛同の考えをより一層強くし、胡老人を失った悲しい心のうちで「大陸の呼び声」を聞いた。呉濁流は胡老人の死をストーリー転換のキーポイントとして据えている。胡太明は胡老人の死後、郷里で話し合える友人がいなくなってしまい、胡老人が遺した本を整理することで時間を遣り過ごしていた。彼は胡老人が最も好んで読んでいた老荘や陶淵明の詩集の中の、至る所に書き込みがあるのを見つけると、「思いもよらず興味が湧き」、「胡老人の心がまだこの本の中で生きているように」感じた（一〇六頁）。

直後に公産祭祀の分産事件が起こり、胡家代々の墓は日本人によって強制的にサトウキビ畑へと開墾された。この一連の打撃によって胡太明は「海を越え、中国大陸へ渡るという夢を紡ぎ」（一〇八頁）、また偶然の機会を得て、それは実現した。胡太明にとって中国大陸へ行くことは、苦境を脱し発展への希望を探し求めるためだけではなく、この台湾という土地に住まう人民に、彼が彭秀才や胡老人から中国文化の修養を得たということを証明する意図を含んでいるのだ。胡老人の死によって、彼の中国大陸に対する憧れはより強いものとなった。

三　胡太明の人生における二つの儒学空間——雲梯書院と胡家大広間

小説の中で、呉濁流は二つの儒学空間の描写を通して、彭秀才と胡老人という二人の旧時代の人物形象を引き立たせ、また空間に漂う雰囲気を作り出すことで小説の芸術的な魅力を高めている。さらに、この二つの空間は胡太明の人生において儒学を代表する最も重要な精神空間であり、また歳月を経る中で変化していく空間の姿は儒学の運命と盛衰を象徴している。

太明が九歳の時に初めて雲梯書院に行った。廟の一棟が教室にあてられており、ガジュマルの樹のある広場に面していた。「胡老人は太明を連れて、古めかしい建物の奥に入っていった」(四頁)とある。この古い建物では、次の年の春節に「大樹不沾新雨露、雲梯仍守旧家風」と書かれた春聯が張られた。春聯は頭をもたげて毎日見ることができ、その都度自分の座右の銘を思い出させるものであった。生き生きとして素晴らしい筆法で書かれた詩には建物の主人の志向が込められており、また中国建築の一大特色でもある。彭秀才の部屋は、いかにも頽廃的な老書生の書斎であった。

照明の小さな炎が淡く瞬いていた。そのほの暗い光は、煙管や煙草盆、収納ケースなど乱雑に散らばっている鴉片の吸引道具と、その傍らに横たわっている一人の痩せこけた老人を寂しげに照らし出していた。寝台の前の机の上には沢山の本がうず高く積まれており、また朱筆を何本か立てた筆立てがあった。……正面の壁には孔子の肖像画が掛けられており、線香の煙が一筋立ち昇っていた（四―五頁）。

彼は人が部屋へ入ってきたことに気付かず、胡老人が寝台の近くまで歩み寄り声をかけて、やっと飛び上るほど驚いて「妙に張りのある声で『やあ、胡さん！　お久しぶりです』と言い」、また「布団の上から飛び起きると身なりを整え、隣の教室をちらと見て、大きな声で二言三言叱ると、子供たちの騒ぐ声が少し小さくなった」（五頁）。この場面で彭秀才は生き生きと鮮やかな登場を果たしている。呉濁流は書房の描写と彭秀才の振る舞いを通して、彼を印象深い人物に仕立て上げた。また呉濁流は、胡太明が部屋に入る場面を「日の当たる明るい屋外から薄暗い屋内へと入っていった」（四頁）と書くことで、彭秀才の世界が外の世界と対比するものであることを暗示するだけでなく、日本統治下における儒学の暗澹たる前途をも暗示している。このシーンにおいて、建築空間の描写は彭秀才という人物を形作るための必要不可欠なものとなっている。

胡太明が彭秀才の葬儀に参列した時、彼は再び彭秀才が教鞭に立っていた書院を訪れた。しかし書院の名前は「雲梯」とあるものの、酷く荒れ果てていた。呉濁流は、「太明はボロボロになった門の前で少しの間立ち尽くし、懐かしい筆跡を目にして、いろいろな思いが溢れ出てきた」（五六頁）と書いている。「懐かしい筆跡」とは、彭秀才が「雲梯書院」と書いた扁額のことである。この破屋が象徴する旧学の没落によって、胡太明は逃避願望を起こし、またこの破屋自体も、彼の新旧文化の狭間における矛盾にもがき苦しむ心情を表現している。

小説の中でさらに重要な儒学空間として設定されているのは、胡家の広間である。この広間が象徴する第一の人物は胡老人であり、第二は胡太明である。この広間は呉濁流の自宅にある大広間をモデルとしており、彼はこの広間を何度も取り上げ、豊かな思想性を与えた。中でも最も重要なのは、小説の終わりで胡太明が狂ったふりをする舞台となることである。

小説の中の「広間」、あるいは『台湾連翹』に登場する日本軍によって焼き払われた、祖先を祀る場所であった「大広間」[29]もまた「堂」である。「堂」とは中国の住宅において最も文化的意味のある空間である。王鎮華の「堂」の文化的意味についての説明は非常に深い。

これ（堂）は家庭の中で、天地、祖先、文化と向き合う場所である。例えば堂の前にある庭は一つの地であり、頭上に天がある。これは天地を象徴しており、堂はまさにこれらの前にある。堂の上に掛けてある「歴代某氏祖宗牌位」という祖先の位牌は、通俗的な祭礼においては祖先の象徴であり、礼制の本義においては文化の象徴となっている。……それゆえ堂は、天地の空間、脈々と受け継がれてきた時間そして文化という無限の三者が交わる場所であった。一家の主がそこに立つということは、自分自身を表すだけではない。また家人や客人にのみ面しているのではない。これは「全体」を表す空間なのである。各家庭にこのような空間があり、冠婚葬祭や命名、加冠などの儀式も行うことができる。専門家（神父）も必要なく、またそれ専門の場所（教会）に行く必要もない[30]。

「堂」とは『論語』の「庁堂」である。つまり儒家が家庭礼教を行う空間のことである。呉濁流が「胡家の広間」にかんして意識的な表現や細かな説明と描写を行うことは、彼が幼い頃から実家のこの空間に深い思い出があったという基盤のみならず、儒学の「具体的な体験」をも表している。ここでの「具体的な体験」とはイメージや空間を通して一種の思想や文化精神の伝承を感知するということである。

庭と庁堂は繋がっているため、空間として一体感がある。呉濁流は小説の始めに、大晦日、太明家の庭に祭壇を設け神明を祭る様子を描いているが、その時、胡老人と太明の父である胡文卿は「長礼服を着て『三献礼』を行い」、そして年始の挨拶をしに来た彭秀才は「庭に立ちながら一幅の春聯を鑑賞して、そのまま客間に迎えられた」（一〇—一一頁）。この広間は祖先祭祀の儀式を行う場所で、庭に設けられた祭壇は天上の神明を祭るものである。即ち、道教の諸神、つまり天公、土地公、媽祖などである。また祭祀空間として、庭は道教即ち民間信仰の色彩が強く、庁堂は比較的儒家的色彩を持っていたと言うこともできるだろう。前節で胡氏の家族が祭祀公産を分配する前に盛大に行った祖先祭祀の儀式は、胡家の広間で行っている。

胡太明が日本へ留学する前、そして留学から帰ってきた時に描写される広間のシーンは重要である。胡太明は教鞭をとっている学校で同僚である日本人女性教師の内藤久子に恋したが、後に人種が異なることで拒絶され、失意に沈んで家に帰った時、物寂しさを纏う広間の情景は、彼の感情を揺さぶった。

二十年前には数百人もの親族が集まり賑わい活気に溢れたこの広間も今は見る影もない。壁は一面子供らの落書きで汚れて見るに堪えなく、扁額に『至善堂』と金色で書かれた文字も剥がれ落ちている。祭壇（祖先を祀るために備え付けられた机）の上は埃が積もり、燭台の上には随分前の溶けて垂れた蠟燭が固まったままである（四三頁）。

この情景は旧式の大家族が没落しつつあることを象徴している。ほどなくして太明が日本へ出発する当日になり、「広間に灯された赤い蠟燭の火は高く燃え上がり、柔らかな光を発している。胡老人は礼服に身を包み、長く伸びた弁髪を引きずりながら恭しく机の横にお香を焚いた」。親しい友人たちも広間に集まり、太明を見送った（六二頁）。太明が留学から戻った時、彼が「広間に入ると」庭では爆竹を鳴らし、「胡老人は線香を立て、先祖に恭しく無事に帰ってきたことを報告した」（八〇頁）。胡老人こそがこの広間の主であり、広間は先祖の霊と対話する場所であった。胡老人の死後、太明が厳然として新たな広間の主となった。大陸へと旅立つ日、「彼は広間に蠟燭と線香を灯し、先祖の霊に道行きの安全を祈った。広間の梁の上は『貢元』という一面の扁額が掛けてあり、扁額の金字がすでにところどころ剥げ落ちているさまは、古代から脈々と受け継がれてきた伝統を感じさせ尊崇の念を起こさせた」（一一五頁）。

彼が失意のうちに大陸より戻った時も、広間はやはり描写の中で重要な役割を持っていた。「天の采配と時代の変遷により、村の人々も変わった。ただ胡家の広間のみが変わらず古色蒼然として佇んでいた。太明は広間に入ると、先祖に線香を上げ、感慨無量で胡老人の冥福を祈った」（一八五頁）。この時の広間は、太明と死んだ祖父との対話の空間となっており、この古色蒼然さは、移ろいやすい外の世界とより強烈な対比をなしている。「金箔がところどころ剥げ落ちた『貢元』の扁額の上には蜘蛛の巣がびっしりと張られ、神棚の上に飾られた金属の飾りは、暗く寂しい光を放っていた。太明は大陸へ渡る時、祖先の霊に、成功して大陸に骨を埋めることができるように祈ったにもかかわらず、故郷に戻って来ざるを得なくなったため、自分の行いを深く恥じた」（一八五—一八六頁）。

皇民化時代には太明の兄もこの運動に参加し、広間もこの大災に巻き込まれることとなった。「太明は家に戻って以降、時おり庭をゆっくりと散歩し、また広間にも行ってみた。広間の中央には日本式の神棚が据えられており、隣には日本の掛け軸も掛けられていた。しかし、その掛け軸は非常に貧弱なもので、荘厳な建物と合わせるにはどうしても釣り合いが取れていなかった」（一九八頁）。呉濁流は、日本式の神棚と掛け軸と、胡家の広間との不調和を通して皇民化時代の日本文化と漢文化の間の衝突、そしてこの衝突の中での太明の心情を克明に描いた。

この広間は太明にとって伝統文化の代表であった。広間の中に立つことで、彼はこの伝統に属するもの、つまりこの伝統の一部分であることを感じた。外の世界の繁栄の様子はこの伝統が没落したことをより鮮明に浮かび上がらせ、この空間の盛衰の様子を描写することで、呉濁流は果てしない感傷を抱えながらこの伝統へ切ない挽歌を贈った。この精神空間が太明の精神にもたらした正の作用は何者にも劣らない。そのため、太明の生涯の中で最も重要な一刻である「狂乱」の時にも、胡家の広間は単に場面背景の役割を果たしていただけではなく、また高い芸術的雰囲気が満ち溢れているだけでもない。最も重要なのは、胡家の広間が、一生を通して臆病で優柔不断であった太明がやっと抵抗を始めた際の精神的な支柱となったことである。

太明の弟である志南が強制労働に駆り出され、折檻の末に死んだ二日目に太明は狂った。「太明は顔を関公のように塗りたくり、胡家の広間の神棚の上に座った。壁には彼の筆跡で一首の詩が書かれていた」。「天下の士を志すのに、なぜ賎民に甘んじているのか?……」」。この詩には儒家思想が非常に明確に認められる（この詩についての分析は次の節で行う）。この時、隣家の人々はこの騒ぎを見に来て、「胡家の広間を水も通らないほど、ぎゅうぎゅうにした。この時太明はまた顔を血のように真っ赤に塗って威風堂々と歩き、人々が驚き騒然とする中で悠然と神棚に座った」（二七八—二七九頁）。そして「お前ら、聞け！」と叱咤し、皇民化した兄の志剛を「我が家の主人は兄さんだ。兄さんは奸賊の頭だ」と罵倒し、山歌を歌って「白日土匪（白昼強盗）」と罵った。そして人々に向かって皇民階級を激しく批判する演説を行った（二八〇—二八一頁）。さらに、それからしばらくの間彼は村中至る所の看板に「白日土匪（白昼強盗）」と書いたが、狂人の行為とされたため、検挙されることはなかった。「それから、太明は何日間も静かに姿勢を正して胡家の広間に座るようになった」（二八一頁）。そして彼は突然失踪した。ある漁師は、太明に似た青年を中国まで船に乗せて送ったと言い、またある人は「昆明方面にあるラジオ番組で、太明が日本に向かって流した音声を聞いた」とも言った（二八一頁）。

本の最後で、呉濁流は「太明は本当に船に乗って中国へ行ったのだろうか？　そして彼は本当に昆明にいるのだろうか？　だれも証明することはできない。しかし胡家の広間の壁に残された文字の存在だけが、公開することはできなかったけれども、ひっそりとしかし確実に伝わり、見ようと訪れる人も少なくなかった。この時、太平洋戦争はまさに徐々に佳境に入ろうとしていた」（二八二頁）。胡文卿は当局に発見されるのを恐れて太明が書き残した文字の上に絵を掛けて隠したが、太明が自ら書いた諷刺詩は人々の賞賛を受けた。この諷刺詩は太明が積極的に抗日運動に身を投じようとする志を書き示したものであり、また祖先への独白を告白するものでもあった。壁に書かれたこの詩は胡家の広間の一部分となった。それはつまり太明が広間が象徴する伝統文化の精神生命の中に組み込まれたということを意味する。呉濁流が丁寧に描写してきたこの広間は、最後の瞬間に完全体となり、またこの広間が持つ効果も最後の最後でついに余すところなく発揮することとなった。

四　老荘道家から儒教へ――胡太明の思考変遷

胡老人より教えられた老荘や陶淵明を模範とする道家思想は、胡太明の精神の拠り所であり慰めであった。しかし外の世界からの圧迫が強くなるにつれ、胡太明はもはや世界のどこにも逃げるところがないことを悟った。もし兄の志剛のような皇民になるのを良しとせず、また弟の志南のように折檻された挙句に死にたくないのであれば、立ち上がり、抵抗のために戦わなければならなかった。思想から見れば、胡太明の生涯紆余曲折を辿った境遇、そして止まることのなかった自省の試みは、まさに「老荘道家から儒教へ」の変遷を反映している。

太明が九歳の時に雲梯書院に入学して以降、学習の中心は儒学であったが、公学校や師範学校に入学してから後は自然と西洋の学問を吸収していった。しかし、胡老人の影響を受けていたことに加え、教鞭を取って以来ずっと日本人と台湾人との差別待遇という衝撃的な現実に直面していたことから、彼は老荘や陶淵明の世界へと逃避した。しかし、ある時日本人が開墾して田畑を作るために、祖先の墓を侵略していたことに気付いた時、彼は苦痛のあまり持っていた本を放り投げ、「陶淵明でさえもこの傷を癒すことはできない！」（一〇八頁）と嘆いた。この時彼はすでに「隠逸」の処世哲学に疑問を持ち始めていた。

中国への旅路は、小説において重要なプロットとなっている。胡太明にとってこれは発展の契機であり、またこれまで学んできたことを証明する機会でもあった。このような心情を持っていたことから、彼の眼に映る中国女性は、モダンな服装に身を包んでいたとしても「五千年の文化伝統の神秘が込められて」おり、「儒教の中庸の道の影響で、彼女たちは極端に西洋化する傾向にない」というものであった。西洋文化を吸収した時、「それでも自らの伝統を保持しているのが、中国女性特有の理性である」（一二一頁）。儒家と詩歌文芸の薫育を深く受けていたことから、胡太明は「中国文学の詩境は女性で表現することができるかもしれない。またここには儒教が薫陶してきた悠久の歴史が自然と溢れ出ている。これらは全て古典的な高雅な趣を持っており、近代文明の中でも活用されている実例である」（一二二頁）と思っていた。太明は愚かにもこのように、上海のバスに乗っている際に見かけた、手に「美しい表紙の外国雑誌と本」を持った女学生たちを凝視していた。

このような中国文化に対する勘違いの思い込みを中国の女学生に押しつけたことで、太明と淑春は不幸な結婚をすることになってしまった。前に挙げた久子を太明が憧憬する日本文化だとするならば、出会ったばかりの淑春は太明にとって中国文化の化身であった。太明のロマンティシズムに傾斜した性格が、彼と現実の間の埋めることのできない落差となることはわかりきったことであった。

太明が初めて淑春と会ったのは、上海から南京へと向かう汽車の中であった。淑春は蘇州から乗車し、汽車が蘇州に着いた時、太明の脳裏には張継の「楓橋夜泊」の詩が浮かんだ。そして淑春は太明の眼に「蘇州美女」として映ることとなった。さらには汽車が南京に着いた時、太明は彼女が靴も脱がずに革張りの椅子の上に登り、棚に上げた荷物を取るのを見て、「彼女が下りた後、革張りの椅子の上に残された二つの小さな可愛らしい上海式の女性靴の靴跡」にのみ注意を向けた。彼も彼女の行為を「自己中心的」、「しかし小さくて形の良い足跡」、「だが彼女を注意することはできなかった」（一一三─一一四頁）。その後、明孝陵で偶然会った時、彼の印象の中の淑春はやはり「蘇州から乗車した、彼と同じ行先であり、革張りの椅子に可愛らしい足跡を残した女の子」（一三五─一三六頁）であった。このシーンの描写は非常に細やかである。このような小さなシーンにも太明が恋に盲目になっていることが描かれ、また結婚後の淑春の変化が暗に書き込められている。

婚姻関係の破綻によって太明は古典に心の癒しを求めた。この時に彼が読んだのは『春秋』と諸子百家である。彼は「これらの書を読み始めると、自分が感じていた悩みなどは、取るに足らない小さなものでしかない」（一五六頁）と反省している。この時に、彼は外交部で働く客家人の張に出会っている。張常は太明と政治について論議し、「若者の熱意と嘘偽りのない心だけが中国を救うことができる」（一五九頁）と主張している。張の激しい言論を聞いたことで、太明は自分がかつて古の隠者の世界へ逃避しようと考えたことを深く反省した（一六〇頁）。ここでの「古の世界」とは主に前述した老荘や陶淵明の思想のことである。しかし太明はこの時点では依然として自ら行動する能力はなかった。台湾にいた時、彼は自分の眼と耳で学校の曽導師が「日台不平等」について激しく抗議していたのを見ていたにもかかわらず、当時の彼はただ「立ち尽くしていると、急に熱い思いがふつふつと湧き上がって来た……以前、彼が立てた取るに足らない明哲保身の理論はこの時完全に崩れ落ちた」（五一頁）。彼は抵抗する勇気がなかったのではない。しかし、もし最後に民族の違いによって久子に拒絶されなかったなら、彼はいまだ日台不平等の現実を正視することはできなかっただろう。

他方、太明の求愛を受け入れた淑春は太明が台湾人であることを全く気にしてはいなかった。太明が教えていた学校の女子学生である素珠と幽香に至っては頻繁に彼に詩文の添削を依頼しており、ここから国学の知識が台湾人と大陸人の間の距離を埋めたことが見て取れる。しかし、抗戦が爆発しそうになったため、中国政府は日本人が台湾人をスパイに利用することに一層の警戒をすることになった。また国民党は共産党員の粛清を行い、太明も拘留監禁されることとなった。小説の中では、太明を大陸に導いた曽導師もまた当時、統一戦線に参加した左翼分子であったことが暗示されている。これによって、太明が逮捕されたのは、台湾人という身分という単純な理由でなかったことがよくわかるだろう。責任者である特殊部隊の隊員は、彼が吐露した新中国建設の熱意を聞いて感動したが、「あなたがスパイでないことは確かだ。だが、私にはあなたを解放することができない。これは政府からの命令なのだ」（二七一頁）と言うしかなかった。

太明は絶望の中で戸の隙間から捻じ込まれた一片の紙切れを受け取った。そこには「憶昔陵園共賞花、天教燕客降儂家：素知呉越皆同種、怎把先生任怨嗟（昔、陵園でともに花をめでた時を回想すると、天が燕を客人として私の家に降り立つよう教えていた。もとより、呉越はみな同胞だと知っているのに、先生はなぜ怨嗟を受けてしまったのだろうか）」（二七四頁）と書かれていた。太明は一目見て素珠からのものであることがわかった。なぜなら、学生を連れて明孝陵へ遊びに行った時、素珠と彼は詩歌の唱和をしたことがあったからである。当時、太明は満開の桜を見て、日本が中国を侵略する脅威を連想した。その詩は「春日山頭望眼賒、桜雲十里圧群花、匡時無術佯狂酔、藉此消愁任怨嗟（春日の山頂では遥か遠くまで見渡せ、十里に連なる桜雲が他の花々の上にのしかかっている。正そうとしても術がなく、狂人を装って酔う。これによって愁いを消し怨嗟を耐え忍ぶ）」というものであり、詩の第三句は太明が最後に狂人のふりをする伏線となっていると言うことができる。当時、素珠は太明の行き過ぎた憂国の情をからかって、「留恋春光興転賒、花中我愛是桜花・江南一幅天然景、莫擬烽煙錯怨嗟（春の興がすっかり過ぎ去ってしまったのが名残惜しい。花の中で私が愛するのは桜である。江南は一幅の絵のような天然の絶景なのだから、のろしに譬えて怨嗟を入れ込むな）」（一七五頁）という天真爛漫な詩を詠んでいる。素珠は太明の憂国の情を理解しているため、「素知呉越皆同種」の句を詠みこんでいるのである。

しかし脱獄するシーンで古詩を二人の間の通信手段としたのは、呉濁流のこだわりである。このディテールは呉濁流が漢詩を偏愛していたことによるものではあるが、小説全体が持つ思想の要を形作ることとなった。胡太明を監禁したのは「政府命令」というただ一片の紙であり、胡太明を逃がしたのは学生である。この学生は太明に漢詩を学んだことで伝統的な師弟の道義関係を結んだ。だから脱獄に使われた通信手段が漢詩となったのである。このストーリーが伝えたかったのは、日本政府や中国政府がどんなに暴力と白色テロで台湾人と大陸人の間の絆を切ろうとしても、中国文化の基礎の下では台湾人と大陸人を分かつことはできないということである。大陸の素珠は「素知呉越皆同種」という一句をもって傷ついた台湾人を熱く抱きしめているのである。

太明は素珠と幽香、そして幽香の義兄の助けで南京から上海へ逃げ、上海から台湾へ戻る船に乗ることができた。出発の前に幽香の義兄は太明に同情して、こう言った。

たとえあなたが信念を持っていて、何かに力を注ごうと思っても、他人があなたを信じるとは限らない。それどころかスパイだと疑うのだから、あなたはまるで孤児のようだ（一八一頁）。

「孤児」という言葉は、小説の中で大陸人が台湾人を「描写」するときに使われているのであり、胡太明の「意識」ではない。意識の位相においては、胡太明は悠久の歴史を持つ中国文化の伝統に属する一人として、帰るべき心の家がある人間であり、自分が「孤児」だとは思っていなかった。しかし当時の現実での政治において、胡太明は台湾人の代表とされたため、確かに孤児となった。それゆえ胡太明が克服すべきは、孤児意識ではなく、孤児という現実の苦境なのである。

台湾に帰還して間もなく、胡太明は広州にある日本軍の通訳として強制徴募された。「太明が腰に慣れない軍刀を差して街中を歩くと、道々で出会う人々は彼に怒りと敵意を抱いているようであった。太明は彼らに自分の本当の想いを伝えたいと心から願ったが、結局そんなことは容易くできることではなかった」（二〇二頁）。最後に抗日義勇軍の十八、十九歳ほどの青年たちが処刑されるのを見た時、彼はついに壊れ、そして台湾へと送り返された。ここでは、太明が大陸で日本人のふりをしなければならなかったという苦境が表現されている。

台湾へ帰ってくると、ちょうど皇民化運動の最高潮期であった。その熱気は徐々に太明に反抗の意志を芽生えさせ、そして希望を農民らに託した。彼は農民らが「故郷とともに生きともに死ぬ」という感情があるゆえに誰の影響も受けることはなく、また彼らが生まれながらに持つ生活観の中にこそ健全な民族精神が宿っていると考えていた（二二九頁）。太明は若い頃農場で働いていた時、よく自分の給料で果物を買っては女工に食べさせ、昼食の時間を利用して集中教育を行っていた（九六、一〇〇頁）。また田舎の茶店で仙草水を飲んだ時には農民からの歓迎を受けた。なぜなら、「身分ある人」は通常このような水は飲まないからである（九一頁）。そのため物資が不足した戦争末期でも、胡太明はいつも親しくしている農民の招待を受けて農家に行っては、禁令を破って潰した猪を分けてもらった（二五二頁）。農民らの彼に対する信頼は、前述した太明の農民らに対するそれに応えているかのようである。庶民階級に対する思いやりも、彼の山歌に対する態度に映し出されている。小説の冒頭では、胡老人は山間で茶摘み女が山歌を歌う歌声を聴いて「堕落し果てた」（四頁）と怒ったことが書かれたが、胡太明が狂人を装った時に山歌を歌ったことで、彼は胡老人ら世代の士君子よりも民衆に近づこうとしたことが示されている。

狂ったふりをして大陸に逃げ隠れる前にも、太明は数度同じように大陸へ帰りたいという考えを持ったことがあった。一度は妻を恋しく想って「大陸へ戻りたいという思いがこみ上げてきた」（二四六頁）時であり、もう一度は「国際情勢が激変したことで、太明の大陸へ帰りたいという気持ちはより強くなった」（二三三頁）という時であった。また一度は「もう一度大陸へ行って矛盾のない生活を追い求めたい」（二三二頁）と思ったこともある。ここで最も興味深い点は、「矛盾のない」ということが、台湾人として過ごすことそして中国人として過ごすことであり、また行動と思想が矛盾していないということを示していることである。

全体を見てみると、胡太明は五種類の「身分」（identity）を持っている。[31] 太明はこの五種類の身分に対して、あるものは受け入れ、またあるものは受け入れなかった。この五種の身分とは次のようなものである。

台湾で暮らす台湾人
日本で暮らす台湾人
中国で暮らす台湾人
中国で暮らす日本人
中国で暮らす中国人

太明が「台湾で暮らす台湾人」であった時は、仕事や恋愛で差別を受け、皇民化時代には悲惨な生活を送っただけでなく、強制的に日本人として中国へ行かされた。「日本で暮らす台湾人」であった時は、台湾にいた時のように日本人に差別されることはなかったが、留学生の集まりの中で一部の大陸出身の留学生にスパイではないかと疑われ、初めて中台の矛盾と政治の複雑さを感じた。「中国で暮らす台湾人」であった時は、大陸の学生らから慕われ、大陸の友人から信頼を受けたが、ついには政治の荒波にのみ込まれ囚われの身となった。「中国で暮らす日本人」は、太明が全く受け入れなかった身分である。広州では同胞や大義のために命をなげうった抗日青年に敵視されたことで彼の心は壊れた。最後に長い間もがき苦しみ反省したことで、「矛盾のない生活を追い求める」ために、太明はついにこの時の台湾人は「中国で暮らす中国人」であることしか選択できないということを悟り、やっと「孤児」という「境遇」を克服したのである（厳密に言えば、「孤児意識」ではない）。これこそが志南が死んだときに太明が思ったことである。小説はこれを「弟の死により、太明はこの問題を徹底して解決しなければならないと決心した」（二七六頁）というように暗示しており、彼は「このように生きながらえることに、一体何の意義があるのだろうか」（二七七頁）と自責している。

太明は皇民化時代に『墨子』を読んだ。墨子は孟子よりも痛快だと感じ、また中国歴代の有識者らの命運に思いを馳せ、「昔の老子、荘子、陶淵明などは、もしかしたら歴史の荒波にのみ込まれるのを避けられたかもしれない。しかし、現代人にとってそれは不可能である。現代のこのような『総力戦』という体制下では、個人の力量などはないに等しいのである」（一九九—二〇〇頁）。外界からの圧力と内省は、太明を道家的人生の世界から儒家的な実世界に即し、剛健な、そして妥協のない「士」の伝統へと向かわせた。呉濁流は太明が狂ったふりをして壁に書いた詩の中に、彼が儒学の伝統に回帰したことを丁寧に書き表しているのである。

志為天下士、豈甘作賎民？
撃暴椎何在？　英雄入夢頻。
漢魂終不滅、断然捨此身！
狸兮狸兮！（日人罵台湾人語）意如何？
奴隷生涯抱恨多、
横暴蛮威奈若何？
同心来復旧山河、

六百万民斎蹶起、
誓将熱血為義死（二七八―二七九頁）。

天下の士を志すのに、なぜ賤民に甘んじているのか？
強暴な秦を狙撃した椎はどこにあるのだ？　英雄が夢に何度も現れる。
漢の魂は永遠に滅びない。そのためには断固として自らの身を投げ打とう。
リアーリアー！（台湾語で日本人を罵る言葉）こう呼ばれてどう感じるだろうか？
奴隷の一生は恨みが多い。
横暴な蛮威をどうしてやろう。
同士らよ祖国の山河を元に戻そう。
六百万の民よ立ち上がれ。
熱い血をたぎらせ義のために死のう。

第一句でまず「士」は、生涯をかけて漢学にのめり込んで行った太明の宿願であることを示しており、「天下士」の概念は「国士」よりも高くとられている。このように書いている太明が、どうして日本の高圧的な支配下で「賤民」という身分を甘んじて受け入れることができるだろうか。第二聯では張良が東夷の大鉄錘を雇い巡行中の秦始皇帝の馬車を襲撃した故事を書いており、秦始皇帝を暗殺しようとした英雄を何度も夢に現れさせることで、抵抗意識の覚醒を表現している。「漢魂終不滅」の句は皇民化時代に日本人がふりまいた「大和魂」と対照させており、漢の魂を滅ぼさせないためには犠牲となることも厭わないということを表している。そして、この時、太明は顔を関公のように塗り、神棚の上に座って関公の霊魂がその身に乗り移ったかのように見せた。関公は「義」の化身であり、また中国における武聖、戦神でもある。漢代以降、儒家の「尚武」の精神は徐々に落ちぶれていった。呉濁流はこの場面を儒家の尚武の精神が復活するよう期待を込めて書いた。この最後の一幕で、古臭い胡家の広間から、関公のように顔を塗りたくって神棚の上に座る太明、慷慨悲歌の壁の詩、そして太明が昆明に逃げ抗日運動に参加する暗示まで、呉濁流はあらゆる素晴らしい人物像やイメージ、そして思想を巧みに織り交ぜ、儒家思想がどうして太明の生涯の最後で精神の原動力として選択されるようになり得たのかを集中的に書いている。

＊この文章は第二回「台湾儒学」国際会議（成功大学中文系主催、一九九九年）で発表した。文中の一部感想は長年『アジアの孤児』を教える中で、学生らと切磋琢磨して得たものである。

注

（1）葉石濤『文学回憶録』（台北、遠景出版社、一九八三年）四八頁。
（2）葉石濤『文学回憶録』四四、四八頁
（3）黄霊芝「我所認識的呉濁流先生」『台湾文芸』第五三期、『呉濁流先生紀念専号』（一九七六年一〇月）。
（4）陳映真「孤児的歴史・歴史的孤児——試評『亜細亜的孤児』」、同書名の論文集に収録（台北、遠景出版社、一九八四年）八三—八四頁。

(5) 呉濁流『台湾連翹』（台北、前衛出版社、一九八八年）一五頁。
(6) この故事の細部については呉濁流『無花果』（台北、草根出版公司、一九九五年）一七―一八頁を参照。
(7) 呉濁流『無花果』一八頁。
(8) 呉濁流『無花果』一八頁。
(9) 呉濁流「一束回想」『南京雑感』（台北、遠行出版社、一九七七年）に収録。三頁。
(10) 呉濁流「一束回想」『南京雑感』三―四頁。
(11) 呉濁流『無花果』四七頁。
(12) 呉濁流『無花果』四九頁。
(13) 呉濁流『無花果』五八頁。
(14) 呉濁流「回顧日拠時代的台湾文学」『黎明前的台湾』（台北、遠行出版社、一九七七年）五七―五八頁。この詩は『濁流千草集』（台北、集文出版社、一九六三年）一九一頁、及び『濁流詩草』（台北、台湾文芸雑誌社、一九七三年）一九五頁にも収録されている。
(15) 呉濁流「回顧日拠時代的台湾文学」『黎明前的台湾』四七頁。
(16) 呉濁流「回顧日拠時代的台湾文学」『黎明前的台湾』四二頁。
(17) 呉濁流「覆鍾肇政君一封信」『台湾文芸与我』（台北、遠行出版社、一九七七年）一一頁。
(18) 呉濁流「重訪西湖」『南京雑感』四三頁。
(19) 呉濁流は「漢詩」を使い、「古詩」や「旧詩」を使うことは好まなかった。ある人が彼に「漢詩」を使うのは日本人の影響を受けたからかと指摘したことがあり、彼はそれに対して中国人も「漢詩」を使っており、「もし我が国固有の詩の地位を回復しようとするなら」、「漢詩」を使わざるを得ないと説明したことがある。「関於漢詩壇的幾個問題」『台湾文芸』第三期（一九六四年六月）を参照。また『台湾文芸与我』にも収録されている。この文章を発表してから一〇年後の一九七五年に、再び胡秋原がこの問題について討論している。胡秋原「敬答呉濁流先生――関於新旧詩及台湾文芸史之提議」『文学芸術論集』（台北、学術出版社、一九七九年）を参照。また、本文では呉濁流が「漢詩」を用いたことにより、「漢詩」を使用する。

(20) 呉濁流「漢詩須要革新」『台湾文芸与我』七一―七二頁。
(21) 呉濁流「詩魂醒吧！　再論中国的詩」『台湾文芸与我』一〇八頁。
(22) 呉濁流「対詩的管見」『台湾文芸与我』九六頁。
(23) 呉濁流「詩魂醒吧！　再論中国的詩」『台湾文芸与我』一二五頁。
(24) 呉濁流「漢詩須要革新」『台湾文芸与我』七九頁。
(25) 呉濁流「漢詩須要革新」『台湾文芸与我』八五頁。
(26) 呉濁流「漢詩須要革新」『台湾文芸与我』八四―八五頁。
(27) 呉濁流「設新詩奬及漢詩奬的動機」『台湾文芸与我』三七頁。
(28) 呉濁流「対詩的管見」『台湾文芸与我』九六頁。
(29) 呉濁流「対詩的管見」『台湾文芸与我』九三、九六頁。
(30) 呉濁流「対詩的管見」『台湾文芸与我』九二頁。
(31) 呉濁流『亜細亜的孤兒』（台北：遠景出版社、一九九三年）六頁。以降、頁数は文中に記載する。
(32) 呉濁流『台湾連翹』一五頁。
(33) 王鎮華「華夏意象――中国建築的具体手法与内涵」『中国建築備忘録』（台北、時報出版公司、一九八四年）一一四頁。
(34) identityあるいは訳語「アイデンティティー」。しかし、アイデンティティーは主観的意識を含むが、身分は客観的認知を含む。アイデンティティーと身分とは同じ意味としてとることも、また別の意味として捉えることもできる。

訳者あとがき

一九九五年、作者は「当代儒学与台湾本土化運動」（『台湾文学与本土化運動』に収録）の中で、「台湾儒学」という語を記し、台湾研究と儒学研究で新たな論域が開かれることを望んだ。その後、台湾儒学研究に身を投じ、本書は作者の長年に渡る努力の最初の結実となった。

書中では儒学が鄭氏政権時代に台湾に伝来した時の状況、及び清代台湾朱子学に関する問題について論じ、また台湾儒学が日本統治時代に植民者の抑圧と新文化の挑戦に直面したことで、いかに本土化と現代変転の過程を経験したのか、そして当時の啓蒙運動と反帝国・反植民運動の思想資源となったのかについて詳しく論じている。

台湾は親日だと言うが、初めから大手を広げて日本を受け入れたのではないことは想像できるだろう。著者も新版自序の中で「台湾独立派の研究者から集中砲火を浴びた」と書いているように、本書は台湾を中国の系譜に繋がるものとして位置づけ、漢民族中心の世界を論じている。台湾を親日だと思い込んでいる日本人にとっては、受け入れがたい記述も多くある。しかしこれも歴史の一側面なのであり、台湾をより深く理解するための一つの資料となるに違いない。また「台湾儒学」は中国儒学、東アジア儒学の中で新たな領域を形成するだろう。

本書の翻訳を依頼されたのは、日本で未曽有の災害が起きた翌年であった。それから随分長い時間を頂き、ようやく翻訳を終えることができた。その間に日本は台湾から多くの義援金を頂き、台湾に対する認知度も上がり観光客も増え、民間レベルでの交流は非常に深いものとなった。台湾から頂いたご支援は決して忘れることはない。今後も両国がより良い関係を結べるよう、私も微力ながら尽力したい。

本書の翻訳を依頼された時に提示された条件は、一般読者が読んで理解できるような日本語で翻訳することであった。それゆえ、引用された中国詩や文語文は全て現代語に訳している。想定する読者層を一般読者にするには、本書の内容はやや専門的かもしれないが、平易な文章になるよう努力したので、多くの方に読んで頂ければと思う。しかし、非常に難解な内容でもあり、十分に訳出できていない箇所があるかもしれない。全て訳者の能力によるものである。深く寛恕を請うところである。

松原　舞

ナ

ハ

索引

著者紹介
陳昭瑛（ちん　しょうえい）
1957年生まれ。
父親は台湾嘉義民雄出身、母親は台南市出身。
現在：台湾大学中国文学科教授、台湾大学人文社会高等研究院特任研究員、台湾大学儒学研究討論会召集人。
台湾大学文学部卒、同大学哲学研究科修士課程卒、同大学外国文学研究科、文学博士。
歴任：ハーバード大学燕京研究所訪問学者（1998-1999）、復旦大学中国古代文学研究センター短期客員教授（2002年4月）
受賞履歴：第二回五四文芸評論賞（1999）、台湾大学教学優良賞（2006、2010、2014）、台湾大学教学傑出賞（2016）
著書：『江山有待』（1980）、『台湾詩選注』（1996）、『台湾文学与本土化運動』（1998）、『台湾与伝統文化』（1999）、『台湾儒学：起源、発展与転化』（2000）、『儒家美学与経典註釈』（2005）、その他、訳著として『美学的面相』（1987）があり、マルクス主義美学に関する論文及び、東アジア儒学に関する論文も多くある。

訳者紹介
松原　舞（まつばら　まい）
1984年、神奈川県生まれ。
現在：東京大学大学院総合文化研究科博士課程。
フェリス女学院大学文学部卒、台湾大学日本語文学研究科修士課程卒。

台湾儒学　起源、発展とその変転

2016年12月10日　印刷
2016年12月20日　発行

著　者　陳　昭　瑛
発行者　石井　雅

発行所　株式会社　風響社

東京都北区田端4-14-9（〒114-0014）
03(3828)9249　振替00110-0-553554
印刷　モリモト印刷

Printed in Japan 2016 ©
ISBN 978-4-89489-235-4 C1022